양화진 순례길

CAMINO DE YANJUAZIN

글쓴이 | 담양

쿰란출판사

걸어간 길

독자에게

순례, 양화진으로 가는 길

스페인 서북쪽 갈리시아(Galicia) 지역의 유명한 순례길 '카미노 데 산티아고'(Camino de Santiago)는 스페인과 유럽에서 '산티아고 데 콤포스텔라'(Santiago de Compostela)로 향하는 길입니다. 여기에 '산티아고 대성당'(Catedral de Santiago)이 있고, 예수의 12제자 중 최초로 순교한 사람으로 세베대의 아들이며 사도 요한의 형제인 야고보의 유해가 안치되었다고 알려졌습니다. 특히 이곳은 예루살렘, 로마와 함께 가톨릭 3대 성지 중 하나로 꼽힐 정도로 유명합니다.

산티아고 순례길은 여러 루트(route)가 있지만 프랑스의 국경 도시 생 장 피드포(Saint Jean Pied de Port)에서 출발하여 산티아고 대성당에 이르는 길인 '프랑스 길(Camino Frances)'이 잘 알려져 있습니다. 평원의 아름다운 꽃길, 고풍스러운 도시들을 지나고, 밀밭과 포도밭이 지평선을 이룬 들판과 피레네 산맥의 돌길을 넘어 해마다 수십만 명이 2,000리(800km) 길을 40여 일 동안 걷습니다.

가톨릭에서는 오래전부터 그들의 신앙을 지켜내고 순교한 분들을 기억하기 위해 그 지역을 성역화해 왔습니다. 국내에도 가톨릭 성지로 유명한 곳이 여러 군데 있고, 그곳을 방문하여 그분들을 기리는 일들을 하고 있습니다. 가톨릭에서 순례는 익숙한 영성훈련의 하나로 인식되어 왔습니다.

그러나 개신교는 이러한 순례활동에 특별한 의미를 부여하는 것 같지는 않습니다. 기껏해야 이스라엘 성지순례 정도일 뿐, 그것도 순례라기보다는 성지여행이라는 편이 좋을 듯합니다.

19세기 후반 조선시대 말에 미국, 캐나다, 영국, 호주 등의 개신교 선교사들이 동방 끝의 작은 은둔의 나라, 조선에 그리스도의 복음을 전하기 위해 찾아왔습니다. 그리고 이 땅의 백성들을 위해 목숨을 바쳐 헌신적으로 살다 간, 그들의 무덤이 우리 땅 곳곳에 남아 있습니다.

나는 한 사람의 뻬레그리노(peregrino, '순례자'를 의미하는 스페인어)가 되어 한반도 남단 여수 애양원을 출발하여 서울 양화진에 이르는 길에 흩어져 있는 선교사 묘역을 찾아 나서기로 했습니다. 그리고 그들이 이 땅에 남긴 '위대하고 숭고한 선교 이야기'(the great and sublime mission stories)를 온몸으로 느껴 보고 글로 담아 내기로 했습니다. 그들은 조선인보다 조선을 더 사랑했습니다. 그뿐 아니라 대를 이어가며 이 땅의 사람들을 사랑했던 이야기는 우리가 기억해야 할 감동적인 '사도들의 행전'(the actions of disciples)입니다. 그들은 한국 땅에서 한국인처럼 살기보다 오히려 한국인으로 살기를 바랐습니다. 그래서 이름도 한국식으로 바꾸어 사용했습니다. 또한 죽어서도 이 땅에 묻히고 싶어 했던 그들의 묘지가 광주, 전주, 공주, 그리고 서울 양화진 가는 길에 있습니다.

우리 땅에도 기독교 성지가 있어서 만일 그곳을 찾아 나선다면 여수 애양원과 서울 양화진을 잇는 길일 것입니다. 필자는 그들이 남겨 놓은 자취를 따라서, 그들을 다시 만나기 위해 그들이 묻혀 있는 곳을 찾아갔습니다. 한반도 남단 여수 애양원에서 출발하여 전라도와 충청도, 그리고 경기도를 거슬러 올라 서울 양화진까지 27일간 약 1,700리(680여 km)를 걸었습니다. 그들이 걸었던 거친 돌길, 두메산골의 외지고 험한 길, 바람 사나운 낯선 바닷가 길, 전염병이 창궐했던 처참한 마을 길을 묵상하며 걸었습니다. 100여 년 전 위험을 마다하지 않고 온몸으로 견뎌내며 복음을 전했던 그 땅을 다시 걸었습니다.

그리고 선교사들이 남긴 이야기의 발자취를 찾아서 《양화진 순례길》(Camino de Yanjuazin, 'Yanjuazin'은 '양화진'의 스페인어 표기임)에 다시 한 번 기록으로 남기고 싶었습니다. 혼자서 걸었던 그 길은 내 삶을 되돌아보는 깨우침의 시간이었고, 주님과의 동행을 경험하는 순간이었으며, 부족함과 불편함을 감내하며 얻은 감사와 기쁨의 '순례의 길'이었습니다. 한국 땅에 땀과 눈물과 피로써 남겨 놓은 고귀하고 애절했던 초기 순교자들의 이야기들을 시간과 공간을 넘나들며 한 올 한 올 뜨개질하듯이 순례의 길로 엮어 가겠습니다.

🗝 "하나님의 말씀을 너희에게 일러 주고 너희를 인도하던 자들을 생각하며 그들의 행실의 결말을 주의하여 보고 그들의 믿음을 본받으라"(히 13:7).

A Pilgrimage: The way to Yanghwajin

From European countries to Galicia, the northwestern area of Spain, there stretches famous pilgrimage routes called the "Camino de Santiago" that leads to the "Santiago De Compostela".

It is here that "Cathedral de Santiago" and the remains of James – James, the brother of Apostle John, son of Zebedee, and one of Jesus' twelve disciples - can be found. Particularly this location, along with Jerusalem and Rome, is considered as one of the three most important Catholic pilgrimage sites.

The Santiago Pilgrimage is a series of pilgrimage routes, leading to the "Cathedral de Santiago". One of them, called "Camino Francés", "the Way of France," is a well-known path that starts from Saint Jean Pied de Port. Every year, hundreds of thousands of people walk its' 800 km for around 40 days, by crossing over the rocky roads of Pyrenees, observing beautiful flower roads on the plains and wild fields and vineyards that stretch out to the horizon.

Catholicism has made Santiago a sanctuary for remembering pilgrims who held on to their faith under persecution. Even in Korea, there are many famous places deemed Catholic holy sites, where people visit to remember the pilgrims. In Catholicism, going on a pilgrimage is considered spiritually uplifting. On the other hand, in Protestantism, there seems to be no added meaning to these kinds of pilgrimage activities. Protestants may take a pilgrimage to the Holy Land in Israel, but this is considered more as sightseeing, at most.

In the late 19th century, toward the end of the Lee Dynasty, Protestant missionaries from America, Canada, England, and Australia came to Korea - the small hidden land that is located on the edge of the East - to spread the Gospel of Jesus Christ.

Many of these missionaries willingly sacrificed their lives for the Korean people and, as a result, their graves are scattered all over the land. I, myself, as a "Peregrino" ("pilgrim" in Spanish), decided to go on a journey through southwestern Korea to find these missionaries' tombs, spread out along the roads from Aeyangwon in Yeosu - located in the south of the Korean peninsula - to Yanghwajin in Seoul. I tried to feel with my whole being the great and sublime mission stories these people left in the land and put them into words. The missionaries loved Korea more than the Korean people did themselves. Moreover, we should remember the story of the missionaries loving the Korean country, from generation to generation as meaningful acts of Christian love.

They wished to not only to live like Koreans, but also to become Koreans; therefore, they even changed their names, and adopted Korean ones. Even when they died, the missionaries wished to be buried in Korea; their tombs are situated in Gwangju, Jeonju, Gongju, and Yanghwajin in Seoul. If we had a pilgrimage in our country as well, it would be between the roads linking from Aeyangwon in Yeosu to Yanghwajin in Seoul.

For the sake of meeting again, I followed the missionaries' footsteps to the places where they laid. I walked about 680 kilometers from Yeosu's Aeyangwon - on the south of the South Korean peninsula - to Honam District and Chungcheong Province, and from Gyeonggi-do Province to Seoul's Yanghwajin for 27 days. I imagined the rough stone roads that they walked on, the rugged roads against mountain villages, the strange seaside paths with fierce winds, and the wretched towns full of plagues as I walked the sites.

I walked again on the land that, 100 years ago, not caring about the dangers, and with their whole beings, the missionaries spread the Gospel on. I wanted to find the stories of the footsteps that the missionaries' left and add these words to "Camino de Yanjuazin" (Yanghwajin in Spanish). The path that I walked alone was an awakening time of looking back on my life, reflecting, experiencing, walking with the Lord, and bearing my weaknesses and the inconvenience of travel; it was a pilgrimage of gratitude and joy.

I will weave my pilgrimage with the precious and bittersweet stories the early Christian martyrs left in this land, beyond time and space.

> Remember your leaders, who spoke the word of God to you. Consider the outcome of their way of life and imitate faith' (Heb 13:7).

추천사 ❶

필자가 재미있는 책을 썼다. 우리나라에서 이런 종류의 책은 처음이 아닌가 한다. 책뿐 아니라 책의 소재가 된 여행도 우리나라에서는 처음 있는 일이 아닌가 한다. 근 한 달을 걷는다는 것, 그것도 1,700리를 혼자서 걷는다는 발상부터 범상하지 않다. 거기다가 그저 걷는 것이 아니라 한국에서 활동한 외국 선교사들의 행적을 더듬어 보면서 걷는 것은 아직 아무도 해보지 않은 시도다. 그 자체로 창의적이다.

그러나 만약 그가 걷는 것으로 만족해 버렸다면 그것은 어디까지나 필자 개인의 사적 추억으로만 남았다가 그가 세상을 떠나는 것과 함께 잊힐 것이다. 그러나 다행히도 그는 역시 교수답게 그 멋진 경험을 책으로 남겨서 많은 사람들로 하여금 간접경험을 누리게 했다. 그런 발상도 해보지 못하고 그와 같은 용기나 기회도 없어서 그런 여행을 해보지 못한 사람들에게 시골 길을 걸으면서 누리는 아기자기한 재미를 느끼게 해서 좋다. 문장도 이과 교수의 글답지 않게 쉽고 분명하며 꾸밈이 없어 읽기에 편하다.

그런데 이 책은 하나의 평범한 기행문이 아니다. 전라도, 충청도, 경기도 등 한반도 남반부에서 활동했던 선교사들의 사역기록이기도 하다. 물론 선교사들의 이력과 활동상황은 선교사학자도 상세하게, 객관적으로 기록할 수 있다. 그러나 그 선교사들이 실제로 활동한 지역에 직접 가서 그 유적을 보면서, 그리고 묵상하면서 기록하는 것은 전혀 다른 종류의 역사이며, 독자로 하여금 훨씬 더 생생하게 그들의 업적을 실감할 수 있게 한다.

이 책이 나오면 아마 필자를 모방하는 사람들이 많이 생기지 않을까 한다. 그래서 필자가 은근히 기대한 것처럼 스페인의 'Camino de Santiago'처럼 한국에도 'Camino de Yanjuazin' 같은 순례길이 생겨나서 제주도의 올레길처럼 한국의 명소가 될 수도 있다. 그것은 한국 그리스도인들로 하여금 정신없이 쫓기는 일상에서 벗어나 묵상하면서 걷는 순례의 길을 제공할 것이고, 국제적으로 알려지면 외국의 그리스도인들도 그 때문에 한국을 찾는 경우도 생길 수 있을 것이다.

재미있게 읽으면서 많은 것을 경험하게 하고, 동시에 여러 가지를 배우게 하는 책이므로 읽을 가치가 있다고 생각한다.

2016년 7월

손봉호 대표(나눔국민운동본부, 전 서울대 교수)

추천사 ❷

'여수 애양원에서 서울 양화진까지 27일 동안 680km를 걷다'라는 부제가 붙은 《양화진 순례길》을 읽으면서 문득 한센인으로 1974년 박정희 대통령의 영부인 육영수 여사 장례식에서 추모시를 낭독했던 한하운 시인의 〈전라도 길〉—소록도 가는 길—이라는 시가 생각났다.

가도 가도 붉은 황톳길
숨 막히는 더위뿐이더라

낯선 친구 만나면
우리들 문둥이끼리 반갑다

천안 삼거리를 지나도
수세미 같은 해는 서산에 남는데

가도 가도 붉은 황톳길

숨 막히는 더위 속으로 절름거리며
가는 길

신을 벗으면
버드나무 밑에서 지까다비(나막신)를 벗으면
발가락이 또 한 개 없어졌다

앞으로 남은 두 개의 발가락이 잘릴 때까지
가도 가도 천리, 먼 전라도 길

나는 이토록 가슴 저린 시를 읽어 본 적이 없다. 가족으로부터 버림받고, 친구들로부터 버림받고, 사회로부터 버림받고 한센인 공동체를 향해 힘겹게 발걸음을 내딛는 시인의 이미지를 떠올리면서 나도 가슴이 저려옴을 느낀다.

전라남도에는 한센인 시설 두 곳이 있다. 한 곳은 소록도이고, 한 곳은 애양원이다. 전라남도 고흥군 녹동면 소록도 가는 길, 전라남도 여수시 애양원 가는 길은 순례길이다. 한센인들이 눈물과 고통과 탄식 속에 걸어갔던 그 길을 따라간다.

기독교인들은 애양원에 자주 가는 편이다. 그곳은 20세기 사랑의 원자탄으로 불리는 순교자 손양원 목사님께서 한센인들의 상처에 난 피고름을 입으로 빨아내면서 목회를 하셨고, 동신과 동인 두 아들을 죽인 학생을 양자로 삼으셨고, 6·25 한국전쟁 때 공산당에 의해 총살 순교를 당했던 신앙의 흔적이 남아 있기 때문이다. 특히 저자처럼 CCC 대학생들은 애양원을 성지처럼 여기면서 그곳을 방문했다. 그곳에 가면 손양원 목사님의 순교신앙을 이어받은 양재평 장로님과 이이섭 장로님이 계셨고, 착하고 순한, 우리와 영이 통하는 영적 어머니 이순임 권사님이 계셨다. 또한 앞이 보이지 않고, 손마디가 다 떨어져나간 채 성경을 줄줄 암송하고, 하모니카를 불면서 우리 예수님 다시 오실 것을 소망하면서 덩실덩실 춤을 추던 성서반 할아버지, 할머니들이 계신 곳이기도 하다.

그곳을 찾는 젊은이들이나 순례객들은 그들의 모습을 보면서 한없는 위로와 힘을 얻고 돌아간다. 어떻게 살아가는 것이 의미 있는 인생인가를 묵상하게 해준다.

저자는 가시덤불 동산 같은 그곳에서 예수님을 만나 사랑을 가꾸는 동산으로 탈바꿈시킨 한센인들의 모습을 마음에 담고 680km 먼 길을 걷기로 결심한다. 그리고 걸음을 내딛을 때마다 현장에서 만나는 신앙 유산을 기억해 낸다. 그렇게 길을 따라 우리나라 기독교 초기 선교사들이 묻혀 있는 서울 양화진 외국인선교사묘원까지 27일을 뚜벅뚜벅 걸었다.

여행에 조금만 관심이 있어도 알고 있는 스페인의 산티아고 가는 길은 800km의 길을 걷는다고 한다. 저자는 굳이 스페인까지 가지 않더라도 우리나라에도 묵상하면서 걷는 순례길이 있다는 것을 보여준 것이다. 사실 순례길이라는 것이 따로 있는 것이 아니다. 순례를 떠나는 사람이 걷는 길에 의미를 더하면 순례길이 된다.

우리 인생도 순례자의 여정이다. 여기에서 누구와 동행하느냐가 중요하다. 우리는 주님과 동행하고 있다. 저자는 애양원에서 양화진까지 걸으면서 동행자가 있었다. 그러나 둘이서 걸었을지라도 내면은 고독한 순례자가 되어 혼자 걸었을 것이다. 하지만 그것도 혼자가 아니다. 우리 주님이 그의 친구가 되어 주셨다. 이것이 순례자의 행복이다.

순례자의 길은 빨리 갈 필요가 없다. 발길을 따라 여유를 갖고, 주위를 돌아보면서 가는 것이다. 걷다 보면 목적지에 이른다. 이 책을 읽을 때 얼른 읽어야지 하는 마음이 아니라 읽으면서 묵상하고, 묵상하면서 천천히 읽어가기를 바란다.

그러면 이 책을 읽는 당신도 680km 순례길 위에 서 있을 것이다.

흔쾌히 일독을 권한다.

2016년 7월

박성민 목사(한국대학생선교회 총재)

그 사막에서 그는

너무도 외로워

때로는 뒷걸음질로 걸었다

자기 앞에 찍힌

발자국을 보려고

— 오르텅스 블루 〈사막〉

이 시는 파리 지하철 공사가 해마다 공모하는 시 콩쿠르의 응모작 8천 편 중 1등 당선작이다.
현대인의 외로움을 이만큼 잘 표현한 시가 또 있을까?
가야 하지만 너무나도 외로운 인생길의 민낯이 그대로 담겨 있다.

그렇다. 사람은 누구나 끊임없이 펼쳐지는 길 위에 놓여 있다.

가고 싶은 길과 가야만 하는 길 사이에서 우리는 고민하고 좌절하고 때론 기뻐한다.

어떤 길에서 더 많은 시간을 보내고, 의미를 찾느냐에 따라서 인생에 대한 평가와 행복이 결정될 것이다.

한 달여 시간 동안 680Km를 걷는다는 것은 특별한 체험이다.

빠르고 편리한 것을 추구하는 시대 속에 대단히 비효율적이고 어리석어 보이기까지 하는 일이다.

저자는 그런 쉽지 않은 길을 가면서 우리에게 새로운 통찰력을 준다.

걷는 것은 정직한 일이다. 내가 하루 노력한 만큼의 정당한 결과를 얻게 된다.

발이 부르트고 무릎이 붓고 염증이 생겨 포기할까도 싶었지만 저자는 결국 모든 여정을 마쳤다.

그리고는 27일간의 여정을 담백한 언어로 일기를 써나가듯이 기술한다.

어떤 날엔 봄기운을 맞으며 깨어나는 아름다운 남도 들녘 길을 찬미하기도 하고, 또 어떤 날에는 곳곳에 새로운 자동차 도로들이 생기면서 길들이 많이 사라진 것에 대한 아쉬움이나, 생활쓰레기로 우리 국토가 오염되어 가는 가슴 아픈 실상도 주저함 없이 공개한다.

저자의 사실적인 묘사를 통해 애양원에서 양화진까지 여러 길들을 들여다볼 수 있지만, 무엇보다도 좋았던 것은 인생의 가장 아름다운 길들을 걸어갔던 선교사님들의 발자취를 볼 수 있다는 것이다.

그들은 이역만리 먼 곳으로부터, 복음의 빚진 자로 이 땅에 발을 디딘 벽안의 천사들이다. 그들이 한반도의 한 모퉁이를 걸어가면서 남긴 다양한 에피소드들, 절절한 사역의 기록들, 목양의 귀한 열매들을 오롯이 볼 수 있어서 크나큰 감동과 유익이 있다.

어떤 길을 걸어갈 것인가?

오늘도 이렇게 고민하며 질문하는 분들에게 자신 있게 이 책을 권한다.

애양원에서 양화진까지의 길을 저자와 동행하며, 책 속에서 새로운 소명의 길을 만나시길 바란다.

2016년 9월

안광복 담임목사(청주상당교회)

길을 나서며

* 이 글은 순례길을 나서기 전 존경하는 K, H, 그리고 J 교수에게 보낸 이메일(e-mail)입니다.

존경하는 교수님!

스페인 여행에 관한 이야기 속에 자주 나오는 것 중 하나는 '산티아고 순례길'(Camino de Santiago)입니다. 사실 나는 그 나라에 아주 오래된 걷는 길이 있다는 것을 알게 되었을 뿐, 특별한 관심이 없었습니다. 그런데 얼마 전 산티아고 순례에 대한 몇 권의 책을 읽고 흥미를 갖게 되었으며, 나도 언젠가는 그곳을 걸을 수 있을 거라는 생각을 해보았습니다.

그러나 나는 산티아고 순례길을 가기 전에 먼저 양화진 순례길(Camino de Yanjuazin)을 택했습니다. 오늘부터 한 달 동안 걷고자 하는 이 길은 먼 나라의 유명한 순례길이 아닙니다. 피폐한 조선 후기, 개화되지 못한 이 땅에 복음으로 꽃을 피워 하나님 나라가 될 것을 그리며 찾아온 많은 이방 나라 선교사들이 있었습니다. 조선을 개화하고 복음의 씨앗을 뿌리기 위해 먼 길을 달려와 기꺼이 목숨까지 내어주었던 그들의 삶과 죽음이 광주, 전주, 공주, 그리고 서울 양화진의 외국인선교사묘원에 남아 있습니다. 몽매한 한국 사람들에게 복음과 새로운 문화를 전하기 위해 먼 길을 찾아와 그리스도의 사랑을 전하며 선교의 사명을 다하다가 마침내 목숨까지 내어준 순교의 현장들이 있습니다.

그들은 고국을 떠나 낯선 땅 한국에서 뜨거운 열정과 순수한 헌신으로 복음을 전했던 선교사들입니다. 이들은 '한국인보다 한국을 더 사랑하며 한국인이 되고자 했던 이방인'으로, 설령 기독교인이 아닐지라도 오늘을 사는 우리에게 진한 감동을 주고 있습니다. 이 땅 구석구석에 그들의 한숨과 눈물과 사랑이 함께 남아 있습니다. 나는 그곳을 찾아 나서기로 했습니다.

출발지로 선택한 곳은 여수 애양원이며, 도착지는 서울 양화진입니다. 그리고 오늘 애양원에서 '양화진으로 가는 순례길'(Camino de Yanjuazin)을 나섭니다. 애양원은 질병과 가난으로 처참했던 조선에, 저주의 병이었던 한센병 환자들을 치료하기 위해 목숨을 건 외국 선교사들의 도움으로 설립된 병원이며 신앙공동체입니다. 광주, 전주, 공주, 그리고 양화진에도 많은 선교사들이 묻혀 있습니다. 그곳을 찾아 걸으며, 가난하고 척박했던 조선 땅 곳곳에 피웠던 믿음과 사랑의 들꽃 향기를 맡으려 합니다. 오래전부터 맡고 싶던 향기입니다.

'아직 아무도 시작하지 않은 길'입니다. 도종환 시인은 시 〈처음 가는 길〉에서 "아무도 가지 않은 길은 없다. 다만 내가 처음 가는 길이다"라고 했습니다. 처음이란 오직 한 번만 존재합니다. 그리고 그 '처음'은 영원합니다. 윤동주 시인은 그의 시 〈새로운 길〉에서 "어제도 가고 오늘도 갈 나의 새로운 길, 나의 길은 언제나 새로운 길"이라고 했습니다.

사실 따지고 보면 새로운 길은 없습니다. 그럼에도 사람들은 새로운 길을 가라고 재촉합니다. 새로운 길이 있기 때문일 것입니다. 또한 새로운 길이라고 생각하기 때문일 것입니다. 이제 오늘 '새로운 길'이며 '처음 가는 길'인 애양원에서 양화진으로 가는 순례길로 들어섰습니다. 아무도 해보지 않은 일을 시도하는 것은 나에게 새로운 도전입니다.

앞으로 내 삶에 다시 뛰어오를 기회가 없을 듯합니다. 특별히 남겨 놓은 것도, 이루어 놓은 것도 없습니다. 이제 60여 년 동안 올라왔던 삶의 정상에서 내려가듯이, 뒤뚱뒤뚱 조심스럽게 천천히 걸어 내려갈 것입니다. 첫발을 내딛는 어린아이처럼 말입니다. 이 길을 걸으며 내리막 인생길을 준비하고자 합니다.

한국인에게 복음을 전해 주기 위해 목숨까지 내어준 외국인 선교사들과 믿음의 선진들에게 빚진 자의 마음으로, 오늘의 나를 잇대어 보려고 합니다. 내 삶에 대한 회상과 알 듯 모를 듯 자취도 함께 남을 것입니다. 이 땅의 사람들을 위해 먼 길을 달려와 온 생애를 불태우며 횃불을 높이 들어 조선을 밝혔던 그들의 삶과는 비교할 수도 없지만 말입니다.

2015년 3월 20일 아침

Setting out on the journey

(This writing was e-mailed to Professors K. H. and J. before beginning the road.)

Dear Professors!

"Camino de Santiago", called the Santiago Pilgrimage, is one of the most frequent coming-out stories from travels to Spain. Truthfully, when I found out about this very old walking path, I didn't have any initial interest. But recently, after reading a couple of books on Santiago, I became interested and thought that someday I could walk that path as well. However, before going on the Santiago Pilgrimage, I decided to trek the "Camino de Yanjuazin" first. This path that I will walk for one month from today is not as famous as pilgrimages in other countries. The missionaries came to this un-advanced land in hopes of winning a devastated late 19th century Korea to the Gospel and therefore advancing the kingdom of Lee Dynasty. To advance Korea and spread the seeds of the Gospel, the missionaries that came from far roads and willingly risked their lives, their lives and deaths are kept within missionary cemeteries in Gwangju, Jeonju, Gongju, and Seoul's Yanghwajin.

There are many sites of martyrdom that the missionaries made long journeys in order to fulfill their calling in spreading Christ's love; in the end, they willingly dedicated their lives to deliver the Gospel and a new culture to the uncivilized Koreans.

With burning passion and pure devotion, the missionaries left their home countries to come to the strange Korea to spread the Gospel. They who loved Korea more than Koreans themselves did, and even wished to have become Koreans, have struck a chord with us today, even to non-Christians. Even untill now, their sighs, tears, and loves remain from the end to another in this land. I decided to go find those places. The place that I decided to depart from was Yeosu's Aeyangwon and the destination was Seoul's Yanghwajin. Moreover, from Aeyangwon I set off to the "Camino de Yanjuazin". Aeyangwon, in poverty and illness stricken Korean, was a Christian community and hospital established by the missionaries, where the missionaries risked their lives to help cure leprosy, an illness at that time called a damnatory disease in Korea. Numerous missionaries are buried in Gwangju, Jeonju, Gongju, and Yanghwajin.

While walking to find those places, I smelled the scent of their loves and faiths all over poor and barren Korean. From a long time ago, it was a smell I longed for. This is the road that no one has started. In "The First Road" a poem by Do Jong-Hwan, the poet writes, "There is no road that no one has already traveled. I just like to say that I am the first to trek this road." First exists only one time and that the first is forever. In the "New Way," a poem by Yun Dong-Ju, the poet writes, "My new road that I took yesterday and will pass again today. My road is always new." Truthfully, if we really think about it, there are no new roads. Nevertheless, people hurry to seek new paths. It is because they think there may be, in fact, new paths. Now, today I started going on a pilgrimage from Aeyangwon to Yanghwajin. This is a new path that I am trekking first. This is a new challenge for me - to try what no one else tried before. An opportunity like this will never occur in my life again. Especially since I have neither left nor achieved. I will go down the road slowly and carefully as if going down from the summit of 60 years life of mine. As if I were a young baby learning to walk. As I walk on this path, I prepare for the downward part walk of my life.

    I joined myself to the missionaries and early Christians who gave up their lives, in faith, to deliver the Gospel to Koreans. The traces and the reflections on my life will be left behind. Even I cannot compare myself to the lives of those that came from afar for the people of this land, their lives on fire, lifting up the torch to make Korea shine.

Morning of March 20th, 2015

인류는 역사를 중시했습니다. 그래서 학자들은 인간을 '역사적 존재' (Homo historicus)라고 부르기도 합니다. 역사는 하나님이 개입하시는 카이로스(καίρος)의 연속입니다. 우리 민족도 역사를 중히 여겼지만 수난의 연속으로 많은 기록들을 보존하는 데 어려움을 겪었습니다. 부끄럽든 영광스럽든, 개인이나 민족이나 나라의 역사는 미래의 선택에 많은 영향을 미칩니다.

유구한 우리의 역사 가운데 기독교인들이 주목해야 할 중요한 시점이 조선 말기입니다. 5천 년의 역사를 가진 우리 민족에게 개신교 복음이 최초로 전래된 시기는 하나님께서 맞추신 절묘한 시간(καίρος)이었습니다. 선교사들이 우리 땅을 찾은 시기는, 미국의 처참했던 남북전쟁(1861-1865)이 끝나고 갈라졌던 기독교인들이 하나님 안에서 하나 되는 신앙적 동질성이 회복되고 안정되어 가는 시기였습니다. 그랬기에 그들은 해외 선교에 적극적으로 관심을 가지게 되었고, 조선을 찾아왔습니다.

조선 말기는 유교 사상에 의한 남성 위주의 불평등한 사회였고, 사람들은 다신교의 샤머니즘(shamanism)에 의지했으며, 나라는 외세에 시

달려 암울했고 백성들의 생활은 비참했습니다. 1882년 '조미수호통상조약'이 체결되면서 문호가 개방되자 미국 선교사들이 들어오기 시작하였는데, 그 당시 조선의 영문표기를 'Chosun'이라 하지 않고 'Chosen'으로 썼으며 조선 백성을 'Chosen People'이라 하면서 조선을 '하나님으로부터 선택받은 민족'으로 생각하며 복음 전파의 가능성을 바라보았습니다.

지금 우리는 오천 년의 역사 가운에 가장 찬란한 문화를 꽃피우며 살고 있습니다. 한반도의 미래가 위태롭게 보이기도 하지만 매우 심각하게 바라보는 사람은 별로 없는 것 같습니다. 기독교 전래 130년을 보내고 있는 지금은 모두가 개인의 행복과 물질의 풍요를 삶의 제일 가치로 여기는 시대입니다.

여기에 기독교인들도 아무 거침없이 이것들을 향유하고 있으며, 동시에 신앙인의 가치관과 정체성도 급격히 변질되어 가고 있습니다. 더욱이 이러한 물질적 풍요 속에 기독교인들의 종교적 타락으로 언젠가 이 땅에서 기독교의 몰락이 예견되고 있는지도 모른다는 섬뜩한 생각을 했습니다.

역사는 현재 우리 민족에게 무엇을 가르치며 어떤 경종을 울리고 있습니까?

민족복음화의 열망과 꿈을 품고 자란 청년세대들이 있었습니다. 그들은 1970~80년대 복음전도와 교회부흥과 경제부흥을 일으켰습니다. 130년 전에 뿌려진 복음의 씨앗이 온 민족에게 전파되었고 열매를 맺었습니다. 마을마다, 도시마다 십자가를 우뚝우뚝 세웠습니다. 해방 후 반세기 만에 선진국 수준의 경제부흥과 민주화라는 값진 열매도 맺었습니다. 여러 나라를 여행할 때마다 그들이 한국을 부러워하는 것을 보았습니다.

그런데 언제부터인가 경제도, 민주화도, 기독교 복음도 무너지는 소리가 들립니다.

우리에게 그리스도의 참사랑과 구원의 도를 전해 주고 물려준 복음의 증인들을 찾아나서, 그들이 우리 민족에게 전해 주었던 메시지를 다시 들을 수 있다면 한국교회는 소생할 수 있을 것이라는 생각이 들었습니다. 그래서 다시 교회를 일으켜 세상의 빛이 되게 해야 한다고 생각했습니다.

자신이 행한 일과 생각한 것들을 글로 표현한다는 것은 어린 시절 발가벗고 목욕탕에 들어갈 때와 같은 기분입니다. 서툰 글을 세상에 내놓는다는 것은 자신의 벗은 모습을 보여주는 것이라는 생각을 했습니다. 지금 저는 다 벗은 양 부끄럽습니다.

자료 수집의 어려움과 자연과학을 전공한 이로서 문장력도 부족하고 인문학적 표현도 서툴러서 책으로 발간하기를 주저했지만, 이 글을 빛나게 다듬어 준 충북대학교 역사교육과 전순동 명예 교수님에게 특별한 고마움을 전하고 싶습니다. 전공 교수다운 박식함과 성실함으로 많은 오류들을 바로잡아 주었고, 역사의 중요성을 다시 한 번 일깨워 주었습니다. 또한 이번 순례길을 응원했던 청주 CCC 대표 송주형 목사님, 28일간 나를 추적하고 감시한(?) 조신형 간사님에게도 감사드립니다.

서툰 아마추어 작가에게 흔쾌히 추천서를 써 주신 나눔국민운동본부의 손봉호 대표님, CCC 총재 박성민 목사님, 그리고 청주상당교회 안광복 담임목사님께 감사드립니다. 또한 교정을 부탁드렸는데 귀한 서평까지 보내준 동료 김승환 국문학 교수님, 정말 감사합니다. 이 책을 출판해 주신 쿰란출판사 이형규 사장님께도 깊이 감사드립니다.

  절반쯤 걷고 있을 때 익산의 임피면까지 찾아와 격려해 준 의과대학의 김응국, 홍종면 교수님과 조형미술과의 진익송 교수님의 응원에도 감사드립니다. 마음으로 응원해 준 사랑하는 가족과 신앙의 유산을 남겨 주신 하늘나라에 계신 부모님께 고마운 마음을 전합니다. 이 글은 목숨까지 내어주며 조선을 사랑한 선교사님들께 바칩니다.

2016년 10월

담양

차 례

독자에게 _ 3
· To readers _ 6
추천사 | 손봉호 대표 _ 9
　　　　박성민 목사 _ 11
　　　　안광복 목사 _ 15

길을 나서며 _ 18
· Setting out on the journey _ 21
감사의 글 _ 24

3월 20일 (D-1)	숭고한 희생의 땅 여수로 _ 30
3월 21일 (1일 차)	홀로 뻬레그리노(peregrino)가 되다 _ 47
3월 22일 (2일 차)	카미노는 내 경건의 훈련 _ 60
3월 23일 (3일 차)	무릎에 염증이 생기기 시작하다 _ 71
3월 24일 (4일 차)	보성 녹차 밭을 가다 _ 78
3월 25일 (5일 차)	구도자의 밥상 _ 84
3월 30일 (6일 차)	선교사들이 죽도록 사랑한 땅 _ 93
3월 27일 (7일 차)	호남선교의 중심, 광주 _ 107
3월 28일 (8일 차)	나는 언제 성도가 되는가? _ 130
3월 29일 (9일 차)	햇빛을 가득히 품은 고을 _ 138
3월 30일 (10일 차)	아름다운 추월산과 담양호 _ 147
3월 31일 (11일 차)	옥정호에 새벽안개가 자욱했다 _ 154
4월 1일 (12일 차)	전주 선교사묘역으로 _ 159

4월 2일 (13일 차)	전주서문교회 _ 182
4월 3일 (14일 차)	군산 아펜젤러 기념관에서 _ 186
4월 4일 (15일 차)	순례자를 위한 알베르게(albergue de peregrinos)를 생각하다 _ 195
4월 5일 (16일 차)	부활절 예배를 드리다 _ 200
4월 6일 (17일 차)	홀로 걸어가는 길 _ 208
4월 7일 (18일 차)	동생 올리브 곁에서 잠들다 _ 212
4월 8일 (19일 차)	국토를 순례하는 한 청년을 만나다 _ 224
4월 9일 (20일 차)	천사를 보내주셨다 _ 230
4월 10일 (21일 차)	길은 삶의 위대한 배움터 _ 235
4월 11일 (22일 차)	안중으로 가는 길에 _ 239
4월 12일 (23일 차)	순례 마지막 주일예배를 드리다 _ 244
4월 13일 (24일 차)	소설 《상록수》의 땅에서 _ 250
4월 14일 (25일 차)	눈물과 한숨으로 단원고와 세월호 희생자 합동분양소를 방문하다 _ 255
4월 15일 (26일 차)	노란 리본을 가슴에 달고 _ 263
4월 16일 (27일 차)	아! 양화진-축복의 꽃길을 걸으며 _ 268

후기 _ 309

서평 | 김승환 교수 _ 316

참고문헌 _ 320

인명색인 _ 324

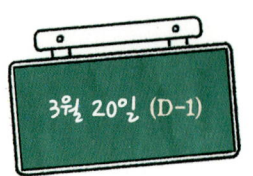

숭고한 희생의 땅 여수로

치유의 숲은 현재 애양원에서 운영하는 숙소로 한센병 환자 분리병동을 리모델링하여 사용하고 있다.

아침에 일어나 순례를 준비하면서 수첩에 메모한 기도문을 다시 한 번 읽었다.

> 🗝 "보라 내가 내 사자를 보내리니 그가 내 앞에서 길을 준비할 것이요"(말 3:1).
>
> "주의 손이 나를 인도하시며 주의 오른손이 나를 붙드시리이다"(시 139:10).
>
> "다닐 때에 네 걸음이 곤고하지 아니하겠고 달려갈 때에 실족하지 아니하리라"(잠 4:12).

출발하기 며칠 전부터 배낭에 넣을 물건들을 거실 바닥에 모아 놓았다. 겉옷 상하 3벌, 내의 4벌, 양말 5켤레, 수건 1개, 판초(우의) 1벌, 장갑, 비상랜턴, 카메라 및 스탠드, 상비약, 세면도구, 선블록 크림, 야외용 칼, 수첩 및 숙박 일정표, 모자 2개, 선글라스, 지팡이, 휴대전화 및 예비 건전지, 휴대전화 충전코드, 손전등, 만보기, 돋보기안경, 휴지, 지갑과 신용카드, 현금, 마지막으로 청록색 리본[1] 150개 뭉치 등이었다. 오늘은 이것들을 하나하나 확인하며 모두 배낭에 넣고 짐을 꾸렸다.

인생에서 한 번쯤 자신을 얽매는 일상의 모든 것에서 벗어나 홀로 순례길을 가는 것은 소중한 경험이리라. 넘쳐나는 풍요 속에서 미처 경험하지 못했던 부족함과 불편함을 온몸으로 겪어 보는 것이다. 이런 경험을 통해 세상을 보는 자신을 새롭게 발견할 수 있을 것이다.

우리의 생애 한복판에서 어디로 가야 할지 망설일 때, 세상에서 가장 아름다운 길을 찾고자 할 때가 있다. 지금의 삶에 변화가 요구된다면 순례를 통해 깊고 낮은 바닥으로 내려가 보는 것이다. 침묵하며 한적한 길을 혼자 걷고, 낯선 곳에서 혼자 자며, 처음 가는 식당에서 혼자 먹을 수 있는 마음의 준비만 있다면 떠날 수 있다. 주변 사람들의 눈을 의식하지 않겠다는 생각만 있으면 충분하다.

순례는 선인들의 고귀한 삶을 조명하고 그들을 닮아 가려는 마음에서 출발한다. 이번 순례에서 이 땅의 백성들에게 복음을 전하다 순교하여 묻힌 이방인 선교사들의 믿음의 삶과 선교의 열정을 헤아리고 싶었다.

이번 순례를 위해 3개월 전부터 준비했다. 나를 위해 많은 것을 도와준 조 간사는[2] 35일 동안 걸어야 할 길을 인터넷 지도에서 다운받아 하루에 걸을 수 있는 거리인 15-30km 단위로 잘랐다. 그리고 내 휴대전화에 모두 입력해 주었다. 35장의 지도에 걸어가는 길을 붉은 색으로 표시했고, 그 길을 따라 35일 동안 걷게 했다. 그리고 하루에 걷는 길의 끝은 숙소였다.

무엇보다도 숙소와 숙소를 연결하는 일이 가장 중요했다. 로마 군인들은 행군할 때 하루에 약 20km를 이동했다고 한다. 나도 그 정도로 구간을 정하여 천천히 걷고 싶었지만 숙소를 정하는 것이 쉽지 않았다. 펜션 또는 민박집을 찾아내어 일일이 확인해야 했고, 3월이라 숙소를 운영하지 않는 곳도 있어, 어느 때는 더 먼 구간을 이동해야 했다. 자동차 전용도로를 피해서 시골길과 산길로 이동해야 했고, 하루 순례길을 마치고 머물 숙소는 대부분 민가나 도시에서 멀리 떨어진 곳에 있었다.

3월 20일 오전 9시, 청주에서 여수행 버스를 탔다. 버스는 청주에서 여수까지 하루에 오전과 오후 두 번 운행한다. 버스는 순천, 광양 등을 거쳐 4시간 만에 여수 시외버스 정류장에 도착했다. 터미널 앞 식당에서 간단히 점심 식사를 했다.

시내버스 승강장 앞에서 율촌면 애양원[3](병원과 교회)으로 가는 버스를 두 시간 반 동안 기다렸다. 한 시간에 한 대가 있다는데, 내리는 승객이 없어서인지 버스 두 대가 그냥 통과해 버린 것이다. 오후 5시경에 시내버스 종점인 애양원 병원 앞에 내린 다음, 조금 걸어 올라가 숙소인 토플(Topple)[4] 게스트하우스에서 먼 길의 첫 여장을 풀었다.

토플게스트하우스는 원래 신학교 건물로 사용했으나 지금은 수리해서 숙소로 활용하고 있다. 숙소 앞 계단 옆에 아름답게 잘 자란 반송(盤松)에 미리 준비해 간 청록색 리본 'Camino De Yanjuazin, 2015 Spring'을 처음으로 매달아 내 순례의 시작을 표시했다.

저녁 시간에 주변을 둘러보았다.

순례를 시작하기 전 토플하우스 앞에 있는 반송에 첫 리본을 매달았다.

여수 애양원은 국내에서 잘 알려진 기독교 성지다. 한센병(과거에는 '나병'이라고 불렸음)을 치료했던 애양원 병원을 통해서 서구식 근대 병원의 역사를 엿볼 수 있고, 헌신적인 기독교 사랑을 전하는 과정에서 한국 기독교의 성장 동력을 이해할 수 있다. 그리고 한국 기독교 130년 역사에서 세계적인 순교자 손양원 목사[5]의 신앙을 추체험(追體驗)할 수 있는 곳이다. 여기에 편리한 숙소까지 있어 애양원은 선교사들과 손양원 목사를 통해 뿜어 나오는 그리스도의 사랑을 몸으로 느끼며 자신의 신앙도 점검할 수 있는 곳이다.

성산교회, 1982년까지 애양원 교회로 불렸다.

손양원 목사기념관에 가기 전에 치유의 숲 펜션, 성산교회(전 애양원교회), 그리고 애양원 역사기념관이 있다. 치유의 숲 펜션은 한센병 환자를 격리 수용했던 작은 분리병동을 리모델링해서 숙소 겸 쉼터, 또는 소그룹 세미나실과 기도 장소로 활용

성산교회 앞에 있는
손양원 목사 순교기념비

하고 있다.

성산교회는 장방형의 석재 벽돌 건물이다. 단순하고 소박하지만 안정감이 있어 보인다. 정성이 담긴 건물이다. 또한 100여 년의 역사를 말해 주듯 문화재로도 등록되어 있다. 1세대 한센병 환자들이 대부분 소천하면서 1982년 교회 이름을 '애양원교회'에서 '성산교회'로 바꿨다. 예배당 문은 잠겨 있지 않았다. 조용히 문을 밀고 들어가 강대상 앞 가운데 의자에 앉아 내 긴 여정을 위해 다시 한 번 기도했다.

교회 앞 작은 정원에 손양원 목사 순교기념비가 있다. 옆에는 손양원 목사의 약력이 소개되어 있는데 '광주형무소와 충주구금소에서 옥고'라는 글귀가 눈에 들어왔다. 손양원 목사는 1940년 9월 신사참배 거부로 체포되어 여수경찰서에 검속되었다가, 1943년 10월 8일 종신형을 선고받고, 당시 사상범 형무소로 알려진 청주형무소에서 옥살이를 했는데, '청주형무소'가 '충주구금소'로 잘못 기재되어 있다.

손양원 목사 순교 기념관

손양원 목사 기념상

애양원역사박물관은 수리 중이어서 들어갈 수 없었고, 건너편 손양원목사기념관으로 갔다. 1993년 건립된 2층짜리(지하 1층, 지상 1층)기념관에는 순교한 손양원 목사의 감동적인 목회활동 일대기가 잘 보존 전시되어 있다. 들어가면서 방명록에 "3월 20일 양화진 순례길의 시작점"이라고 글을 남겼다. 기념관을

손양원 목사 내외 묘

둘러본 후, 리본 두 개를 주머니에서 꺼내 기념으로 관리인에게 주었다.

기념관 건너편 작은 동산에 안장된 손 목사 부부와 두 아들의 묘소를 찾아 참배했다. 손양원 목사를 기리는 기념 조형물들 중에 추모 상징탑은 아홉 계단으로, 아들의 장례식에서 드린 아홉 가지 감사를 의미한다고 한다. 세 개의 기둥은 삼부자의 순교를 상징하고, 열매들은 순교가 씨앗이 되어 열매를 맺어 간다는 의미가 있다고 하니 손양원 목사의 신앙정신을 잘 집약한 조형물이라는 생각을 했다. 주변을 둘러본 후에 병원 앞에 있는 식당에서 저녁식사를 하고 다시 숙소로 들어왔다.

¹청록색의 리본(Camino de Yanjuazin, 2015 Spring)을 150개 제작하여 순례길(애양원에서 양화진까지)에 교회 앞을 지날 때 가까운 나뭇가지에 걸었다. 리본을 걸면서 나는 한국교회가 거룩함을 회복하고 다시 한 번 부흥되기를 기도하며 소망했다.

손양원 목사 추모 기념물

²조 간사는 한국대학생선교회 청주지구 조신형 간사로, 그는 양화진 순례길의 전 과정을 일정별로 지도에 그려 내 휴대전화에 저장해 주었다. 뿐만 아니라, 매일 묵을 숙소를 일일이 점검해 주었으며, 휴대전화에 위치추적 앱(application)도 나와 공유함으로 27일 동안 내가 걷고 있는 실시간 위치를 확인해 주었다. 또한 길을 잘못 들어서면 내게 전화해 바로잡아 주었다. 예정대로 순례를 잘 마칠 수 있었던 것은 전적으로 조 간사의 도움이었다고 해도 과언이 아니다.

³애양원(병원과 교회)

애양원 병원과 교회는 현재 행정구역상 여수시 율촌면에 위치하고 있다. 여수라는 행정구역을 앞에 붙여 '여수 애양원'으로 부른다. 하지만 애양원은 병원이나 교회만으로 한정된 공간이 아니었다. 여수시 율촌면 신풍리 일대를 '애양마을'로 부르기도 한다.

미국 남장로교 조선선교회는 1904년 2월 목포선교부에서 광주선교부를 개설하기로 하고 유진 벨(Eugene Bell, 한국이름: 배유지) 목사와 오웬(Clement Carrington Owen, 한국이름: 오기원) 목사를 광주에 파송했다. 이들에 의해서 그해 성탄절에 광주지역선교부가 창립(양림교회의 시작)되면서 전남 동남부지역(능주, 남평, 화순, 장흥)을 맡아 선교했다.

의사인 오웬 선교사가 1909년 4월 전남 동남부지역을 선교하던 중 급성폐렴을 앓게 되었다. 위독한 오웬의 치료를 도와달라는 윌슨(Robert Manton Wilson, 한국이름: 우월순) 선교사의 전갈을 받은 목포의 포사이드(Wiley Hamilton Forsythe, 한국이름: 보위렴) 의료 선교사는 급히 목포에서 광주를 향해 떠났다. 말을 타고 광주에서 약 20km 떨어진 곳(남평 또는 장흥)에 이르렀을 때 도움을 청하는 여자 한센병 환자를 발견하고, 그녀를 자신의 말에 태우고 그는 걸어서 광주로 왔다. 그런데 포사이드가 광주에 도착하기 전, 오웬 선교사는 숨을 거두었다.

포사이드는 그 한센병 환자를 윌슨 선교사에게 맡기고 다시 목포로 돌아갔고, 윌슨 선교사는 포사이드가 데려온 여자 한센병 환자를 계속해서 치료했지만 결국 사망하고 만다. 이를 계기로 윌슨 선교사는 사택 건축을 위해 지었던 벽돌 가마터를 새로 단장하고 본격적으로 한센병 환자를 돌보면서 선교하기 시작했다. 이것은 우리나라 최초로 서양의술로 한센병을 치료하는 계기가 되었다.

1909년 여름 인근 봉선리에 한센병 환자를 위한 집을 짓고 20여 명의 나병(한센병) 환자를 치료함으로써 최초의 광주 나(한센)병원이 시작되었다. 그러나 수많은 한센병 환자로 인하여 광주 시민들의 항의가 거세져 조선총독부가 퇴거명령을 내림으로, 광주시에서 인가된 '광주 나병원'이 1928년 600여 명의 환자를 데리고 현재의 위치인 여수시 율촌면 신풍리로 이전하게 되었다(1,000여 명이 출발했으나 도중에 많은 환자가 사망했다). 여수 한센병원 설립에 미국 선교사 비더울프(William Edward Biederwolf, 1867-1939)[6]의 후원과 도움이 컸기에 한때 병원 이름을 '비더울프병원'이라 했다. 그러나 병원이 개인의 이름으로 불리는 것이 바람직하지 않다는 의견에 따라, 1935년 당시 원장인 윌슨 선교사는 병원의 이름을 환자들에게 공모하여 '애양원'(사랑으로 양을 키우는 동산)이라는 이름을 채택했다. 손양원 목사는 3년 후인 1938년 이 교회에 부임했다.

애양원병원 뒤에 있는 의사 Topple (Stanly and Marie 선교사 내외, 한국이름: 도성래, 안미령) 부부의 동상

한편 1928년 교회도 완전히 이곳으로 이주한 후 이곳 지명을 따라 신풍교회당이라고 부르다가 석은혜 씨가 후원하여 교회당을 새롭게 지어 '석은혜예배당'이라고 불리기도 했다. 그 후 병원 이름이 애양원으로 불리게 되자 자연히 교회 이름도 애양원교회로 바뀌게 되었다. 그러다가 1세대 한센병 환자들이 대부분 소천했고, 또한 이곳 어린아이들을 보호하자는 취지에서 1982년 2월 28일 교회 이름을 성산교회로 바꿨다. 병원 뒤쪽에는 광주와 여수에서 한센병 병원을 짓고 환자들을 위해 봉사했던 네 분 선교사들의 기념비[도성래(Topple Stanley Craig) 원장, 보이열(Elmer Timothy Boyer) 원장, 우월순(Robert Manton Wilson) 원장, 보위렴(Wiley Hamilton Forsythe) 의새가 나란히 세워져 있다.

오늘날 애양원은 더 이상 나환자촌이 아니다. 이곳은 우리에게 참신앙을 가르쳐 준 선교사들의 사랑이 숨 쉬고 있고, '사랑의 원자탄'이라 불리는 손양원 목사가 잠들어 있으니 사랑과 순교가 공존하는 장소다.

애양원 병원에 헌신했던 선교사들의 비석, 좌측부터 도성래, 보이열, 우월순, 보위렴. 2016년 여름 아내와 다시 이곳을 방문했을 때 찍은 사진이다.

토플게스트하우스. 애양원병원 뒤쪽으로 성산교회로 가기 전에 위치해 있다.

⁴**토플게스트하우스**는 의사인 토플 선교사(Topple Stanly Craig, 한국이름: 도성래, 1932-)의 이름을 따서 붙인 이름이다. 1955년 한성신학교로 사용했던 건물을 2000년 개조하여 토플게스트하우스로 만들었다. 토플하우스는 7개의 침대와 온돌방 객실이 있다.

토플 선교사는 애양원 병원 마지막 외국인 원장으로, 애양원 병원의 발전과 한센병 환자들을 위해 애쓴 업적을 기념하여 게스트하우스에 그의 이름을 붙였다. 그는 1959년부터 근무했으며, 1965년부터 1981년까지 애양원 병원장으로 봉사했다. 1961년 노르웨이에서 한국으로 온 선교사인 마리(Ane Marie Amundson Craig, 한국이름: 안미령, 1930-) 의사(피부과, 안과)와 결혼했다.

병원장을 사임하고 다시 아프리카 케냐 선교지로 떠났다. 현재 그는 노스캐롤라이나(North Carolina) 주, *몬트리트(Montreat, Black Mountains 인근) 산골 마을에서 부인과 함께 살고 있다.

토플 원장이 재직할 때 나환자들의 생활 자립과 정착을 위해 '도성농원'을 만들어 지원했다. 마을 이름도 도성마을로 불렸으며, 주민들은 조합을 만들어 양돈 및 양계사업을 이어갔다.

*몬트리트(Montreat, North Carolina)는 노스캐롤라이나 주 서쪽의 블랙마운틴(Black Mountains) 안에 있는 한 작은 마을로 미국 남장로교 파송 선교사들 모임의 중심이며, 아시아 및 아프리카에서 선교하고 은퇴한 이들의 작은 공동체가 되었다. 처음에는 조선에서 선교하다가 일제에 의해 추방당한 선교사들이 안식관에 모여들면서 시작했다. 또한 세계 여러 나라에서 복음을 위해 생애를 바친 이들이 모여들면서 마을이 조성되었다. 함께 사역하였던 그들의 무덤도 이 지역에 있다. 특히 조선선교를 위해 헌신했던 레이놀즈(William Davis Reynolds, 한국이름: 이눌서, 1867-1951) 의사 선교사, '한국의 슈바이처'라고 불릴 만큼 헌신했던 전주 예수병원장 씰(David John Seel, 한국이름: 설대위, 1925-2004)과 그의 동역자요 아내인 매리 씰(Marry Batchelor Seel, 1925-2009) 설매리 의사 부부의 무덤이 있다. 또한 한남대학교 사학과 교수였던 서머빌(John Nottingham Somervill, 한국이름: 서의필, 1926-), 순천에서 사역했던 휴 린튼(Hugh Macintyre Linton, 한국이름: 인휴로 정정, 1926-1984)의 부인 로이스(Lois Elizabeth Flowers Linton, 한국이름: 인애라, 1927-), 전주 예수병원장이었던 폴 크레인(Paul Shields Crane, 한국이름: 구보라, 1919-), 소아과 의사로 봉사했던 존 윌슨(John Knox Wilson, 한국이름: 우요한, 1916-) 부부, 세계적인 복음 선교사 빌리 그레이엄(William Franklin Graham, 1918-) 목사 등이 이곳에 살고 있다. 2014년에 모 방송국에서 이 마을에 사는 선교사들의 후손을 찾아 다큐멘터리로 방영했다.

5 손양원(1902-1950) 목사는 경남 함안에서 출생했다. 1938년 3월 평양신학교를 졸업하고, 1938년 8월 여수 애양원교회 2대 담임교역자(전도사)

로 부임했다. 그가 부임했을 때 19세 청년 양재평이 이곳 애양원 병원으로 오게 되었으며 손양원 목사를 만나게 된다.

손양원 목사, 남겨진 몇 장 안 되는 사진 중 하나

일제강점기인 1940년 신사참배를 거부한 죄목으로 여수경찰서에 체포된 그는 여러 구치소와 청주형무소 등을 거치며 5년간 복역하다가 1945년 8월 해방과 함께 청주형무소에서 풀려나게 된다. 1946년 목사안수를 받았으며, 1948년 여순반란사건으로 두 아들이 살해되자, 두 아들을 죽인 안재선(그의 아들 안경선[7]은 목사가 되었다)을 탄원하여 그를 석방시킨 뒤 자신의 양자로 삼는다.

1950년 6·25 한국전쟁으로 인민군이 여수로 진격해 오자 모두 피난을 갔지만 손 목사는 한센병 환자들을 돌보기 위해 끝까지 애양원에 남아 있었다. 결국 인민군에게 잡혀 수감되어 고문을 받다가 1950년 9월 28일 인민군이 퇴각하면서 그들에 의해 총살당한다. 그의 나이 48세였다.

손양원 목사는 1995년 독립유공자로 선정되었고 건국훈장이 수여되었다. 그는 애국자요, 학교를 세운 교육자요, 한국 기독교인의 귀감이 되는 세계적인 위대한 성직자이다.

아래 글은 그가 독방에 수감되어 감식형(끼니를 줄이는 형벌)을 받아 몸이 점점 쇠약해 가는 중에 독감까지 걸려 사경을 헤매는 고통 중에서 가족에게 보낸 편지이다.

청주교도소에서 가족에게 보낸 편지

빈방 홀로 지키니 고적감이 밀려오누나 (獨守空房 孤寂感, 독수공방 고적감)

성삼위 함께하여 네 식구(四食口) 되었도다 (三位同居 四食口, 삼위동거 사식구)

온갖 고난이여, 올 테면 다 오너라 (多種苦難來, 다종고난래)

괴로움 중에 진리를 모두 체험하리라 (苦中眞理 體得, 고중진리 체득).

양화진 순례길의 첫 출발점을 애양원으로 결정한 이유가 있다. '사랑의 원자탄'이라고 불리는 손양원 목사의 발자취를 묵상함으로 이 순례길을 시작하고 싶었기 때문이다. 지금은 성산교회로 교회 이름이 바뀌었지만 애양원교회는 손양원 목사가 이곳 한센병 환자들을 위해 목회지로 삼은 곳이다. 그리고 가족과 사회로부터 버림받은 환자들을 끝까지 돌보고 사랑하다 순교한 곳이다. 그는 변방 조선을 찾아온 초기 선교사들의 목숨을 건 헌신과 희생을 본받아, 그리스도의 사랑을 몸소 실천한 복음의 열매요, 희생의 성직자다. 그의 시에서 그가 애양원과 성도들을 얼마나 사랑했는지 엿볼 수 있었다.

주여, 애양원을 사랑하게 하여 주소서

주여! 나로 하여금 애양원을 참으로 사랑할 수 있는 사랑을 주옵소서,

주께서 이들을 사랑하심 같은 사랑을 주시옵소서,

이들은 세상에서 버림을 당한 자들이옵고,

부모와 형제의 사랑에서 떠난 자들이옵고,

세상 모든 인간들이 다 싫어하여 꺼리는 자들이오나,

오, 주여! 그래도 나는 이들을 진정으로 사랑하게 하여 주소서.

오, 주여! 나는 이들을 사랑하되,

나의 부모와 형제와 처자보다 더 사랑하게 하여 주시옵소서.

심지어 나의 일신보다도 더 사랑하게 하여 주시옵소서.

차라리 내 몸이 저들과 같이 추한 지경에 빠질지라도 사랑하게 하여 주시옵소서.

내가 만약 저들과 같이 된다면 그들과 함께 기뻐하며 일생을 같이 넘기려 하오니,

주께서 이들을 사랑하사 어루만지심같이 내가 참으로 사랑하게 하여 주시옵소서.

주여! 만약 저들이 나를 싫어하여 나를 배반할지라도

나는 여전히 저들을 참으로 사랑하여 종말까지 싫어 버리지 않게 하여 주시옵소서.

만약 내가 여기서 쫓겨남을 당하여 나가게 될지라도

나는 이들을 사랑하여 쫓겨난 그대로 남은 세월을 이들을 위하여 기도할 수 있는

참다운 사랑을 나에게 주시옵소서.

오, 주여! 내가 이들을 사랑한다 하오나 인위적 사랑,

인간의 사랑이 되지 않게 하여 주시옵소서.

사람을 위하여 사랑하는 사람이 되지 않게 하여 주시고,

주를 위하여 이들을 사랑하게 하여 주시옵소서.

주보다는 더 사랑치 않게 하여 주시고,

주께로부터 나온 나의 사랑이옵고,

또한 주를 위하여 사랑하게 되는 것이매,

내 어찌 주보다 더 사랑케 되오리까,

그러나 나의 일신과 부모와 처자보다는

더 사랑하게 하여 주시되,

주를 사랑하는 그 다음은 이 애양원이 되게 하여 주시옵소서,

주여! 내가 또한 세상의 무슨 명예심으로 사랑하거나

말세의 무슨 상급을 위하여 사랑하는

무슨 욕망적 사랑도 되지 말게 하여 주시옵소서,

다만 그리스도의 사랑의 내용에서 되는 사랑으로써

이 불쌍한 영육들만 위한 단순한 사랑이 되게 하여 주시옵소서,

오, 주여! 나의 남은 생이 몇 해일는지 알 수 없으나

이 몸과 맘 주께 맡긴 그대로 이 애양원을 위하여

충심으로 사랑케 하여 주시옵소서, - 아멘 -

손양원 목사의 호는 '산돌'이며 영어로는 'living stone'이다. 베드로전서 2장 4-5절을 보면 "사람에게는 버린 바가 되었으나 하나님께는 택하심을 입은 보배로운 산 돌이신 예수께 나아가 너희도 산 돌같이"(As you come to him, the living stone - rejected by men but chosen by God and precious to him-you also, like living stones, 1 Peter 2:4-5)라고 했다. 그는 영국의 위대한 선교사 리빙스턴(David Livingstone, 1813-1873)처럼 살기를 바랐던 것일까?

애양원에서 빼놓을 수 없는 인물이 양재평 장로다. 양재평(1924-2007) 장로는 전남 신안 출신으로 15세 때 한센병 환자가 되어 19세에 이곳 애양원 병원으로 와서 손양원 목사로부터 세례를 받았다. 이곳에서 다른 환자들을 돌보면서 애양원교회를 섬기며 평생을 보냈다. 그는 1950년 아버지처럼 의지하던 손양원 목사가 순교를 당하자 그에 대한 충격으로 그 이듬해 시력을 완전히 상실했고, 손의 감각까지 잃어버렸다.

그런 그가 1954년에 한센병 환자들을 모아 성경 암송반을 조직했다. 그들에게 말했다. "우리는 눈도 멀고 손가락도 없소. 손가락이 있다 해도 지문이 없어 점자도 못 읽습니다." 몇몇 나환자들은 성경을 통째로 암송했다고 한다. 그도 20년 만에 신약성경을 외워 '성경 녹음기'가 되었다. 신약 전체를 순서대로 줄줄 외울 뿐 아니라 "빌립보서 4장 13절" 하면 즉시 그 구절을 정확하게 기억해 외웠다. 살아 있는 '성구 사전'이 된 것이다.

필자가 양 장로의 간증설교를 들은 것은 대학을 졸업한 후 1970년대 후반, 그가 장로가 된 후였다. 특별한 날, 우리가 그분을 청주로 초대했다. 양 장로는 청주지구 CCC 회관을 방문하여 감동적인 간증설교를 통해 많은 청년들과 학생들을 훈련시켰다. 신약성경 전체를 암송하면서 손양원 목사의 사역과 자신의 간증 메시지를 전했다. 특별히 청주를 사랑했다. 청주는 손양원 목사가 신사참배를 거부하여 2년간 옥살이를 한 곳이기도 하다. 또한 양 장로는 김준곤 목사(1925-2009, 전 한국대학생선교회 총재)와 초등학교를 함께 다녔다고 한다. 감당하기 힘든 비극을 신앙으로 극복한 믿음의 표상이다. 그는 소천하기 전 "내가 한센병에 걸린 것은 하나님의 은혜다. 이 병이 아니었다면 어떻게 예수를 믿었겠는가?"라고 고백했다. 2007년 향년 84세를 일기로 소천했다.

[6]윌리엄 비더울프(William Edward Biederwolf, 1867-1939)는 독일 이민자의 아들로 20세에 그리스도인으로 변화된 후 30세에 안수를 받고 목회활동을 했다. 미국 남장로교 선교사로 1920년과 1923년에 극동지역을 여행하면서 한국 여수에서 한센병 환자를 위한 병원 설립을 도왔다고 한다.

[7]안경선 목사는 강원도 원주중앙그리스도교회에서 시무했다.

홀로 뻬레그리노(peregrino)가 되다

6시 반에 눈을 떴다. 토플게스트하우스의 깨끗한 침대 방에서 첫 잠을 잘 잤다. 마음은 설렘과 기대로 가득 찼다. 내 기도는 간단했다. 메모한 시편 37편 5절을 묵상했다.

🔑 "네 길을 여호와께 맡기라 그를 의지하면 그가 이루시고"(시 37:5).

물건들을 배낭에 잘 챙겨 넣어 메고 숙소 계단을 내려왔다. 끝까지 완주할 수 있을지에 대한 의심은 조금도 하지 않았다. 3월의 이른 아침 공기가 차갑지만 상쾌하다. 가볍게 안개 낀 시야는 평화로운 모습이다.

숙소에서 식당으로 가는 길목의 작은 공원에는 애양원 병원을 설립하고 봉사했던 네 분 의료선교사들의 비석이 있다. 이슬을 머금은 비석들은 새벽 햇살에 반사되어 보석처럼 빛나고 있었다. 힘들고 지친 모습의 윌슨 선교사와 다정히 손잡은 토플 부부의 동상도 보인다. 나는 이들의 동상을 바라보며 마음속으로 고맙다고 했다.

어제 저녁 식사를 했던 그 식당에는 이미 병원 보수공사를 하러 온 예닐곱 명의 인부들이 아침 식사를 기다리고 있었다. 나도 그들 틈에 끼어 기다렸다가 아침을 먹었다.

애양원 병원은 여수공항 끝자락에 위치해 있다. 공항 담벼락을 끼고 빠져나오는 좁은 길은 인도가 없어 걷기가 여간 불편한 것이 아니었다. 이런 길은 아마 내 카미노의 시작에 불과하리라고 생각하지만 인도가 없는 길을 걷는 것은 많이 불편하고 위험하기도 하다.

바다에는 아직도 안개가 낮게 깔려 있고 밭에는 벌써 농부들이 나와 땅을 일구고 있다. 산 쪽으로는 자동차 전용도로가 나 있다.

나는 스마트폰(smart phone)에 저장된 지도상에 나타난 논길과 밭길을 찾으며 걸었다. 스마트폰에 표시된 지도를 보면서 가는 것이 처음이라 익숙하지 않다. 또한 햇빛이 액정에 반사되어 잘 보이지도 않는다. 자꾸 길을 잃는다. 게다가 자동차 전용도로는 내가 가야 할 길을 막고 있어 돌아가기 일쑤다. 반면 아름다운 남해의 한적한 농촌 마을을 걷는 것은 무척 기분 좋은 일이다. 이곳에는 벌써 매화, 복숭아, 산수유 꽃들이 화사하게 피었고 그 향기가 코끝을 스친다.

전라선의 간이역 구 율촌역을 지나 서툰 시골길과 위험한 자동차 길

남해의 한적한 시골 풍경. 사진 밑 부분에 옛 철길의 흔적이 남아 있다.

을 따라 네 시간을 걸어서 해룡면사무소 소재지에 도착했다. 소변이 급해 파출소에 있는 화장실을 이용했다. 인근 식당에서 비빔밥으로 점심을 먹으면서 휴대전화 배터리를 충전했다. 지도를 자주 보게 되니 파워가 빨리 소진된다.

오늘의 목적지는 순천만에 있는 펜션 마을이다.

순천은 우리나라에서 여전히 기독교인의 비율이 높은 도시다. 1911년에 초기 선교사들이 세운 매산학교 및 호남 기독교 120여 년의 역사를 고스란히 품고 있는 순천시 기독교역사박물관은 호남 동부권에서 활동했던 선교사들의 삶과 활동을 보여주는 역사적인 공간이다. 이질적인 문화를 극복하고 순수한 헌신과 조건 없는 사랑을 보여주며 서양 학문을 소개한 근대교육과 의료혜택이 어떻게 보급되었고 발전되었는가를 잘 소개하고 있는 곳이다.

그런데 이번 순례에 순천지역의 초기 선교사들이 활동했던 매산학교를 방문하지 못했다. 순례 일정을 세울 때부터 매산학교를 염두에 두지 못한 실수가 못내 아쉽다. 순천에서 선교하다가 그곳에 묻힌 선교사들의 무덤이 나중에 광주로 옮겨졌다고 하여 그냥 우회했다. 이번 순례는 선교사들의 묘역을 연결하여 걷는 것이 중요하다고 생각했기에 반드시 들렀어야 했던 선교 유적지를 지나치게 된 것이다.

순천은 한국 기독교 역사에 매우 중요한 위치를 차지하고 있다. 순천(順天, 하늘의 뜻을 따르다)이라는 지명의 뜻이 선교사들에게 매력적으로 보일 수도 있었으리라는 생각을 했다. 순천의 선교는 1892년 *7인의 선발대 중 테이트(Lewis Boyd Tate), 레이놀즈(William David Reynolds), 윌리암 전킨(William McCleery Junkin) 등의 선교사들이 내한하면서 시작되었다.

순천만 평야 및 습지. 인근에는 예쁘게 지어진 펜션들이 즐비하다.

순천만 습지. 강 하구와 만나는 바다 쪽으로 가려면 아직 멀다.

본격적인 선교활동은 1904년 광주선교부가 설립되면서 전남 동부지역(고흥, 화순, 구례, 여수, 순천, 광양, 장흥 등)을 선교구역으로 배정받은 오웬(Clement Carrington Owen, 한국이름: 오기원, 오 목사) 선교사에 의해 시작되었다. 오웬 선교사는 순천지역에 여러 교회를 설립했다. 1909년 프레스턴

남녘은 벌써 매실나무에 꽃이 피었다. 꽃향기가 참 좋다.

(John Fairman Preston, 한국이름: 변요한)과 코이트(Robert Thronwell Coit, 한국이름: 고라복) 선교사가 들어왔고, 이미 100여 개의 교회가 들어섰으며, 그 지역에서 6천여 명이 예배를 드렸다고 한다.

이러한 상황에서 1910년에는 순천선교부가 승인 개설되었다. 이들은 매곡동 땅 2천 평을 매입하여 병원과 학교를 지었다. 그러나 건축비가 모자라자 프레스턴이 1911년 본국에 귀국하여 순회강연을 하던 중 노스캐롤라이나 주 더람(Durham) 장로교회 장로인 조지 와츠[8](George Washington Watts)를 소개받게 된다. 와츠는 전주에서 선교활동을 하던 전킨 목사의 처남(E. R. Leyburn 목사)이 목회하던 교회의 장로인데, 매년 13명의 선교사에게 13,000달러를 후원하겠다고 약속했다.

순천선교부에서는 이를 기념하기 위해 와츠 기념관을 세웠다. 설계는 당시 건축가이며 사업가인 스와인하트(R. Swinehart)가 맡았다. 이 건물이 매산학교의 전신으로, 지금도 그 아름다움을 유지한 채로 원형이 잘 보존되어 있어, 지방문화재(제127호)로 등록되어 있고, 한국 근대 기독교 역사에 있어서 중요한 건물이 되었다. 그 외 순천의 선교사 가옥들도 문화재로 등록되어 있다.

1920년 여름, 와츠가 순천을 방문하였다. 당시 조선총독부는 기독교 학교에서 성경을 가르치는 것을 금지하고 있었는데, 순천선교부에서는 순천을 방문한 와츠로 하여금 사이토(齊藤實) 총독을 만나 학교에서 성경을 가르칠 수 있도록 설득해 주기를 요구하였다. 와츠는 총독을 만나 이 문제를 대화로 잘 해결하여, 1921년 3월에 매산학교는 다시 성경을 가르칠 수 있게 되었다고 한다.

조지 와츠가 극동을 방문하는 동안, 평소 큰 관심을 가졌던 한국의 선교지를 방문하였다. 미션스쿨에서 성경을 가르치지 못하도록 하는 것에 한국사람들이 동의하지 않는다고 하여 일본 정부는 일부 미션 학교들을 6년 전 폐쇄했던 것 같다. 그는 1920년 여름, 한국의 순천을 방문했으며, 선교사들은 와츠에게 총독인 바론 사이토를 방문하여 이러한 문제들에 대해 대화로 풀어 해결해 주기를 요구했다. 와츠는 그렇게 함으로써, 1921년 3월에 학교는 다시 개교하여 성경을 가르칠 수 있게 되었다. 한국에 있는 남장로교회 소속 학교들 중에 유일하게 이런 허락을 받은 것을 주목할 필요가 있다.
-미남장로교 보고서에서-

8조지 와츠(George W. Watts, 1851-1921)는 미국의 사업가이며 박애주의자이다. 듀크 대학교(Duke University) 설립자인 제임스 듀크(James B. Duke)와 함께 담배회사와 와츠 병원을 세웠으며 듀크 대학교 설립에 기여하였다. 매년 13명의 한국 선교사를 후원했고, 그가 소천하기 1년 전인 1920년에 한국의 순천을 방문했고 매산학교에서 성경교육의 중요성을 강조했다. 학교에서 성경을 가르치는 것을 허락받았다.

*7인의 선발대 1892년에 미국 남장로교 해외선교부가 처음으로 한국에 선교사를 파견했다. 1885년 이미 미국 북장로교와 감리교 선교사들이 조선에 파견되어 선교활동을 하고 있었다. 미국 남장로교 해외선교부가 한국선교를 하게 된 계기는 미국 북장로교의 한국선교사였던 언더우드(Horace Grant Underwood, 한국이름: 원두우)의 귀국 보고 연설 때문이었다. 안식년으로 미국에 돌아와 있던 언더우드(1885년 4월 내한)는 1891년 10월 미국 테네시(Tennessee) 주 내슈빌(Nashville)에서 개최되고 있는 전국 신학교 해외선교연합회(Inter-Seminary Alliance for Foreign Mission)에서 연설을 하게 되었다. 그는 조선의 실정과 선교활동을 보고했으며, 이때 밴더빌트 대학교(Vanderbilt University)에 유학 중이던 윤치호도 '은자의 나라'(The Hermit Nation)로 미국에 알려진 조선에 대해 자세히 설명했다.

이 모임에 참석하여 강연을 듣고 있던 남장로교 신학교 졸업반인 테이트(Lewis Boyd Tate, 한국이름: 최의덕, 시카고 맥코믹 신학교 졸업반), 존슨(Cameron Johnson, 리치몬드 유니언 신학교 졸업반) 및 레이놀즈(William David Reynolds, 한국이름: 이눌서, 존슨의 동급생) 등 세 명이 깊은 감명을 받았다. 이 가운데 맨 먼저 테이트가 미국 남장로교 해외선교부에 한국선교를 지원했으나 거절당했다. 또한 존슨과 레이놀즈도 동급생인 윌리엄 전킨(William McCleery Junkin, 한국이름: 전위렴)과 함께 조선선교사를 지원했으나 테이트와 같이 거절당했다. 미국 남장로교 해외선교실행위원회는 은자의 나라로 알려진 조선에 대해 별로 아는 바가 없었고 재정적인 이유도 있어서 조선에 선교사를 파견할 계획이 없어 거절했고, 그들에게 다른 나라로 갈 것을 권유했다.

그러나 전킨과 레이놀즈는 낙심하지 않고 주요 교회 지도자를 순방하여 설득하면서 1892년 선교잡지 〈The Missionary〉의 8월호에 은자의 나라인 조선 선교를 호소하는 글, "우리는 왜 조선으로 가기를 원하는가?"를 게재하며 적극적으로 조선선교의 필요성을 호소했다. 그때까지 미국 남장로교단은 그리스(Greece)에 선교사를 파송하고 있었는데, 그리스 정부가 반대하여 선교사를 파송할 수 없게 되자, 조선선교에 관심을 갖게 되었다. 그러나 선교헌금이 부족하여 조선선교를 할 수 없다는 소식이 전해지자 여기저기서 헌금이 들어오고,

7인의 선발대 사진:
루이스 테이트, 메리 레이번, 팻시 볼링, 매티 테이트, 윌리엄 레이놀즈, 리니 데이비스, 윌리엄 전킨 (한인이 서 있는 곳에서 시계방향으로)

후원자들이 나타났다. 특히, 뉴욕에서 타자기 회사를 운영하던 언더우드의 형(John Thomas Underwood)이 2,000달러를 기증했고, 먼저 조선에 선교사로 와 있던 언더우드도 3,000달러를 모았다.

이렇게 해서 남장로교 해외선교실행위원회는 1892년 마침내 "젊은이의 요구에 응하기로 했다"라고 결론을 내리고 조선에 선교사를 파송하기로 결정했다. 이를 계기로 미국 남장로교의 위대한 한국선교가 시작되었다. 그해 4월에 테이트, 전킨, 레이놀즈 등 3명을 선교사로 임명했다. 이어서 조선선교에 관심을 갖고 있던 여성 4명도 그 뒤를 따랐다. 매티 테이트(Martha Samuel Tate, 한국이름: 최마태, 테이트의 누이동생), 리니 데이비스(Linnie Fulkerson Davis, 나중에 W. B. Harrison과 결혼), 팻시 볼링(Patsy Bolling Reynold: 레이놀즈의 부인), 레이번 전킨(Mary Leyburn Junkin: 한국이름: 전마리아, 전킨의 부인) 등이다.

결혼한 네 명을 포함한 7명은 1892년 9월 7일 미주리(Missouri) 주 세인트루이스(Saint Louis) 중앙장로교회(The Central and Grand Avenue Presbyterian Church)에서 감격적인 파송예배를 드리고 교인들과 이별의 아쉬움을 뒤로하고 최초의 미국 남장로교 조선선교사가 되었다.

제일 먼저 조선에 도착한 선교사는 리니 데이비스로, 그녀는 세인트루이스의 주미 한국공사 이채연의 아내와 함께 출발하여 10월 18일에 제물포에 상륙

했고, 감리교 선교사들의 환영을 받았다. 다시 배를 이용해 한양으로 들어와 가마를 타고 한양도성에 도착했으나 성문이 잠겨 있어서, 성벽에서 내려온 밧줄을 이용해 성 안으로 들어갔다고 한다. 리니 데이비스는 알렌(Horace Newton Allen, 1859-1932) 박사 집에서 따뜻한 환영을 받았다. 나머지 일행은 같은 해 11월 3일에 제물포에 도착했다. 그들도 배를 이용해 한양으로 들어왔고, 마펫(Samuel Austin Moffet, 1864-1939)과 북장로교 선교사들의 환영을 받았다. 이렇게 최초로 조선에 도착한 미국 남장로교 선교사들을 후에 '7인의 선발대'라고 부르게 되었다. 이들 7명의 선교사들은 호남지역 선교의 시작점이며 개척자가 되었다.

오늘은 예정된 숙소까지 21km를 걷기로 계획되었다. 오후 1시경인데 목적지까지 남은 거리가 5km 정도인 것 같다. 오늘 묵을 숙소가 너무 가까이 있어, 조 간사에게 전화를 걸어 내가 너무 빨리 걸어왔다는 것을 알려 주었다. 그랬더니 원래 숙소인 순천만 펜션마을을 지나 오늘 묵을 숙소를 다시 구해 주었다. 구획정리가 잘된 논길을 지나서 농수로를 따라 걸었다. 순천시가 순천만 습지관광을 위해 하천을 따라 건설한 모노레일이 보인다. 순천만 습지생태공원 주변에는 작고 예쁜 펜션들이 양 길가에 줄지어 있다. 약 6km를 더 걸어서 오후 4시경 새로 예약한 G 펜션에 도착했다. 펜션 주인은 내가 배낭을 메고 혼자 들어오는 것을 보고는 의아해 물어왔다.

"혼자세요?"

"네, 저 혼자인데요. 조금 전에 예약한 사람입니다."

그는 나를 보더니, 펜션을 운영하면서 이렇게 펜션에 걸어서 오는 분도 처음이고, 혼자서 오는 것도 처음이란다. 나는 걸어서 서울 양화진까지 간다고

순천시에서 순천만 습지로 가는 자전거 도로와 모노레일

말했다.

"앞으로는 저처럼 혼자 걸어오는 사람도 더러 있을 겁니다"라고 말하면서, 사실 그러기를 바란다고 했다.

가족과 떨어져 이 펜션을 관리한다는 주인이 함께 저녁을 먹자고 한다. 그분 차를 타고 순천에 있는 한 식당에 가서 함께 식사를 하고 숙소로 돌아왔다.

오늘 많이 걸었다. 익숙하지 않은 순례길이었지만 첫 하루의 여정을 무사히 마치게 되어 감사하다. 만보기를 꺼내 보니 대략 35,000보 가까이 걸었다.

펜션은 침대 방이지만 온돌로 되어 있어 바닥이 따뜻하기에 바닥으로 내려와서 잤다.

밖에 켜놓은 야외 등 불빛이 방 안까지 훤히 밝히고 있어서 잠이 잘 안 들면 어쩌나 하고 걱정을 했는데 피곤하여 바로 잠이 들었다.

순천에서 코이트 선교사 가정에 닥친 슬픔

앞서 언급한 대로 순천은 한반도에서 기독교인의 비율이 가장 높은 지역 중 하나다. 2005년 통계에 의하면 순천 인구의 24%가 기독교인으로 등록되어 있을 정도다. 그 이면에는 초기 선교사들의 안타까운 사건과 눈물이 있다. 선교사 오웬의 헌신적인 복음전도로 교인 수가 빠르게 늘어났고, 안식년 기간 중에도 순천선교에 관심을 가지고 모금운동에 힘쓴 프레스턴(John Fairman Preston, 한국이름: 변요한)의 사랑, 농촌을 순회하며 선교 활동을 전개한 코이트(Robert Thronwell Coit, 한국이름: 고라복) 선교사 및 휴 린튼 선교사 등의 활동으로 학교와 병원이 번창하고 많은 교회가 설립되었다.

그러나 코이트 선교사 가정이 순천으로 이사를 온 지 일주일도 채 안 되었을 때 악성 이질이 그 가정을 급습했다. 코이트 선교사의 어린 두 자녀(Roberta, Woods)가 이질에 감염되어 하루걸러 세상을 떠나는 가슴 아픈 일이 생겼다. 부인도 죽기 일보 직전이었으나 선교사들과 여러 성도들의 합심기도로 회복되었다. 어린 아들과 딸을 한꺼번에 풍토병으로 잃었음에도 불구하고 변치 않는 소명의식을 가지고 순천지역에서 복음사역을 펼친 코이트 부인의 간증은 선교사들에게 강한 용기와 인내를 불러일으켜 주었다.

코이트의 두 자녀(Thomas Hall Woods Coit와 Roberta Cecile Coit)와 그들의 묘비석. 순천으로 이사 온 지 얼마 되지 않아 우유를 먹고 이질에 걸려 사망했으며, 양림동외국인선교사묘지에 안장되었다. 각각 네 살과 두 살이었다.

선교사 자녀들이 열악한 환경 가운데 풍토병으로 죽어 가자(대략 모두 70여 명이 사망) 습도가 높고 더운 여름철에 전염병을 피할 수 있는 장소가 필요했다. 그래서 지리산에 여름 휴양지를 마련했는데 이것이 *'**노고단(왕시루봉) 별장**' 이다.

***노고단(왕시루봉) 별장** 노고단 별장은 지리산에 있었던 호남지역 선교사들의 여름 휴양지를 말한다. 처음에는 광주 무등산에 두 채를 지어 사용하여 오다가 1921년 지리산에 수양관을 건립하기 시작했다. 지리산 노고단에 여름별장을 만들어 여름 동안 아이들이 이곳에 와서 머물게 한 것이다. 이름하여 '노고단 수양관'이다.

이곳은 무덥고 습도가 높은 여름 장마철에 풍토병으로부터 아이들을 격리 보호하고 선교사들의 심신의 피로도 풀기 위해 마련한 공간이다. 예배당을 비롯하여 숙소와 기타 부대시설 등 50여 채의 건물을 지어 휴양할 수 있도록 하였다. 윌슨, 레이놀즈, 조셉 호퍼(Joseph Hopper, 조요섭 1892-1971), 윌리암 린튼, 프레스턴, 보이열(Elmer T. Boyer, 1893-1976) 등 수많은 선교사들의 가족들이 이용했고, 일본과 중국에서 활동하던 선교사들도 이곳에 찾아왔다고 한다.

이곳에서 성경을 번역하기도 하고, 집회를 통해 아이들에게 신앙교육을 시켰으며 세례도 베풀었다.

일제가 선교사들이 신사참배를 거부한다는 이유로 이들을 추방했고 1943년경 수양관은 폐쇄되었다. 일제의 탄압으로 선교사들이 철수하면서 오랫동안 관리가 되지 않아 크게 손상되었다. 거기에 한국전쟁 이후 빨치산 토벌 작전으로 훼손되어 사용할 수 없게 되었던 이 건물들을 해방 후 1962년 순천에서 선교활동을 하던 휴 린튼 선교사의 노력으로 노고단에서 멀지 않은 왕시루봉에 다시 수양관(숙소 10채, 예배당 1채, 창고 1채)을 재건하였다. 그러나 10년 정도 사용해 오다가 1972년 지리산이 국립공원으로 지정되면서 쇠락했는데, 현재 이 지역은 서울대학교 소속 부지로 되어 있다.

왕시루봉 선교사 별장은 특정 종교의 종교행위를 위한 수단이 아니라 근대 문화유산이다. 따라서 이민족(異民族)이 우리나라 환경에 적응하는 과정의 인류학적 및 건축학적 가치를 보존하기 위하여 문화재청에 등록문화재로 지정하려고 노력하고 있다. 그러나 수양관을 둘러싸고 불교계와 기독교(개신교)계가 수년 전부터 '철거냐, 문화재 등록이냐'라는 문제로 팽팽히 맞서면서 보존 여부를 결정하지 못하고 있어 안타까움을 더해 주고 있다.

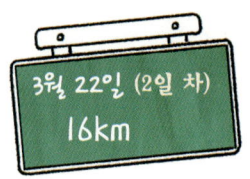

카미노는 내 경건의 훈련

3월의 새벽 날씨는 여전히 쌀쌀하다. 들판에는 서리가 하얗게 내렸다. 7시에 G 펜션을 나와 별량면의 한 해장국집에 들러 아침을 먹었다. 아침을 먹기 위해 이곳저곳을 기웃거리다가 가는 길에 한 식당을 발견한 것이다. 식당 주인 부부가 준비한 아침 해장국을 한 그릇 다 비웠다.

다시 걷기 시작했다. 어릴 때부터 시골 학교나 교회를 다닐 때도 많이 걸었다. 사실 걷는 것을 싫어하지도 않았다. 운동회 때 달리기도 잘 했다.

걷기 시작한 지 이틀째인데, 발걸음은 가볍다. 출발하기 전에 이미 동료 교수에게 "길을 나서며"라는 글을 남겨 이 길을 간다고 알려 주었다. 사실 나는 이번 순례길을 통해 신앙생활에서의 경건훈련을 자청한 것이다.

독일의 유명한 바이올린 제작자 마틴 슐레스케(Martin Schleske, 1965-)가 그의 저서 《가문비나무의 노래》에서 "순례자는 길 위에서 자신의 근본을 의식하는 사람"이고, "스스로를 찾는 사람"이라고 말했듯이 이번 순례길을 통해 하나님 앞에 선 나를 발견하고 정체성과 소명을 새롭게 확인할 수 있을 것이다.

성경에서는 인간의 속성에 대해 다음과 같이 설명하고 있다.

> 🗝 "사람들이 자기를 사랑하며 돈을 사랑하며 자랑하며 교만하며 비방하며 부모를 거역하며 감사하지 아니하며 거룩하지 아니하며 무정하며 원통함을 풀지 아니하며 모함하며 절제하지 못하며 사나우며 선한 것을 좋아하지 아니하며 배신하며 조급하며 자만하며 쾌락을 사랑하기를 하나님 사랑하는 것보다 더하며 경건의 모양은 있으나 경건의 능력은 부인하니 이 같은 자들에게서 네가 돌아서라"
> (딤후 3:2-5).

또한 순례는 길에서 맞닥뜨리는 여러 가지 불편함과 부족함 속에서 인내의 한계를 바라보는 것이다. 처음 만나는 사람을 대하는 모습과 어떤 일에 대해 순간적으로 표출되는 솔직한 반응이 아마 내 본성일 것이다. 방해받지 않는 자유로운 환경 속에서 내가 아는 하나님을 얼마나 인식하고 있는지, 그의 존재를 순간마다 시인하는지 돌아볼 수 있다는 생각을 했다. 나의 영성과 지성의 수준도 가늠할 수 있을 것이다.

그렇다. '아무도 나를 보지 않고 오직 나만 나를 보고 있다.' 나는 이 한 달이 내 삶에 있어서 경건의 훈련이 되기를 바라면서 걷기를 다짐했다. 불편함을 구태여 피하지 않을 것이며, 불평하지 않을 것이며, 과시하지 않고 겸손해할 것이며, 따지거나 시비하지 않겠으며, 양보할 것이며, 친절하게 대해 줄 것이며, 초조해하지 않고 기다릴 것이며, 무시하거나 욕하지 않을 것이며, 먼저 사과할 것이며, 걸으며 기도할 것이다.

불평은 여유가 없고 기다리지 못하는 마음에서 시작된다는데, 나는 성격이 급한 편이다. 오래전에 읽은 윌 보웬(Will Bowen) 목사가 쓴 책 《불평 없이 살아보기》에서는 "인간이 겪는 모든 불행의 뿌리에는 불평이 있다. 행복하고 성공적인 삶을 위해서는 불평을 멈추어야 한다"고 지적하면서, "사람들 모두가 다 잘할 수 있는 것을 하나 꼽으라면 불평일 것이다"라고 했다. 과연 나는 불평하지 않겠다는 결심을 잘 실천할 수 있을까?

이런저런 생각을 하다가 길을 잃었다. 가던 길을 돌이켜 다시 돌아왔다. 길을 찾기 위해 시골 버스 승강장에서 휴대전화에 입력한 지도를 본다. 휴대전화 화면에 햇볕이 반사되어 잘 보이지 않아 승강장 안으로 들어갔다. 마침 할머니 두 분이 버스를 타

한적한 버스 정류장. 나는 자주 이런 곳에서 물과 간식을 먹으며 쉴 수 있었다.

러 길을 건너온다. 그분들에게 내가 가는 길의 방향을 물어볼 생각으로 다가갔다. 그런데 가방을 보니 영락없이 성경찬송 가방인 것을 쉽게 알 수 있었다. 오래전 내 어머니가 들고 다니던 성경 가방과 별 차이가 없었던 것이다.

"할머니, 교회 가세요?"라고 길을 묻기 위해 말을 걸었다.

곧 도착할 교회 버스를 기다린다고 하신다. 아직 오전 10시도 안 되었다.

"11시에 예배 시작하지요?" 했더니 "교회 다니시는 분 같은데 주일에 등산을 가?" 하고 나무라는 표정이다.

사실 나는 좀 더 걸으면 교회가 또 있는 것을 이미 알고 있었기에 예배 시간이 되면 그때 가까운 교회에 갈 생각이었다.

"등산은 아니고요."

"그럼 같이 우리 교회에 가서 예배드리지?"

속으로 '참 신선하고, 고맙고, 아름다운 말이다. 그래, 시골이니까, 할머니니까 할 수 있는 말이지'라고 생각했다.

곧 교회 버스가 왔다. 나는 더 이상 길을 물어볼 수도, 머뭇거릴 겨를도 없이 함께 버스에 올라탔다. 미니버스 안은 교인들로 가득 차 있었다.

예배드릴 교회는 지나오면서 본 그 W 교회였다.

시골의 한 교회에서 숲레길 첫 예배를 드렸다.

순천시 별량면에 있는 장로교 소속 교회다. 붉은 벽돌로 잘 지어진 아담한 교회였는데, 오전 10시쯤에 벌써 많은 사람들이 기도하면서 예배를 준비하고 있었다.

나를 태웠던 교회 버스는 다른 노선의 성도들을 태우러 다시 마을로 향했다. 버스가 한 대뿐이라 여러 번 운행하는 것 같았다.

11시에 예배가 시작되었다. "썩어짐의 종 노릇"(롬 8:21)이라는 제목의 설교를 들었다. 내게 새로운 소망과 용기를 주었다. 부활절을 앞두고 한 설교다. 죽음을 이길 자는 아무도 없으니 죽음 앞에 두려워하거나 낙심하거나 슬퍼할 것이 아니라 하늘나라를 소망함으로 참고 기다리라는 말씀이었다. 헌금을 드리고 축도가 끝난 후 교회 밖으로 나왔다.

함께 버스를 타고 온 할머니들이 굳이 점심을 먹고 가라며 붙잡는다. 마침 점심때도 되었고, 고집을 피울 일도 아니어서 못 이기는 척 식당 쪽으로 내려갔다. 조용히 먹고 가려고 구석 바닥에 앉았다. 담임목사님께서 내 식탁으로 오시더니 탁자 위로 올라와 함께 식사를 하자고 하신다. 장로인 듯 보이는 두세 분과 담소를 나누며 식사를 했다. 그들은 내게 어디에 사는지, 어디를 가는지 물었다. 등산복 차림이니 이 지역 사람이 아닌 것을 알고 이것저것 물어본다.

시골 교회에서의 주일예배는 평화롭고 훈훈했다. 나오면서 교회 옆 라일락 나뭇가지에 준비한 리본 두 개를 달았다.

오랜만에 시골 교회에서 설렘과 은혜 가운데 예배를 드리는 기회가 되었다. 순례 시작 첫 주일 예배이기 때문이기도 했다. 어렸을 때 시골에서 자랐기에 시골 교회의 분위기는 매우 익숙한 풍경이다.

그때와 달라진 것이 많지만 그중에 하나를 들자면, 우리 때는 아이들이 많았다.

어렸을 때 내가 살던 동네는 면사무소에서 1.7km 정도 떨어져 있었는데, 면사무소 소재지에 교회가 있었다. 매 주일 아침 교회 주일학교를 다녔다. 그때는 교회가 결코 가까운 거리가 아니었다. 종종걸음으로 이것저것 쳐다보면서 걷다 보면 30분은 족히 걸렸다. 또한 겨울에 벌판과 냇가를 지날 때는 매서운 바람이 온몸을 때렸다.

교회 가는 길에 비교적 큰 하천이 있었는데, 겨울에는 동네 어르신들이 냇물을 잘 건널 수 있도록 20m쯤 되는 나무 다리를 임시로 만들어 놓았다. 그런데 가끔 다리가 무너지면 양말을 벗고 맨발로 얼음물을 건너야 했다. 물론 여름 장마철 때는 임시 다리도 없어서 바지를 벗고 건너야 했다.

우리 동네에서 교회를 다니는 집은 우리 집이 유일했다. 나이가 더 많은 형을 제외하고 삼형제가 사이좋게 교회를 다녔다. 가끔 가기 싫은 날도 있었지만 주일 아침에 교회 주일학교에 가는 것은 학교 가는 것만큼 우리 집에선 엄중히 지켜야 할 일이었다. 그리고 어머니는 삼형제에게 헌금을 챙겨 주셨기 때문에 교회에 가서 꼭 헌금을

마을 뒤쪽 산길로 가다가 자동 카메라를 설치해서 사진을 찍었다. 순례자 품이 난다.

작은 산을 하나 넘으니 다시 남해와 오래된 염전이 있었다.

내야 했다. 중학교를 마칠 때까지 그 교회를 다녔다.

오늘은 마을 뒤 작은 산도 넘었지만, 주로 평야의 논길을 따라 목적지 벌교를 향해 걸었다. 가는 도중 염전도 지나갔다. 뻘 체험관도 보인다. 넓은 갯벌을 따라 조성된 산책길도 있다. 찬 바닷바람이 너무 세차게 불어 빨리 숙소에 들어가 쉬어야겠다는 생각뿐이었다. 따뜻한 물에 샤워하고 눕고 싶었다. 겨우 이틀을 걷고 난 후 마음속으로 후회스러운 생각이 들기 시작했다. 추위와 피곤이 엄습한 것이다. 오늘은 3시간 동안이나 교회에 있었기 때문에 그렇게 많이 걷지도 않았는데 몹시 피로했다.

숙소인 B 펜션은 길가에 있었다. 좀 멀기는 하나 온천탕이 있다는 주인의 말에 택시를 이용해서라도 꼭 다녀오고 싶었다. 잘한 것 같다. 탕에 들어가니 나오기가 싫을 정도다. 오는 길에 저녁을 먹으러 이 고장 벌교의 특산인 꼬막정식 식당에 들렀다. 삶은 꼬막이 두 접시에 수북이 담겨 나왔다. 이곳 벌교의 꼬막은 양념을 하지 않고 그냥 삶아서 내놓았다.

벌교 앞에는 드넓은 뻘이 펼쳐져 있다. 이곳은 꼬막정식으로도 유명하다.

숙소에 들어와 발을 보니 양 발가락에는 작은 물집이 터졌고 양 발목이 아프기 시작했다. 너무 빨리 문제가 생긴 것이다. 아마 첫날 너무 많이 걸었기 때문일 것이라고 스스로 위로해 본다. 침대가 있지만 온돌방이라 바닥에 내려와서 고단한 잠을 청했다. 지금 내가 누운 이 지역은 린튼의 4대 가문이 복음을 전했던 곳이기도 하다.

린튼가의 대를 이은 한국 사랑

순천시가 전국에서 기독교인의 비율이 가장 높은 이유가 또 있다. 그 배경에는 4대에 걸쳐 선교에 헌신한 린튼 가문이 있기 때문이다. 린튼가가 개척한 교회는 순천을 중심으로 600여 개에 이른다고 한다.

린튼가의 한국선교는 윌리엄 린튼(William Alderman Linton, 한국이름: 인돈, 1891-1960) 목사로부터 시작되었다. 1912년 조지아(Georgia) 공대를 수석으로 졸업한 그는 당시 제너럴 일렉트릭(GE) 회사 입사를 마다하고 스물한 살에 미국 남장로교 최연소 선교사로 조선에 파송되어 목포로 왔다. 후에 군산으로 옮겨 영명학교 교사로서 학생들에게 성경과 영어를 가르쳤고, 전주 신흥학교와 기전여학교 교장을 역임했으며, 해방 후에 대전대학(한남대학교 전신)을 설립하고 초대 학장이 되는 등, 교육선교에 큰 업적을 남겼다.

그는 외국인으로서 1919년 군산의 만세시위운동을 지도하였다. 3·1운동의 실상을 국제사회에 알리며 지지를 호소하는 등 독립운동 지원도 아끼지 않았다. 3·1 만세운동 직후인 1919년 8월 애틀랜타(Atlanta)에서 열린 미국 남부지역 평신도대회에 참석하여, 한국의 처참한 실정과 독립운동의 비폭력 저항정신을 미국사람들에게 알렸다. 또한 전주신흥학교 교장 당시에는 일제의 신사참배 거부에 앞장섰고, 이 일로 학교를 자진 폐교했다. 그는 1940년 일제로부터 추방되었다가 광복 후 다시 한국으로 돌아와 전북지방의 선교에 힘썼고, 전주신흥학교 교장으로서 학교 정상화에 노력했다.

한국전쟁의 와중에 많은 선교사들이 해외로 피난해 갔으나 그는 대피명령이 떨어진 상황에서도 전주에 남아 성경학교를 운영했다. 전쟁 막바지에는 부산에서 선교활동을 계속하면서 한국 땅을 지켰다. 그는 말년에 암 투병을 하면서도 1956년 대전대학(현 한남대학교)를 세우고 초대 학장에 취임했다. 한남대 설립에 매진했던 그는 1960년 6월에 과로로 병이 더 악화되어 미국으로 건너가 치료받던 중 그해 8월 세상을 떠났다.

일제강점기와 한국전쟁을 거치며 48년 동안 충청과 호남지역의 선교사업에 헌신했을 뿐 아니라 한국의 독립운동과 교육에 헌신한 공로가 인정되어, 2010년 그에게 건국훈장 애족장이 수여되었다.

린튼 선교사의 뜨거운 한국 사랑은 가족과 후손들에게로 고스란히 이어졌다. 윌리엄 린튼은 먼저 조선에 온 선배 선교사 유진 벨(Eugene Bell, 한국이름: 배유지, 1868-1925) 목사의 딸 샬롯(Charlotte Witherspoon Bell)과 결혼하여, 네 명의 아들을 두었는데, 모두 한국에서 낳고 한국인들과 함께 교육을 받게 했다.

그러나 1940년 일제에 의해 가족이 모두 추방당했다. 아들 가운데 셋째 휴 린튼(Hugh Macintyre Linton, 한국이름: 인휴, 1926-1984)과 넷째 드와이트 린튼(Thomas Dwight Linton, 한국이름: 인도아, 1927-2010)은 미국에서 공부를 마치고 한국으로 돌아와 선친의 뒤를 이어 호남지역의 교육과 의

유진 벨과 윌리엄 린튼 가족

료선교활동에 전념하였다.

14세에 한국을 떠난 휴 린튼은 해군장교로 태평양전쟁에 참전했다. 이후 프린스턴(Princeton) 신학교를 졸업하고 1954년 부인 로이스(Lois F. Linton, 한국이름: 인애라, 1927-)와 함께 순천에서 선교를 시작했다. 그는 언제나 검소했으며 서울에 갈 때도 고무신을 신고 3등 열차를 타고 다녔다고 한다. 부인 로이스는 순천에서 결핵재활원을 운영하며 30년 이상 결핵퇴치사업에 기여한 공로로 국민훈장과 호암상을 받기도 했다.

휴 린튼 목사는 순천지역을 선교하다 1984년 교통사고로 숨져 순천에 묻혔고, 호남신학대 학장을 지낸 드와이트 목사는 2010년 1월 미국에서 교통사고로 세상을 떠났다.

린튼 선교사 가문과 한국의 인연은 3대째 이어지고 있다. 유진 벨 선교사로부터 따지면 4대에 이른다. 휴 린튼 목사의 아들 스티브(Steve

Winn Linton, 한국이름: 인세반, 1950-)는 1994년 유진 벨 재단을 설립하여 북한 의료지원 사업을 펼치고 있으며, 모두 400억 원이 넘는 의약품과 의료장비를 북한에 지원했다. 그는 1997년부터 55차례 북한을 방문했고 김일성과 김정일도 수차례 만난 북한 전문가로서 미국과 한국을 오가며 북한을 지원하고 있다.

또한 막내 동생 존(John Alderman Linton, 한국이름: 인요한, 1959-)은 한국에서 태어나서 연세대 의대를 졸업하고 현재 세브란스병원 외국인진료소 소장으로 일하고 있다. 인 소장은 아버지의 죽음을 계기로 1993년 한국형 구급차를 개발해 119 응급구조체계의 기초를 닦았으며, 유진 벨 재단 이사장인 형 인세반 씨와 함께 수시로 북한을 방문해 결핵퇴치사업과 봉사활동을 펼쳐 2005년 국민훈장 목련장을 받기도 했다. 인 소장은 한 언론에서 자신을 소개하기를 "전라도에서 태어나 한국에서 자란 토종 한국인"이라며, "이곳에서 뼈를 묻을 계획"이라고 말했다. 두 형제는 모두 한국 여성을 부인으로 맞았다. 위스콘신 대학 약대를 졸업한 빌 린튼(Bill Linton, 1948-) 3세는 윌리엄 린튼 목사의 장손자로 인세반, 인요한과 사촌간이며, 미국의 세계적 생명공학기업 프로메가(Promega)의 대표다. 한남대학교를 세운 할아버지의 유지에 따라 한국에서 생명공학 분야에 노벨상 수상자가 나오기를 기대하면서 생명과학분야의 연구 및 교육을 지원하고 있다.

순천의 결핵요양원에 있는 휴 린튼 선교사의 묘.
초기 선교사인 윌리엄 린튼의 셋째 아들로 순천에서 선교사로 활동하다가 교통사고로 순직했다.

무릎에 염증이 생기기 시작하다

　　벌교에서 아침밥을 먹을 수 있는 곳은 시장 안에 있는 해장국집뿐이다. 선택의 여지가 없다. 이틀 연속 해장국만 먹어서인지, 어제 추위에 너무 떨었던 탓인지 밥맛이 없다. 그러나 억지로라도 먹지 않으면 걸을 수 없다는 생각에 국물에 밥을 말아 입에 넣었다. 절반 정도 먹으니 더 이상 들어가지 않는다.

　　식사를 마치고 조금 걸어 나왔는데 뒤에서 누군가 부르는 소리가 들렸다. 뒤를 돌아보니 식당 주인 아주머니가 내 지팡이를 들고 뛰어나오는 것이 아닌가? 해장국 한 그릇(6천 원)을 팔고 뛰어나와 지팡이를 건네순 훈훈하고 넉넉한 인심에 고마운 정을 느꼈다.

또 휴대전화 배터리가 다 소진되었다. 여분의 보조 배터리와 교체했다. 이번 순례를 위해 두 개의 배터리를 준비했지만 충전이 잘되지 않으니 걱정이다. 읍내에서 건전지용 충전기를 살 수 있다고 생각해 가게에 들어가 물어봤지만 수요가 없어 파는 가게가 없다. 휴대전화가 작동이 안 되면 움직일 수 없어서 돈을 내고 편의점에서 급속충전을 했다.

벌교 읍내를 빠져나오다가 자동차 전용도로를 만났다. 자동차 전용도로를 걷는 것은 위험하지만 어쩔 수 없다. 자동차 전용도로를 이용할 때에는 조심해서 걸어야 한다.

오늘은 먼 길을 걸어야 한다. 대서면으로 가는 길에 구간마다 버스 승강장들이 있는데, 한적한 승강장들은 걷는 나에게도 좋은 휴식장소다. 승강장 의자에 앉아 무거운 배낭을 풀고 쉬면서 준비한 간식과 물도 먹을 수 있다. 버스가 와도 타지 않으니 운전기사와 승객들이 나를 힐끔 쳐다본다.

가급적 산길을 피해서 경로를 정해 달라고 부탁했는데, 조 간사가 너무 남쪽으로 내려잡아 고흥반도 북쪽까지 온 것 같다.

어느덧 배낭의 무게가 느껴지기 시작했다. 산티아고를 여행한 한 순례자는 순례자의 배낭 무게는 체중의 6분의 1 정도면 적합하다고 했는데, 지금 나는 그보다 4-5kg을 더 메고 다니고 있다.

순례 3일 만에 어깨와

대서면 앞의 넓은 들. 차가운 바닷바람을 온몸으로 안고 끝이 보이지 않는 이 길을 꽤 오래 걸었다.

허리가 아프기 시작했다. 버스 승강장 의자에 누워 보기도 한다. 누워서 승강장 유리에 붙은 버스 시간표를 보니 하루에 네 번 정도 다니는 것 같다. 이런 벽촌에 사람들이 적게 사니 자주 다닐 일이 없는 것 같은데도, 시골의 구석까지 공공버스를 배차하여 농촌사람들에게 편의를 제공하려는 시군의 배려가 느껴졌다.

점심때쯤 대서면에 도착하였다. 점심 식사로 갈비탕을 먹었다. 그런데 갈비탕이 맛있다. 오늘 아침 식사가 부실했기 때문인지, 아니면 이곳 시골 갈비탕 맛이 좋아서인지 한 그릇을 거뜬히 다 비웠다.

대서면과 예당면 사이에는 아주 큰 벌판 농지가 있다. 오늘도 바람이 세차게 분다. 논길을 가로질러 갔다. 바둑판처럼 난 농로를 따라 걷는데 가끔은 건널 수 없는 농수로를 만난다. 건너는 다리가 없기 때문이다.

그러면 90도를 꺾어 연결 다리가 있는 곳으로 가서 건넌 다음 다시 내려와야 한다.

세찬 바닷바람이 부는 꽤나 넓은 들판을 이렇게 두세 번 반복하면서 예당면에 도착했다. 오는 도중 오른쪽 무릎 통증과 발목의 시근거림이 심해졌다. 약국이 보여 들어가 무릎밴드를 사서 감았다. 오늘 묵을 G 펜션은 면소재지에서 좀 더 걸어가야 한다. 여기서 저녁을 먹고 들어가야 한다. 비교적 큰 시골 음식점은 대부분 매운탕이나 고기를 팔기 때문에 혼자 먹을 수 있는 음식 메뉴가 없는 경우가 많다. 그래서 나는 평소 잘 먹지 않는 돼지고기 삼겹살 2인분을 주문했다. 역시 다 먹지 못하고 나왔다.

나는 거절에 익숙한 환경에서 자라지 않았다. 어떤 일에 대한 내 부탁이나 의견이 누군가에 의해 거절당할 때 크게 당황하곤 했다. 타인의 거절을 두려워하는 나는 소심한 성격의 소유자가 되었다. 나만 그런 줄 알았는데 아내는 나보다 더하다. 아예 거절이 두려워 말도 붙이지 않는 성격이다.

어린 시절에 거절을 당하면 당황스럽고 부끄러웠다. 어느 때는 거절당한 것을 배신감으로 느끼기도 했다. 소심한 나는 대부분 상대가 거절하지 못할 일인 경우에만 부탁했기 때문이다. 세월이 지나서야 내가 거절에 익숙해지는 훈련이 덜된 탓임을 알게 되었다.

짧은 기간이지만 나는 걸으면서 몇 번의 거절을 경험했다. 식당에서의 거절, 숙소의 거절, 길을 물을 때의 거절, 화장실 사용의 거절, 건너는 다리가 없어 황당하게 되돌아오는 등 여러 형태의 작은 거절들을 경험했다.

사실 거절은 언제나 씁쓸하다. 거절하는 쪽에서 상대의 배려가 없다면 더욱 그렇다. 거절에 대한 두려움은 나 자신이 인간적으로 거부당하는 것이라고 여기는 마음에서 나오는 것이다. 사실 거절은 제안이나 의견, 어떤 조건에 대한 것일 뿐 나 자신 자체가 거부당하는 것은 아니다. 그러므로 거절을 당했을 때 상처 받거나 화를 내서는 안 된다. 타인의 인정이나 수용과 관계없이 나는 가치 있고 소중한 사람이기 때문이다. 내가 거절당하거나 또는 거절할 때의 기술과 예절을 터득해야 함을 깨달은 것은 이번 순례에서 얻는 교훈이다. 상대방의 거절이 자신을 더 성숙하게 만들 수 있다고 여긴다면 더 크게 발전할 수 있을 것이다.

하나님께 드리는 기도도 마찬가지다. 하나님께서 우리가 드리는 모든 기도를 어찌 다 수용하시겠는가? 때로 간절히 기도하는 것도 거절하신다. 믿음으로 기도하는 것도 거절하신다. 내 생각과 다르기 때문이다.

오후 6시경에 펜션에 도착했다. 펜션과 주변이 아름답게 잘 조성되어 있었으나 아직은 사람들이 이용하는 계절이 아니라서 이용자가 없다. 오늘 저녁 날씨는 어제보다 더 춥다. 이런 때 따뜻한 녹차를 마시면 몸이 풀릴 것 같아 녹차가 있느냐고 물어봤다. 녹차가 없다며 거절은 간단했다. 펜션 이름에 걸맞지 않아 씁쓸한 생각이 들었지만 내가 사전에 준비하지 못한 것을 아쉬워했다.

방에 들어가자마자 배낭을 밀어 놓고 아픈 무릎을 살폈다. 오른쪽 무릎이 붉게 부어올랐다. '이까짓 것쯤이야'라고 자만했던 내게 위기가 닥쳤다. 겨우 3일을 걸었을 뿐인데, 아직 60대 초반인데. 이렇게 일찍 문

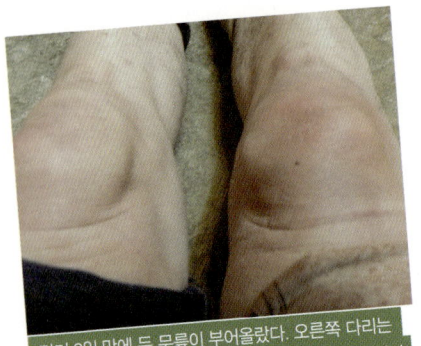

걷기 3일 만에 두 무릎이 부어올랐다. 오른쪽 다리는 심하게 내출혈되었다. 아내와 J 교수는 그만두는 것이 좋겠다고 문자를 보내왔다.

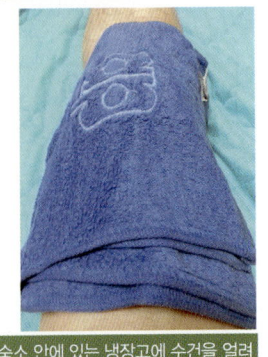

숙소 안에 있는 냉장고에 수건을 얼려 냉찜질을 하고 소염진통제도 먹었다.

제가 생길 줄은 미처 상상조차 못했다. 내 다리가 이렇게 허약하다니…….

아픈 무릎을 사진으로 찍어 아내에게 카카오톡으로 전송했다. 아내는 내출혈이 되었다고 하면서 당장 순례길을 그만두어야 한다고 했다. 아픈 무릎으로 더 걷는다면 나중에 더 큰 문제가 될 수 있기 때문이다.

무릎 종발뼈를 만지니 소리가 나는 것 같다. 나도 고민했다. 방 안을 보니 냉장고가 보여 냉동실에 젖은 수건을 넣고 얼렸다. 추운 날씨에 냉찜질은 불편했다. 하지만 1시간 정도 여러 번 반복해서 아픈 곳에 냉찜질을 했다. 준비한 소염진통제도 먹었다. 무릎 사진을 J 교수에게도 보냈더니 걱정하는 문자를 보내왔다.

사실, 나는 원래 몸이 튼튼한 편은 아니다. 어렸을 때 동네 아이들은 내 다리를 보고 '새 다리'라고 놀려댔다. 어려서부터 다리가 가늘고 몸도 허약했다. 대학 시절 체중이 50kg 정도밖에 나가지 않으니 지금 생각해 보면 허약한 편이었다. 지금도 대부분 책상 앞에서 앉아 컴퓨터 모니터를 보며 논문을 읽고 쓰니 무릎이 튼튼하지 못하다.

그래서 나는 이 길을 걷기 위해 지난 3개월 동안 일주일에 몇 번씩

아파트 안에 있는 휘트니스 센터에서 운동을 했다. 집에서 왕복 한 시간 반 정도를 걸어서 출퇴근하면서 체력을 보강했다. 하지만 기본 체력이 약한 데다 매일 20-30km를 걷는 일은 애당초 내게는 무리한 일이었나 보다. 게다가 15kg의 배낭을 메고 6-7시간 걷는데 탈이 생기는 것은 어쩌면 당연한 일이다.

 내일 아침에 일어나 봐서 통증이 계속되거나 심해지면 이 계획을 포기할 수도 있겠다는 생각을 했다. 그래서 예당역에서 광주역으로 가는 열차시간도 미리 알아두었다.

보성 녹차 밭을 가다

3월 24일 (4일 차)
26km

아침에 눈을 뜨자마자 무릎부터 살폈다. 얼음찜질과 약 때문인지 지난밤보다는 통증이 덜한 것 같다. 하지만 절룩거리며 여전히 걷기가 불편하다. 어깨를 비롯하여 온몸도 쑤시고 아프지 않은 곳이 없다. 어깨와 허리를 움직이며 몸을 풀어 본다.

아침을 먹기 위해 면사무소 주변을 두리번거리지만 문을 연 식당이 없다. 정한 숙소가 대부분 펜션이고, 인가에서 떨어져 있기 때문에 아침을 먹기가 쉽지 않다. 식당을 찾지 못한 채 예당역을 지나갔다. 조금 걸어가니 자동차 전용도로다. 차는 빠르게 지나가고 갓길도 아주 좁다.

얼마를 걷다가 버스 승강장에서 좀 쉬었다. 보성읍까지는 6km 정도를 더 가야 하는데, 발목과 무릎 통증 때문에 걷기가 힘들다. 더 이상 걸을 수 없어 버스를 타고 보성역 근처에서 내렸다. 휴대전화기 전원도 꺼져 있어 충전도 해야 했다. 휴대전화 상점으로 가서 새 코드를 구입했다. 여기서도 건전지로 된 충전기는 팔지 않았다.

충전이 끝나고, 내가 보성에 와 있다고 동료 K 교수에게 문자를 보냈다. 그는 보성 녹차 밭을 꼭 가 보라고 권한다. 보성읍에서 약 10km 떨어진 곳에 유명한 녹차 밭이 있다. 그곳에 들러 보라고 권한 것은 내 무릎이 아픈 것을 전혀 모르고 한 말이다. 녹차 밭은 오늘 내가 묵을 숙소와는 반대편에 있고, 지금 상황에서 걸어서 다녀오기엔 너무 먼 거리다. 그러나 한번 다녀오고 싶었다.

보성역 앞에서 녹차 밭으로 가는 버스를 탔다. 버스를 이용해서라도 잠시 쉬는 것이 좋겠다는 생각에서였다.

이탈리아 말에 "Festina lente"(페스티나 렝테)라는 말이 있다 '천천히 서둘러라'는 뜻이다. 우리말로는 "급할수록 돌아가라"는 뜻이다. 사실 이 말에는 모순이 있다. 이어령의 책 《생명이 자본이다》 내용을 보니 로마의 황제 아우구스투스를 비롯하여 전쟁 중에 이런 '모순어법'을 사용했다고 한다. 전투를 하는 배의 깃발 문양에 게와 나비, 달팽이와 토끼 등을 함께 그려 놓았다고 한다. 그렇다. 서둘러서 되는 일이 아니다. 다리가 아프면 반드시 쉬어가는 것이 빠르게 가는 방법일 수 있다. 버스를 이용하면서 잠시 몸을 쉬게 하는 것도 좋겠다며 스스로 위로해 본다.

필자는 오래 전부터 사진에서만 보아 왔던, 녹차로 유명한 이 지역의 녹차 밭을 한 번 가 보고 싶었다. 사실 지난 5년 동안 녹차에 대해 연구

보성의 한 녹차 밭 입구 편백나무 길. 날씨가 추워서 아직은 사람들이 적다.

보성역에서 시내버스를 이용하여 10여 km 떨어진 녹차밭을 다녀왔다.

를 해 왔다. 잘 아는 얘기지만 녹차에는 강력한 항산화제(antioxidant)가 많이 함유되어 있어 성인병 예방에 유익하다. 또한 카페인(caffeine)은 각성효과가 있어 업무를 수행하는 데 도움이 된다.

필자는 동물실험을 통해 녹차의 카테친(catechin)과 카페인이 중추적으로 서로 상반적으로 작용한다는 논문을 국제학술지에 여러 번 발표했다. 카테친이 중추에서 억제작용을 함으로써 카페인의 흥분작용이 감소될 수 있다. 그래서 녹차의 카페인에 의한 흥분작용은 커피 등에 비해 적다는 것이다. 특히 커피는 수면을 방해하는 대표적 기호식품이다. 연구의 결론은 녹차는 커피보다 수면 방해가 덜하다는 것이다.

    녹차원에 도착했다. 흔히 광고나 자료에 많이 나오는 바로 그 녹차원이다. 입구에서부터 펼쳐진 아름드리 편백나무 길을 따라 아름답게 펼쳐진 녹차원으

일제 때부터 조성된 이 녹차 밭은 규모가 크고 잘 가꾸어져 있었다. 사진은 광고에 많이 나오는 부분이다.

로 들어갔다. 일제 때부터 조성되기 시작했다는데, 차밭과 주변의 경치가 잘 어울린다. 이곳에 오길 잘한 것 같다. 젊은 연인들이 녹차 밭에 들어가 연신 카메라 셔터를 누른다.

    녹차 시음장에서 따뜻한 녹차를 천천히 여러 잔 마시고 아침 겸 점심으로 산나물 비빔밥을 먹었다. 그리고 소염진통제도 먹었다. 오늘은 평일이라 한가한

추운 날씨에 몸도 녹일 겸 따뜻한 녹차를 주문해 마셨다.

편이지만, 관광철에는 역사가 오래된 이 녹차 밭에 사람들이 많이 찾아온다고 한다.

    오래전부터 커피에 밀려 녹차의 소비가 부진한 편이다. 요새 젊은이들은 녹차보다 커피를 선호한다. 아마 이곳의 주 수입원도 녹차 잎을 파는 것보다 이곳을 찾는 관광수입일 것이라는 생각이 들었다.

    녹차원을 떠나 버스를 타고 보성읍으로 다시 나왔다. 버스에서 내리니 커다란 마트가 보인다. 과일 코너에서 참외 세 개를 사서 배낭에 집어넣었다. 내가 제일 좋아하는 과일이다. 마트를 나오자마자 맥가이버 칼로 참외 껍질을 벗겨서 단숨에 두 개를 먹어치웠다.

점심때 먹은 진통제 덕분인지, 한나절 쉬어서인지 무릎 통증이 약간 가라앉았다. 그래서 열차를 타고 광주로 가려던 생각을 접고 다시 걸었다.

보성역에서 숙소인 C 황토민박집까지는 북쪽으로 18km 정도 더 가야 한다. 길은 2차선 자동차 길로 갓길이 없고 차량이 빠르게 다녀 위험했다. 차도를 걸을 때는 좌측으로 다니는 것이 덜 위험하다고 했다. 나는 지팡이를 차도 쪽으로 더 뻗어 내려 달려오는 차들이 우측으로 더 접근하지 못하도록 유도하며 걸었다. 그래도 빠르게 달려들면 트럭 운전자에게 거수경례를 했다. 피해서 운전해 달라는 표시다. 갑작스런 거수경례에 당황을 했는지, 누군가 궁금했는지, 어떤 운전자는 속도를 줄여 아주 천천히 내 옆을 지나갔다. 이렇게 하지 않으면 세찬 모래 먼지를 뒤집어써야 한다. 카미노에서 제일 중요한 것은 자동차를 피해 안전하게 걷는 것이다.

걷고 있는 길 건너편으로 오늘 묵을 숙소가 보였지만 저녁을 먼저 해결하고 들어가야 하므로 숙소를 지나 식당을 찾아 걸었다.

복내면 소재지의 한 중국집으로 들어갔다. 식당 아주머니가 들어온다. 얼굴이 환하고 머리는 촉촉해 보이는데 목욕을 하고 갓 나온 모습이다. 물어 보니 면 복지회관의 목욕탕에서 방금 목욕하고 들어오는 중이라 한다.

식사 후 목욕탕을 찾아갔다. 복내면에는 면민들을 위한 복지회관이 잘 갖추어져 있다. 이 복지회관은 주민들의 복지와 건강, 화합과 소통의 공간으로 활용되고 있는데, 그 안에 목욕탕도 있다. 1주일에 한 번 무료로 운영하는데 마침 오늘이 그날이란다. 나도 저녁식사를 마치고 기분 좋은 사우나를 했다. 수건과 비누 등도 갖추어져 있고 탕 안의 물도 아주 깨끗했다.

🔑 "거기서는 피곤한 자가 쉼을 얻으며"(욥 3:1-7)

지나왔던 길을 되돌아 숙소로 향했다. 저녁이 되어 쌀쌀하여 찬 기운이 몸 안 깊숙이 파고들었지만 목욕을 한 후라 몸은 상쾌하다.

며칠 전부터 먹은 진통제의 부작용이 나타나나 보다. 몸의 여기저기 피부가 가렵다. 나는 아스피린이나 다른 소염진통제에 알레르기가 있어 어지간하면 먹지 않고 참는 편이다. 최근에 부작용이 적은 소염진통제가 개발되었지만 가려운 부작용은 덜하지 않다. 가려움은 참을 수 있지만 통증은 참을 수 없기에 부작용을 알면서도 먹지 않을 수 없었다. 찬 곳에서 따뜻한 숙소 안으로 들어오니 가려움이 더 극성을 부리는 것 같다.

숙소는 나무 보일러로 된 온돌방인데 황토벽돌로 지어졌다. 하루를 마무리하면서 광주에 도착할 때까지만이라도 견딜 수 있으면 좋겠다는 생각을 했다. 무리하면 큰 화를 불러올 것이기 때문이다. 아내와 CCC의 송 목사, 조 간사에게 이번에는 광주까지만 가고 훗날 광주에서부터 다시 시작하는 것이 좋겠다고 문자를 보냈다.

숙소에서 다시 무릎에 얼음찜질을 한 후 곤한 잠에 빠졌다.

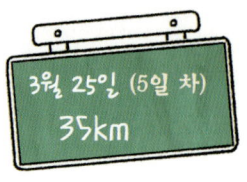

구도자의 밥상

🔑 "내가 새벽을 깨우리로다"(시 58:8)

　　눈을 뜨니 6시 25분이다. 매일 아침 6시 반쯤에 일어나는 것이 벌써 습관이 된 것 같다. 일어나자마자 무릎부터 살펴보았다. 어제 점심과 저녁 두 번 진통제를 먹었고 사우나를 해서일까, 부기가 좀 빠진 것 같다. 아침에 민박집 주인아저씨가 함께 식사를 하자며 밥상을 차려주었다. 할아버지와 할머니, 그리고 주인아저씨 세 사람이 사는 것 같다. 아저씨의 부인이 궁금했지만 끝까지 묻지 않았다. 반찬이라야 김치 두 종류, 나물 두 종류, 장, 재래 김이 전부였다. 넷이서 정겹게 먹는 소박한 시골 밥상이다. 고맙게 잘 먹었다. 할아버지는 치매증상이 있어 매일 아침 요양원에서 버스가 와 모시고 갔다가 저녁에 다시 모셔다 준다고 한다. 버스가 올 무렵 나도 집을 나섰다.

오늘 아침도 들판에는 하얗게 서리가 내렸다. 코끝이 차다. 보성에서 광주로 향해 가는 17번 국도의 일부가 송재로다. 송재 서재필이 이곳 보성군 문덕면에서 태어났기 때문에 그의 호를 따서 도로명을 붙인 것 같다. 여기에 서재필 선생의 기념관이 있다.

서재필(1864-1951)은 이곳 보성군 문덕면에서 태어났다. 어려서부터 영특하고 글재주가 있었다. 18세에 최연소자로 과거에 합격하여 20세의 나이에 병조참판이 되었다.

그는 개화파인 김옥균과 함께 갑신정변(1884)을 일으켰으나 3일 만에 실패하고 일본으로 망명했다. 그 후 그는 다시 미국으로 건너가 필립 제이슨(Philip Jaisohn)이라는 미국식 이름을 가지고 콜롬비아 의과대학(조지워싱턴 의과대학의 전신)에서 의학을 공부하고, 1892년 우리나라의 최초 서양 의사가 되었다. 조국을 떠난 지 11년 만에 귀국하여 〈독립신문〉을 창간하고, 거기에 여러 논설을

송재 서재필 기념관의 동상과 모형 독립문 앞에서.

기고했다. 그는 광범위한 사회 활동을 통해 구국 운동과 민주주의 씨앗을 뿌리는 데 공을 세웠다. 또한 의사로서 국민 보건 향상을 위해 노력했다.

그는 아펜젤러(Henry Gerhart Appenzeller)가 세운 배재학당에서 강의를 했는데, 이때 이승만 등 많은 개화파 인사들이 그의 강의를 듣고 영향을 받아 독립운동에 있어서 중요한 인물들이 되었다고 한다.

서재필 선생을 기리는 기념관에 들렀다. 너른 뜰, 넓은 주차 공간이 여유 있어 보인다. 독립문 모형이 서 있다. 서재필 선생의 동상과 모형 독립문 앞에서 기념사진을 찍고 그가 그토록 원했던 '개화'의 문으로 들어갔다. 젊은 시절에는 조선의 개화를 위해, 일제의 압제 속에서는 근대화와 독립을 위해 애썼던 그의 일대기가 기념관에 잘 전시되어 있다.

더 여유를 가지고 자세히 보고 싶었지만 다음 목적지인 H 자연휴양림 숙소까지 22km를 걸어야 하기 때문에 아쉬움을 뒤로하고 서둘러 기념관을 빠져나왔다. 오늘 묵을 숙소가 휴양림 속에 있어 부지런히 가야한다. 아름다운 주암댐 호숫가 길을 따라 걸으면 남면 서평리가 나온다. 배낭의 무게를 줄이기 위해 우체국에 들렀다.

아내는 사용하지 않는 물건이 생기면 우체국에서 소포로 보내라고 했다. 이곳 우체국에서 옷가지와 일부 사용하지 않는 물품들을 집으로 보냈다.

법정 스님은 그의 책 《무소유》에서 "무소유는 아무것도 가지지 않는

것이 아니라 불필요한 것을 소유하지 않는 것이며, 행복은 불필요한 것에서 얼마나 벗어나 있는가에 달려 있다"라고 했는데 나는 지금 이 말에 공감하고 있다. 배낭의 무게가 10kg으로 줄었다. 훨씬 홀가분하고 간편하다. 사실 약간의

시골의 한 교회 앞에 리본을 달았다. 남부지역 대부분의 교회들은 역사가 오래되었고 비교적 크게 잘 지어져 있었다.

불편함만 더 감수할 수 있다면 그렇게 많은 것들이 필요하지 않다.

 오늘은 이곳에 5일장이 서는 장날이라 시장이 제법 사람들로 붐빈다. 어렸을 적 내가 보던 것과 비슷한 풍경이다. 하지만 그때에 비하면 펼쳐져 있는 물건들이 다양하다. 이것저것 구경하다가 뻥튀기 앞에서 발걸음을 멈추었다. 강냉이 튀밥을 좋아했던 때를 생각하며 한 봉지 사서 배낭에 넣었다.

 점심을 먹기 위해 식당으로 들어갔다. 이 지역에도 올갱이(다슬기)가

잡히는 모양이다. 올갱이국을 먹고 싶었다. 식당이 비좁아 한 테이블에서 머리카락이 희끗한 중년 버스 기사와 마주앉게 되었다. 그의 목에 걸린 이름표에는 '견습'이라고 표시되어 있다. 그도 올갱이국을 한 그릇 주문했다.

내가 먼저 말문을 열었다.

"연세가 드신 것 같은데 견습을 하시네요?"

"아! 네, 새롭게 직장을 바꾸게 되었습니다."

"하실 만한가요?"

"예, 잘 해봐야지요."

그는 친절하게도 내 앞에 있는 빈 컵에 물을 채워 준다.

둘이서 서로 이런저런 이야기를 나누며 맛있게 각자의 그릇을 비웠다.

"점심값은 제가 내도 되겠습니까? 나이 들어 직장을 바꾸신 것 같은데……."

나는 기사 어른 밥값까지 두 그릇 값 일만 이천 원을 주인아주머니에게 건넸다.

그는 고맙다고 하면서 광주에서 부인이 운영하는 옷 가게 명함을 내게 건네주며 언제 기회가 되면 들르란다. 고마워서 한 말이다.

얼마 되지 않는 밥값인데 고맙다는 인사를 받으니 옛일이 생각났다.

충북 괴산에서의 일이다. 괴산읍내에 유명한 올갱이국집이 있는데, 2000년도 "태조 왕건" 드라마 촬영 때, 이곳을 다녀간 유명 배우들의 사인을 빼곡히 받아 액자로 만들어 걸어 놓은 식당이다. 나는 괴산을 지날 때 가끔 그곳에 들르곤 하는데, 어느 날 친구와 함께 올갱이국을 먹기 위해 그 집에 들렀다. 마침 점심때라 사람들로 붐볐다.

음식을 주문하고 방 안에서 기다리고 있을 즈음에 허리 굽은 한 시골 할머니가 초등학교 1학년생쯤 되어 보이는 어린 손자를 데리고 들어와 "올갱이국 한 그릇만 주세요"라고 주문한다. 주인은 귀찮은 듯이 "한 그릇은 안 돼요"라고 한다. 당황한 이 할머니가 문을 열고 나가려고 할 때, 나는 급히 주인아주머니에게 "저 할머니에게 올갱이국 두 그릇 주세요. 돈은 제가 내겠습니다"라고 말했다.

들어오라는 주인아주머니의 말에 이들은 다시 들어와 자리에 앉았다. 할머니는 연거푸 허리 굽혀 고맙다고 인사하고 어린아이도 슬금슬금 나를 쳐다본다. 나는 아이에게 가볍게 미소를 지어 보내며 고개를 끄떡여 주었다. 할머니의 옷차림새로 보니 어린 손자에게 점심으로 맛있는 올갱이국을 사 주고, 정작 자신은 굶으려 한 것 같았다. 식사를 마친 할머니와 어린이는 내 쪽으로 다시 인사하고 문을 열고 나갔다.

나는 점심을 먹은 식당에서 올갱이무침을 사서 일회용 그릇에 담고, 슈퍼마켓에서 햇반 하나를 사서 한 손에 들고 길을 나섰다. 오늘 묵을 휴양림 관리인이 주변에는 식당이 없다고 일러 주었기 때문에 굶지 않기 위해 저녁식사용으로 그것들을 사들고 길을 나섰다.

작은 하천을 따라 걷다가 산길로 들어섰다. 산 중턱에 방죽도 있다. 몇몇 식당 간판이 보이기는 했지만 영업을 하는 곳은 한 곳도 없다. 산길은 가파르다. 고개는 해발 400m가 넘는다. 오르막길을 걷다 보니, 무릎 통증이 점점 심해진다. 한참을 쉬면서 주무르고 난 다음에야 산을 넘을 수 있었다.

아름다운 산장 10여 채를 군에서 운영하고 가격도 저렴했다.

발걸음도 한없이 느리다. 내리막길은 더욱 힘이 든다. 산속이라 해가 일찍 넘어가고 있다. 힘들여 기다시피 겨우 고개를 내려갔고, 오후 6시가 지나서야 숙소에 도착했다.

휴양림 안에는 예쁘고 단아한 10여 채의 집들이 그림처럼 지어져 있다. 숙소 관리는 군청에서 한다. 숙박비는 저렴했다. 시즌이 아니어서 휴양림 객실은 대부분 비어 있다. 산속은 적막했고 기온은 뚝 떨어졌다. 관리실에서 열쇠를 받아 숙소로 들어갔다. 숙소의 방바닥은 따뜻했다. 땀에 젖은 겉옷을 주방세제로 세탁한 후 바닥에 펼쳐 놓았다.

내가 차린 가장 소박한 저녁 밥상. J 교수는 "구도자의 밥상"이라고 했다. 5시간 동안 이것을 들고 산길을 걸어왔다.

5시간을 손에 들고 온 올갱이무침

과 햇반을 전자레인지에 데웠다. 주방 옆 구석에 작은 밥상이 보이기에 펼쳐 상을 차렸다. 조촐하지만 나에게는 소중한 밥상이다. 사진을 찍어 J 교수에게 전송했다. 그랬더니 "구도자의 밥상"이라는 제목을 붙여 보내왔다. 그렇다. 나의 능력이나 환경에서가 아니라 어떤 형편에서도 자족하며 먹는 밥상이니, 이것이 바로 '구도자의 밥상'이다.

내 일생에 오늘처럼 초라한 밥상은 아마 처음인 것 같다. 밥 한 그릇에 무침 하나, 산길을 5시간 동안 들고 와서 차린 밥상이니 소중하고 귀하다. 카미노를 다 마친 다음에도 가끔 이 사진을 본다.

🔑 "내가 궁핍함으로 말하는 것이 아니니라. 어떠한 형편에든지 나는 자족하기를 배웠노라"(빌 4:11).

"궁핍한 자는 그의 고통으로부터 건져 주시고 그의 가족을 양 떼같이 지켜 주시나니"(시 107:41).

오늘 하루도 많이 걸었고 또한 높은 고갯길을 넘느라 힘들었다. 저녁을 먹고 나니 통증이 더 심하고 크게 부어올랐다. 마침내 한계에 다다른 것 같다. 사실 평소에도 우측 무릎에 약간의 퇴행성관절염 증상이 있었다. 무릎이 걱정되는 J 교수는 내게 걱정스런 문자를 보내왔다. 나는 "No pain, no gain"(고통 없이 얻는 것은 없다)이라고 답장을 보냈지만 솔직히 자신 있어 한 말은 아니었다. 답문은 "무리하지 마세요"였다. 광주까지만 가면 좋겠다는 생각엔 변함이 없다.

사실 이 다리로 광주까지 가는 것도 무리나. 이틀을 더 걸어야 광주에 도착한다. 나는 방 벽에 기대어 무릎에 얼음찜질을 하며 어느새 깊은 한숨 속에 좌절하고 있었다. 또한 내일은 30km를 걸어야 한다는 두려움도 엄습한다.

어떤 기도를 해야 하는가? 그런데 '이번 순례길에 연약한 무릎이 치료되어 다시 강한 무릎을 가질 수는 없는지' 묻고 있었다. 참으로 엉뚱한 생각이다. 하지만 주께서 내가 해야 할 기도를 일러 주셨다고 생각했다. 아픈 무릎에 얼린 수건을 올려놓고 반복해서 기도하고 있었다. 얼마 후 앉은 채로 곤한 잠에 빠졌다.

🗝 "여호와여 주께서 나를 살펴보셨으므로 나를 아시나이다 주께서 내가 앉고 일어섬을 아시고 멀리서도 나의 생각을 밝히 아시오며 나의 모든 길과 내가 눕는 것을 살펴보셨으므로……주의 손이 나를 인도하시며 주의 오른손이 나를 붙드시리이다"(시 139:1-3, 10).

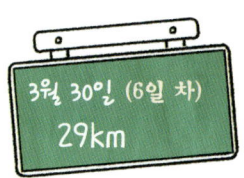

선교사들이 죽도록 사랑한 땅

　　적막한 산장에서 요란한 새소리에 평소보다 조금 일찍 깨었다. 6시다. 어제 무릎 위에 올려놓았던 수건이 방바닥 한편에 널려 있다. 아직도 통증은 여전하지만 걸을 수 있는지 확인하기 위해 앉았다 일어섰다를 반복해 본다. 다행히 무릎 종발뼈에서 소리가 나지 않는다. 조용한 산장에서 하루 정도 더 쉬어가도 좋겠다는 생각이 들었다. 하지만 주변에 식당이 없기 때문에 더 머물 수가 없다. 어제 세탁한 등산복도 잘 말랐다. 방 안에 습도도 잘 유지되었던 것 같다. 온돌방이 이래서 좋다. 출발하기 전 인터넷 뉴스에서 산티아고 순례길에서 한국인이 강도를 당했다는 기사를 읽었다. 애양원에서 양화진까지 새로운 카미노가 생긴다

능주의 한 식당과 주인아주머니. 1년 전에 장흥에서 영덕까지 한 달 동안 걸어 보았다고 했다.

면 좋겠다는 생각을 해본다. 내가 걸은 이 길을 또 다른 사람들이 계속 지나간다면 한국의 카미노가 될 것이다.

조반을 해결할 수 있는 곳이 멀기에 그림 같은 숙소를 뒤로하고 일찍 출발했다. 능주역 주변에 있는 작은 백반집으로 들어갔다. 다소 이른 점심이지만 주인아주머니는 등산복 차림의 나를 보더니 의외로 반가워하신다. 물론 한 사람 분의 음식을 주문할 수 있는 메뉴도 있지만 이번에는 불고기 2인분을 주문했다. 어제 저녁도 부실했고 아침도 굶었으니 잘 먹어 두어야겠다는 생각을 했다.

"등산 갔다 오세요?"라고 묻는다.

"아뇨, 여수 애양원에서부터 걸어왔습니다."

식당 아주머니는 별로 놀라는 기색이 없다. 지금까지 내가 걸어온 길이 대략 120km가 넘는데도 말이다.

식당 주인은 2년 전 남편과 장흥에서 영덕까지 한 달간 걸어간 일이 있다고 한다. 나는 그 말이 정말 반가웠다. 경험자를 만난 것이다. 내가 겪은 불편함이 그분의 불편함과 비슷하리라 생각되어 많은 것을 물어봤다. 잠은 어디서 잤고, 식사는 어떻게 해결했으며, 걷는 길은 위험하지 않았는지 등 그동안 불편했던 일들이 생각나서 이것저것을 물었다. 나는 식당 주인에게서 내 문제의 해결책을 찾고 있었다. 그 아주머니는 우선 남편과 둘이 걸으니 짐을 나누어 지게 되었고, 숙소는 주로 도시의

찜질방과 모텔, 그리고 가끔 텐트에서 잤고, 음식은 지어 먹기도 하고 사 먹기도 했다고 한다.

"걷는 길은 어땠어요?"

온통 여기저기 자동차길만 만들었다면서 도로를 왜 이렇게 많이 만드는지 모르겠다고 한다. 나와 같은 생각이다. 아기자기한 시골 옛길은 대부분 사라져 어느덧 4차선 자동차 전용도로로 바뀌면서 걸어가기가 위험했고, 게다가 터널도 있어 더욱 위험했다고 한다. 식당 주인의 남편은 걷고 난 후 허리가 오히려 많이 좋아졌다고 한다. 그 식당 주인도 10kg을 감량했다고 한다. 그해 여름에 아들도 자전거로 1개월간 전국일주를 했다고 하며 흐뭇해한다. 대단한 가족이다.

여전히 불편한 다리를 절뚝거리며 나주 남평으로 들어섰다. 남평은 광주에서 흘러내리는 영산강 주변으로 나주평야를 이룬 곳이다. 선교사들의 눈물겨운 이야기가 남겨진 곳이기도 하다. 나주와 광주를 중심으로 조선의 의료선

나주 남평으로 가는 길

교를 담당했던 세 명의 의료선교사가 있다. 이들이 어떻게 조선에 왔으며 이 지역에서 어떻게 선교활동을 하였는지, 그들이 겪었던 이야기를 여기에 소개한다.(호남 기독교 100년사, 양림교회 100년사 등, 추가 문헌 참고)

첫째, 오웬(Clement Carrington Owen, 한국이름: 오기원, 오 목사, 1867-1909) 선교사다. 그는 호남지역 선교사 중에 처음으로 희생된 순교자다. 오웬은

오웬 선교사

오웬 선교사의 묘비(오 목사라고 한자로 표시했다.)

미국 버지니아(Virginia) 주 블랙 월넛트(Black Walnut)에서 출생했다. 1886년 햄덴 시드니(Hampden-Sydney) 대학을 졸업하고 같은 해 유니언(Union) 신학교에서 신학을 전공하고 스코틀랜드(Scotland)의 에딘버러(Edinburgh) 대학에 유학했다. 해외 선교지에서 의술의 필요성을 인식하고 1897년 버지니아 의과대학을 졸업했다.

1898년 미국 남장로교 선교사로 목포선교부에 부임했다. 1899년 목포진료소를 개설하여 전라남도 최초의 서양식 진료소를 운영했다. 1900년 겨울 미국 북장로교선교부 소속 의사인 화이팅(Georgiana Whiting, 한국이름: 오 부인, 1869-1952) 선교사와 서울에서 결혼하고 목포에 합류하여 호남지역에서 의료활동과 선교사업에 힘썼다.

1896년 목포선교부는 선교사 연례회에서 나주를 호남선교의 거점지로 결정했다. 당시 나주는 육로는 발달되지 않았지만 영산강에 연하여 있기 때문에 옛날부터 수로를 통한 서남 해안교통의 중심 기능을 담당했다. 그러나

1897년 목포항이 개설되면서 나주의 교통 입지가 점점 약화되었다. 목포가 육지와 해상을 연결하는 중요한 관문으로 부상했기 때문이다. 따라서 선교부의 중심을 목포로 변경하여 부지를 매입했다. 1898년 가을에 유진 벨 선교사가 서울에서 목포로 이사했고, 뒤이어 오웬 선교사가 부임하게 되어 목포선교부가 조직되었다.

오웬은 의사이면서 목사로서 의료사업과 전도사업을 병행했다. 아내도 의사이므로 점차 병원 일은 아내에게 맡기고 전도사업에 전념했다. 한국에서 그의 선교업적은 의사로서보다는 목사로서 더 많은 열매를 맺었다고 볼 수 있다. 그가 1899년 가을에 쓴 편지에서 "생명의 빛으로 영적인 어두움을 밝혀야 한다"라고 했다. 이 무렵 호남지방에 미국산 석유가 처음으로 보급되어 등불을 켤 수 있게 되었는데 오웬은 이 등불에 비유하여 "우리 빛의 나라(미국)가 이 어둠의 나라(한국)를 비추고 있다"라고 했다.

1904년 봄에는 미국 남장로교 해외선교부에서 열린 연례회의에서 광주 선교부를 개설하기로 결정하자, 오웬 선교사는 벨 선교사와 함께 1904년 12월 광주 양림동 언덕에 선교기지를 마련하고 선교사들을 위한 주택을 지었다. 계속해서 1905년 읍성 북문 안쪽에 북문안교회가 세워졌고 숭일학교와 수피아여고가 건립되어 근대교육의 기틀이 마련되었다. 수피아여고 뒷동산에 오웬 선교사의 집이 있었는데, 당시 양림천의 많은 거지들과 환자들이 장사진을 치고 있었다고 전해진다. 이는 그가 "가난한 자의 이웃이 되라"는 예수님의 말씀을 실천하고자 함이었다고 전해진다.

그는 광주를 중심으로 남부지역인 해남, 완도, 나주, 보성, 고흥지방을 순회하며 복음을 전했고 많은 교회들을 설립했다. 광주 송정리교회(1901), 양림

하루 동안에 구간마다 3-5개의 리본을 달았다.

교회(1904)를 유진 벨과 협력하여 설립했고, 해남 선두교회(1902), 완도 관산교회(1904), 나주 방산교회, 보성 무만교회 및 신천교회(1905), 고흥 옥하교회(1906)를 차례로 설립했다. 또한 프레스턴, 맥컬리(Henry Douglas McCalie, 맹현리), 코이트 등과 협력하여 나주 광암교회, 장흥 진목교회, 순천 평촌교회에서 선교했다. 1907년부터 1909년 그가 순직하기까지 화순, 보성, 광양, 나주, 장흥지방 등을 순회하며 복음전도를 통하여 여러 교회를 설립했다. 1907년에는 화순읍교회와 보성 운림교회를, 1908년에는 광양읍교회, 보성 양동교회와 나주 내산교회를 차례로 설립했다. 또한 광주 중흥교회에서 유진 벨 선교사와 장흥 삭금교회에서, 니스벳(John Samuel Nisbet, 유서백)) 선교사와 나주 서문교회에서 탈마지(John Van Neste Talmage) 선교사와 나주 상재교회에서 뉴랜드(LeRoy Tate Newland) 선교사 등과 각각 협력 선교를 했다.

쉬지 않고 전도에 열정을 쏟아 붓던 오웬은 1909년 봄, 광주에서 남쪽으로 100km를 내려가 순회 전도했다. 열흘 후 그가 교회개척과 선교를 위해 동분서주하면서 장흥에 도착한 주일날 아침부터 급성 폐렴으로 갑자기 격렬한 고열에 시달리게 되었다. 본인이 의사인지라 자신의 몸 상태가 심상치 않음을 알고 광주의 윌슨(Robert Manton Wilson) 의료선교사에게 연락했고, 윌슨은 다시 목포에 있는 포사이드 의료선교사에게 도움을 청했다. 오웬은 가마꾼을 재촉하여 광주에 도착했다. 그러나 목포를 출발한 포사이드가 도착하기 전 1909년 4월 3일 밤에 숨을 거두었다. 광주선교부로 온 지 5년 만이었고 그의 나이 42세였다. 그의 마지막 말 중 하나는 "아, 그들이 나에게 조금만 안식을 주었다면……" 하는 것이었다. 장례예배는 4월 6일 광주선교부의 프레스턴 목사의 집례로 거행되었으며, 그는 최초로 광주양림선교사묘지에 안장되었다.

당시 사람들은 그를 '오 목사'라고 불렀다. 그렇기에 그의 묘비에도 '님'이란 존칭 없이 '吳 牧師'라고만 새겨져 있다. 젊은 나이에 조선에 와서 이 땅 백성들에게 친숙하게 다가서며 예수의 좋은 친구가 되어 섬기다 안타깝게도 너무도 짧은 삶으로 생을 마감했다. 오웬 선교사가 소천하자 오웬 선교사의 부인은 오웬의 침대를 한센병 환자에게 내주고 치료를 도왔다고 했다. 남편과 사별한 부인은 네 딸을 데리고 귀국하였으며, 1952년 미국 콜로라도(Colorado) 주 덴버(Denver)에서 교통사고로 별세했다.

포사이드 선교사

둘째로, **포사이드**(Wiley Hamilton Forsythe, 한국이름: 보위렴, 1873-1918) 선교사다.

포사이드 선교사는 미국 켄터키(Kentucky) 주 머서(Mercer) 인근 해로즈버그(Harrodsburg)에서 농부의 아들로 태어났다. 1894년 프린스턴(Princeton) 대학과 1898년 루이빌(Louisville) 의과대학을 졸업하고 인턴 과정을 마친 후, 쿠바에서 일어난 미국과 스페인 전쟁 때 군의관으로 참전했다.

목사이면서 의사였던 포사이드는 1904년 미국 남장로교선교부의 의료선교사로 입국하여 전주선교부에 배속되었다. 전주병원(예수병원)에서 진료사업에 힘쓰면서 열성적으로 지방을 순회했고 고아원도 운영했다.

1905년 3월 어느 날, 포사이드는 전주에서 군산 방면으로 25km 떨어진 완주군 봉동읍 만동(蔓洞)골에 사는 부자 전주 이씨가 밤에 강도의 습격을 받아 위독하다는 소식을 받고 급히 말을 타고 달려가 응급치료를 한 후, 날이 저물어 그곳에서 하룻밤 묵게 되었다. 그날 밤 복면을 쓴 강도들이 들이닥쳤고, 포사이드를 순검(경찰)으로 오인하여 칼을 들고 달려들어 격투하던 중, 귀가 잘리고 두개골이 깨지고 얼굴과 목에 큰 상처를 입었다. 출혈이 심해 매우 위험한 상태였다. 날이 밝자 이 소식이 인근 선교사들에게 알려졌다. 그는 군산의 구암병원으로 후송되어 응급조치를 받은 다음 서울 세브란스병원의 의사 에비슨(Oliver R. Avison, 1860-1956)으로부터 수술을 받았다. 항생제가 없던 시절에 치료를 제대로 받을 수 없어 그의 건강이 점점 악화되자 그는 치료차 미국으로 건너갔다.

이 사건을 계기로 양반, 전주 이씨는 전주서문교회에 출석하게 되었다. 그동안 장터 선교로 서민들이 중심을 이루었던 교회에 상류층 사람들이 참여하는 계기가 되었고, 교회 발전에 큰 도움이 되었다. 이로써 양반 계층에 대한 복음의 문도 열리게 되었다.

치료차 일시 귀국한 포사이드는 미국에서 2년간 치료받은 후, 1907년에 다시 한국으로 돌아와 목포병원에서 선교와 봉사를 계속했다.

1909년, 윌슨은 광주 남부지역으로 선교여행을 떠난 오웬이 갑자기 고열로 위독하다는 연락을 받고, 급히 목포에 있는 의사 포사이드에게 도움을 청했다. 포사이드는 전보를 받고 광주를 향해 떠났다. 조랑말을 타고 급히 광주로 오던 포사이드는 나주 남평(또는 장흥)의 길가에 쓰러져 있는 한 여인을 발견한다. 포사이드는 가던 길을 멈추고 살려 달라고 신음하는 그 여인을 살펴보았다. 한센병(나병) 환자였다. 포사이드는 위독한 동료 선교사의 병을 고치러 가던 바쁜 길이었지만 길가에 버려져 신음하고 있는 한센병 환자를 그냥 지나칠 수가 없었다. 포사이드는 피고름을 흘리고 있는 그 여인을 감싸 안아 자신의 말에 태웠다. 그리고 자신은 말고삐를 잡고 걸어서 광주에 도착했다.

광주에 도착한 의사 포사이드는 그의 조랑말에서 한센병 환자 여인을 두 손으로 감싸 안고 벽돌을 굽던 가마굴에 내려놓았다. 벽돌 가마터 주변에 모인 많은 사람들의 시선이 일제히 두 사람에게 향했다. 그들은 상처로 뒤범벅이 되어 역겨운 냄새가 진동하는 한센병 환자의 팔을 붙잡아 부축하는 포사이드의 '움츠리지 않는 손'을 보았다. 이를 지켜보는 사람들의 마음속 생각은 '어쩌면 주님과도 같아!'라는 것이었다고 전해진다.

> 🔑 "어떤 사마리아 사람은 여행하는 중 거기 이르러 그를 보고 불쌍히 여겨 가까이 가서 기름과 포도주를 그 상처에 붓고 싸매고 자기 짐승에 태워 주막으로 데리고 가서 돌보아 주니라"(눅 10:33-34).

구경꾼들과 함께 지켜보던 당시 광주지역 깡패였던 최흥종에게 포사이드 의사는 지팡이를 집어 달라고 부탁했다. 그는 주저하다가 끝내 지팡이에 손은 대지도 못했다. 포사이드의 놀라운 행동에 감동을 받고 마음에 가책을 받아 고민하던 그는 평생 한센병 환자를 돕기로 작정했다고 한다. 그는 선교사들의 일을 적극적으로 도왔고, 광주 북문안교회 장로가 되어 한센병 환자를 돕는 일과 사회사업에 힘썼다.

포사이드 선교사에게 광주는 낯선 곳이었고, 잠깐 다녀가는 곳이었다. 포사이드는 동료 의료선교사인 윌슨을 찾아가서 그 여인에 대한 치료와 거처를 부탁했으나 사실 마땅한 거처가 없었다. 벽돌 가마터에 임시 거처를 정해주고, 선교사들이 쓰던 침구와 옷가지를 얻어 챙겨 주고 목포로 돌아갔다.

포사이드가 목포로 돌아간 뒤에도, 윌슨을 비롯한 서양의사가 한센병 환자를 극진히 보살펴 주었다는 소문이 전해지자 한센병 환자들이 하나둘씩 광주로 모여들기 시작했다. 윌슨을 비롯해 광주지역 선교사들은 포사이드의 헌신적인 행동에 감명을 받고 그리스도의 사랑으로 병든 사람을 치료할 수 있는 병원을 서둘러 설립했다. 그러나 광주 주민들이 한센병 환자 치료병원 설립을 반대하고 나섰다. 한센병 환자들을 치료하기 위한 병원이 필요하지만 광주 한복판에는 안 된다고 항의했다. 선교사들은 1912년에 광주군 효천면 봉선리에 한센병 환자 수용소와 병원을 세웠다. 포사이드와 한센병 환자의 만남이 계기가 되어서 4년 만에 병원과 수용소가 세워지게 된 것이다.

목포를 떠나 광주로 와서 나병원에서 한센병 환자를 위해 사역하던 포사이드는 다시 풍토병에 감염되어 한국에서 더 이상 일할 수 없게 되었다. 그는 선교사역을 중단하고 1911년 4월 다시 미국으로 돌아가야만 했다. 미국으로 돌아간 후 투병 중에도 포사이드는 7년이 넘게 미국 각지를 순회하면서 한국선교에 대한 강연을 계속했다. 그는 미국 성도들에게 "한국인들이 질병에 무방비 상태로 노출되어 죽어 가고 있습니다. 여러분, 우리가 그들을 도와줍시다"라고 외치며 한센병 환자를 돕기 위한 성금 모금운동과 한국으로 파송할 선교사를 모집하는 일을 했다.

포사이드의 설교에 감동되어 존 크레인(John Curtis Crane, 구례인)과 그의 동생인 폴 크레인(Paul Sackett Crane)이 1913년에 한국에 와서 선교와 교육에 큰 공을 세웠다.

선교사 포사이드는 1918년 5월 9일 미국 켄터키(Kentucky) 루이빌(Louisville)에서 세상을 떠났다. 그는 평생 독신으로 한국인들을 위해 살았다. 안타까운 그의 임종 소식을 들은 많은 한국 사람들은 "그는 진실로 선한 사마리아인이었다"라고 칭송했다고 한다.

포사이드는 한센병 환자들에게 평생 잊을 수 없는 생명의 은인이었고, 그의 희생적인 선행은 가슴이 시리도록 고마운 일이었다. 그들은 그 감사를 표시하기 위해 자발적으로 성금을 모아 광주 나병원에 포사이드 선교사 기념비를 세웠다. 최선을 다한 그의 헌신적인 사랑에 대한 환자들의 진심어린 감사의 표시였다.

1926년 나병원이 여수로 옮겨갈 때 포사이드 기념비도 함께 옮겨갔다고 한다. 한센병 환자들은 광주에서 여수까지 사람을 태운 가마를 메듯 기념비를 메고 갔다. 모두 고마운 마음으로 자원하여 그 기념비를 메고 인적이 끊긴 밤낮 길을 보름 동안 150km를 걸어서 옮겨갔다는 이야기가 전해 오고 있지만 유감스럽게도 이 기념비를 애양원에서 찾아볼 수 없다. 애양원에서는 포사이드 기념비를 다시 세웠지만 그의 이름과 그가 부임한 날만 표시되어 있다. 그가 한센병 환자를 위해 그토록 희생하고 헌신했지만 그의 선한 공적의 흔적은 찾아볼 수가 없다. 어떤 위대한 글보다 더 감동적인 여백은 내 눈시울에 이슬이 맺히게 했다. 어떠한 문장으로도 칭송할 수 없는 하늘나라에서의 상급일 것이다.

그가 이 나라 백성에게 베푼 성실함과 진실함은 '우리 가운데 다시 오신 예수님'이라고 여전히 칭송받고 있다.

셋째로, **윌슨**(Robert Manton Wilson, 한국이름: 우월순 또는 우일선, 1880-1963) 의료선교사다.

윌슨 선교사 동상(애양원 병원)

윌슨 선교사는 미국 오하이오(Ohio) 주 콜럼버스(Columbus)에서 태어났다. 1905년 워싱턴 대학교에서 의학박사 학위를 취득하였고, 같은 해 26세의 나이에 부인과 함께 의료선교사로 한국에 왔다. 그는 곧 광주선교부에 부임하였다. 1908년 광주기독병원 2대 원장으로 부임하여 광주에서 의료선교활동에 매진하였다. 그는 1911년에 미국에 있는 그레함 장로가 죽은 딸을 기념하며 기부한 헌금으로 작은 진료소에 불과하던 제중원(J. W. Nolan 선교사가 1905년에 개설하고 초대 원장이 됨. 1908년에 윌슨 원장이 2대 원장으로 재직하면서 1911년 한센병 시설 개설)을 현대시설을 갖춘 광주지역 최초의 서양식 병원인 '엘렌 레빈 그래함 기념병원'(Ellen-Lavine Graham Hospital, 현재 광주기독병원)으로 크게 지었다. 그는 외과의사로서 의술이 뛰어났으며 많은 환자들을 치료했고, 당시 미신과 민간요법에만 의존하던 이 지역의 많은 환자들에게 현대 의술을 보급한 서양의료의 선구자였다.

윌슨 선교사는 당시 포사이드 의사가 데려온 한센병 환자를 치료하면서 총독부로부터 한센병원 정식인가를 받아 광주 나병원을 세우는 데 기초를 닦았다. 그는 가족과 이웃으로부터 버림받고 무리지어 거리를 배회하는 수많은 한센병 환자들을 가족으로 받아들여 광주시 봉선리에 광주 나병원을 건축하고, 한센병은 완치될 수 있다는 신념을 가지고 환자들을 치료했다. 또한 집단거주지 내에 학교도 세워 환자들의 문맹을 퇴치하고 성경공부를 시켰으며, 완치된 환자들에게 각종 직업교육을 시키고 결혼하여 가정을 이루고 살 수 있도록 재활의 길을 열어 주었다.

광주 시민의 반발과 일제의 한센병 환자 이주정책에 따라 1926년 여수시 율촌면(현재의 애양원)에 새로운 집단 거주지를 조성하고 한센병 환자들과 함께 생활했다. 초대 원장이 된 윌슨 선교사는 모든 사람들로부터 존경과 사랑을 받았다. 그는 부드럽고 온화한 성격으로, 인자함과 영성을 겸비한 인물이었다고 한다. 광주 기독병원과 여수 애양원 병원의 설립은 모두 그의 공로라고 해도 과언이 아니다.

또한 그는 마틴 스와인하트(Martin Luther Swinehart, 서로득) 선교사 부부와 함께 어린이 주일학교를 부흥시키고, 광주중앙교회 안에 유치원을 설립(1918)하는 등 교회교육에도 힘썼다.

윌슨 선교사는 한국에서 35년간 한센병 환자 구호사업에 헌신 봉사하다가 1940년에 일제에 의해 강제 출국되었지만 해방 후 미 군정청 자문관으로 다시 내한하여 한센병 퇴치사업을 계속했다. 1948년 정년퇴임 후 미국으로 돌아가 1948년부터 1963년까지 월드미션 책임자로 봉사하다가 1963년에 84세로 세상을 떠났다.

광주로 가는 길은 계속해서 평지다. 언제부턴가 걷기가 수월하고 무릎에 통증이 거의 사라진 느낌이 들었다. 그래서 버스 승강장에 앉아 바지를 무릎 위로 걷어 아팠던 곳을 살펴보았다.

순간 전율을 느꼈다.

광주까지만 가려고 했던 내 계획을 바꿔 양화진까지 간다고 아내에게 메시지를 보냈다. 어느덧 내 얼굴은 땀과 눈물로 범벅이 되어 있었다.

🔑 "나는 내게 말씀하신 그대로 되리라고 하나님을 믿노라"(행 27:25).

"백성 중의 모든 병과 모든 약한 것을 고치시니"(마 4:23).

배낭을 뒤지니 녹차원에서 산 녹차 쿠키 한 봉지가 남아 있다. 들고 온 물과 함께 먹었다. 좀 더 남서쪽으로 가니 도로는 광주로 가는 차량으로 매우 복잡하다.

오늘은 남평 민박집에서 머문다. 머물 민박집 숙소는 전통적으로 메주를 만들어 팔기도 하고, 만드는 법을 전수하기도 한다는 집이다.

알고 보니 3층짜리 건물을 숙소로 사용하고 있다. 친절한 주인아주머니는 이미 난방도 해놓았고, 이불까지 펴 준비해 놓았다. 참으로 친절한 분이다.

인근 식당에 가서 저녁을 먹고 들어왔다. 아팠던 무릎의 피부는 붉은색 대신에 옅은 황갈색으로 변해 있었다. 많이 호전되었지만 재발하지 않도록 냉찜질을 계속했다.

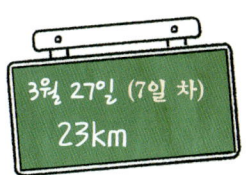

호남선교의 중심, 광주

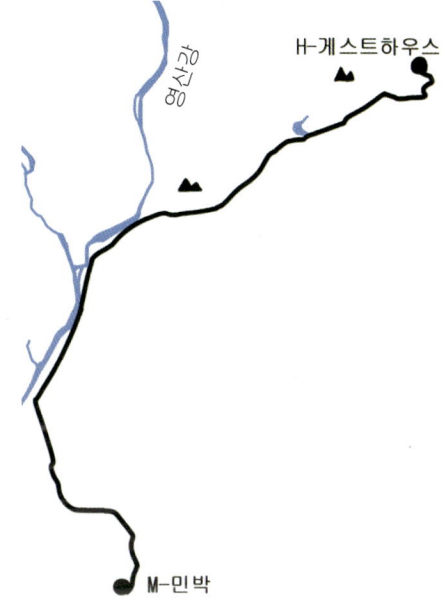

자동차 전용도로를 피해 영산강을 따라 올라가다가 광주로 들어갔다. 광주시를 알리는 이정표가 여수를 출발한 지 10일 만에 한눈에 들어온다. 아! 드디어 광주다. 광주시로 걸어서 들어가는 나는 가볍게 흥분되었다. 중간에 포기하려고 했던 길을 걸어서 여기까지 오다니 감격스럽기만 하다. 아픈 다리를 끌고 지금까지 160여km를 걸었다. 나는 광주를 독립정신(광주학생운동)과 민주정신(5·18 민주항쟁)이 살아 있는 '빛의 고을'로 기억하고 있다. 그 바

드디어 광주로 들어섰다. 무릎이 아플 때 광주까지만 갔으면 좋겠다고 했지만 지금은 신호 표시처럼 U턴도 좌회전도 할 필요가 없어졌다.

탕에는 기독교 복음을 전하기 위해 목숨을 건 선교사들이 있었기 때문이라고 나는 믿는다.

당시 미국 남장로교회의 선교보고서에 다음과 같이 기록되어 있다 (http://www.rjkoehler.com/2009/02/13/southern-presbyterian-missionary-sites-of-gwangju/).

"Later during the Japanese occupation of Korea, 2% of the population of the Southwest was Christian, but represented 30% of the anti-Japanese underground movement"(나중에 한국의 한국 식민지배시대에 남서부 지방의 인구 중 2%가 그리스도인이었으나, 항일 운동 세력의 30%를 차지했다).

광주를 떠난 지 며칠 후 이 리본을 본 CCC 간사님이 내게 전화를 했다. 그는 "감격스럽다"라고 말했다.

광주선교의 1번지인 목적지 양림동까지는 아직도 15km 남았다. 시내로 들어서니 인도가 잘 만들어져 있어서 걷기가 참 편리하다. 특히 양림동으로 가는 큰길 뒤쪽으로 난 인도는 과거에는 기찻길이었다고 한다. 나는 이 길을 따라 걸었다. 그리고 길 옆 나뭇가지에 리본을 여러 개 걸었다.

길가에 내의를 파는 상점이 있어 가격을 보니 상하 1벌에 3,000원 정도다. 갈아입기 위해 세 벌을 샀다. 여름 겉옷도 한 벌 샀다. 날씨가 더워져서 좀 더 가벼운 옷으로 갈아입을 작정이다. 내의를 세탁하기가 쉽지 않기 때문에 한두 번 세탁하고 버리기로 했다. 양말도 마찬가지다.

오늘은 시내로 들어왔으니 내가 좋아하는 사우나도 했다.

양림동 선교사 묘지에 거의 도착한 것 같다. 가는 길에 양림교회에 먼저 들러 교회 안에 있는 역사관을 둘러보았다. 마침 교회 사무장이 친절하게 알려 준다. 그리고 교회 100년사 책 두 권도 선물로 받았다.

숙소로 향해 오다가 우체국에 들러서 배낭에 있는 겨울옷과 두 권의 책을 우편으로 집에 보냈다. 우월순길(월슨 선교사의 이름을 따서 만든 도로명)이 보이고 옛 건물이 있는 것을 보니 여기가 호랑가시나무 숙소라는 것을 알 수 있었다. 젊은 관리인이 친절하게 맞아 주었고 따뜻한 커피도 준비해 주었다.

숙소는 선교사가 사용하던 건물을 게스트하우스로 리모델링한 것이다. 아주 단출하고 깨끗하다. 숙소 건너편 건물은 포사이드 선교사가 한 한센병 환자를 데려와 치료했던 곳이라고 관리인이 소개

양림교회는 광주지역에서 선교사들에 의해 처음으로 세워진 교회다. 교회 사무장으로부터 《양림교회 100년사》를 선물로 받았다.

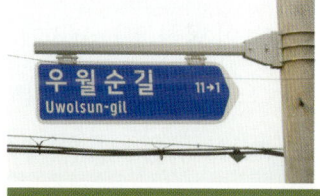

광주시는 이곳 성지로 들어가는 도로에 선교사의 이름을 붙였다. 윌슨은 조선인 한센병 환자의 아버지였다.

호랑가시나무 게스트하우스의 관리인이 친절하게 안내해 주셨다. 숙소 옥상에서 차 한 잔을 들고 건너편 우월순 선교사가 머물던 집을 바라보았다.

해 주었다.

　관리인은 나에 대해 궁금했던지 몇 가지 물어 보기에 설명해 주었다. 여수 애양원에서 출발해서 7일째 여기까지 걸어왔으며 양화진까지 간다고 했다. 그리고 준비한 리본과 명함을 함께 드렸다.

　커피 한 잔을 마시는 동안 해가 서쪽으로 기울어 가고 있다. 나는 서둘러 22명의 선교사와 그의 가족이 잠들어 있는 동산 위 묘역으로 향했다. 묘역으로 가는 길을 선교사들의 이름으로 명명했다.

　그들이 묻혀 있는 묘지에 서서 눈을 감았다. 가슴이 먹먹하고 저미어 오는 느낌으로 묘비를 바라보았다. 바로 눈앞에 한문으로 쓰여 있는 '吳牧師'(오 목사)라는 돌비석이 나를 압도한다. 그 앞으로 다가갔다. 남평을 걸을 때 기억했던 그의 묘비석을 이곳에서 처음으로 대했다. 뒤쪽에 코이트 선교사 가정의 오래된 사진에서 예쁘고 천진난만한 남매의 얼굴을 보아 온 나는 그들의 작은 돌비석을 보는 순간 다시 마음이 슬퍼졌다. 한국 땅에 묻히길 소망했던 유진 벨, 그는 두 명의 부인을 질병과 사고로 잃은 가운데서도 낙심하지 않고 한국 땅에 찾아와 그의 소원대로 여기에 누워 있다.

　이들이 어떻게 그렇게 살 수 있었을까? 예수님께서 천국복음을 가르치시고 2천 년이 지나서, 지구를 반 바퀴 돌아 그 복음을 들고 극동의 작은 나라를 찾아와, 그들은 다시 고향으로 돌아가지도 못한 채 여기에 남아 있다. 아니, 여기에 이렇게 묻히기를 바랐다.

대부분이 의사였던 이들은 그들의 땅에서 명예와 부를 누릴 수 있었음에도 불구하고 척박한 땅 조선으로 기꺼이 왔다. 그리고 이곳에 잠들었다. 그들의 희생으로 복음은 이렇게 우리에게까지 전달되었다.

광주양림외국인선교사묘원

광주 양림산 일대에 자리 잡은 양림외국인선교사묘원은 본래 1900년대까지 어린아이가 죽으면 묻는 버려진 공동묘지였다. 그러다가 1904년 이곳에 선교사들이 터를 잡으면서 호남선교의 중심이 되었다. 남구 양림동 108번지, 호남신학대학 교내 언덕에 위치한 외국인선교사묘원에는 1895년부터 한국에 선교사로 와서 나주, 목포, 광주에 선교부를 세우고 30년간 한국의 복음화를 위해서 살다가 주님의 품에 안긴

선교사묘원으로 가는 길에 그들을 추모하기 위해 길을 내었다. 그들의 길을 따라가기엔 너무도 부족한 나 자신을 발견한다.

선교사들과 그들의 부인과 자녀들, 그리고 친척 등 22명의 미국인이 묻혀 있다.

묘원은 1909년 오웬 선교사가 죽은 다음부터 조성되었다. 오웬 외에 유진 벨, 크레인, 브랜드(Louis Christian Brand, 부란도), 쉐핑(Elizabeth Johanna Shepping, 서서평), 덤(Theima Barbara Thumm), 엘라 그레이엄(Ella Ibernia Graham, 엄언라) 등이 안장되어 있다. 또한 5명의 선교사 부인과 그 가족이 안장되어 있다.

2010년에 23기의 선교사 기념비가 추가로 세워졌다. 지금은 총 45개의 비석이 있다. 고귀한 생명을 바쳐 선교한 이들이 마지막으로 남기고 싶은 사연도 함께 새겨져 있다. 현재 호남신학대학교에서 관리하고 있다.

그들이 어떻게 해서 이곳에 묻히게 되었는지, 선교사들의 사역활동을 되돌아보면서 함께 나누고 싶어 여기에 소개한다.(양림동교회 100년사, 호남 기독교 100년사 및 전주서문교회 100년 등 문헌참조 등 문헌참조)

먼저 **유진 벨(Eugene Bell, 한국이름: 배유지, 1868-1925)** 선교사다.

한국에 온 선교사 가문 중 두 명문가가 있다. 언더우드와 유진 벨 가문이다. 언더우드는 북장로교가 파송한 선교사이고, 유진 벨은 남장로교가 파송한 선교사다. 두 가문은 4대째 한국에서 선교사로 활동했다.

'전남지역 선교사의 아버지'로 불리는 유진 벨 선교사는 미국 켄터키 주 루이빌 인근 스콧 스테이션(Scott Station)에서 출생했다. 1891년 켄터키(Kentucky) 주 루이빌 센트럴 대학(Louisville Central College)과 1894년 켄터키 신학대학을 졸업했다. 1892년 미국 남장로교 해외선교부는 레이놀즈, 전킨 등 7명의 제1진 선교사를 파송했고, 3년 뒤 1895년에는 유진 벨과 오웬 선교사를 2진 선교사로 파송했다.

유진 벨은 1895년 4월에 27세의 나이로 의사이며 부인인 로티(Charlotte Lottie Witherspoon, 1867-1901)와 함께 한국에 왔다. 이미 나와 있는 미국 남장로교 선교사들의 도움을 받아 얼마 동안 한국 문화, 전통, 역사, 한글을 배우면서 서울에서 생활하다가 전라남도 개척선교를 위임받고 1896년 11월에 나주지역을 답사했으나 계속해서 선교를 할 수 없었고, 목포로 옮겨 목포선교부를 설립하고, 이 지역 개척과 교

유진 벨의 가족(딸 샬롯은 윌리엄 린튼의 아내가 되었고 린튼가의 어머니가 되었다. 린튼가는 4대에 걸쳐 한국에서 봉사했다.)

육활동에 헌신하였다. 그의 활발한 활동으로 목포 양동교회 및 목포교회가 설립되었고, 정명학교와 영흥학교도 설립하는 등 교육사업에도 열정적이었다.

1901년 4월 유진 벨은 목포를 떠나 전북지방에서 선교여행을 하던 중 당시 부인은 심장병을 앓고 있었는데, 전주 출장 중 갑자기 아내가 위독하다는 연락을 받았다. 그러나 군산에서 배를 기다리는 중에 부인이 심장병으로 숨을 거두었다(34세)는 슬픈 전보를 받았다. 부인은 아들 헨리(Henry)와 딸 샤롯(Charlotte)을 안고 숨을 거두었다고 한다. 의사 오웬과 그의 부인이 그녀의 임종을 지켰고, 유진 벨은 부인이 죽은 지 나흘이 지나서야 도착했다. 장례는 서울의 언더우드 목사의 집례로 치러졌으며 시신은 서울 양화진에 안장했다.

유진 벨의 첫 부인 로티. 그녀는 양화진에 안장되었다.

서울에서 장례식을 마친 유진 벨은 영문도 모르는 두 아이를 데리고 미국으로 떠났다. 목포에서는 유진 벨 부인의 죽음을 안타까워하며 1903년에 교인들이 헌금을 모아 목포에 교회를 세웠는데, 그 이름이 '로티 위더스푼 벨 기념관'이다.

한편 미국으로 귀국한 벨은 군산 선교사로 파송된 불(William F. Bull, 한국이름: 부위렴, 1876-1941) 선교사 집을 방문하였는데, 그때 불의 누이동생 마가렛(Margaret Whitaker Bull, 1873-1919)을 만나, 1904년 그녀와 결혼하여 두 번째 아내로 맞이하였다.

1904년에 아이들을 조부모에게 맡기고 다시 부인과 함께 한국으로 돌아온 벨은 광주로 이사하기까지 목포에서 선교활동을 했다. 1904년 오웬, 프레스턴 목사와 함께 광주 양림동으로 왔다. 그해 12월 25일 벨 목사 사택에서 성탄절 축하 예배로 광주선교의 새로운 역사가 시작되었으며, 광주에 교회가 들어서는 계기가 되었다. 이것이 양림교회의 시작이다.

1908년 벨 목사 부인 마가렛은 사택에서 세 명의 여학생을 모아 놓고 여학교를 시작하였는데 그것이 수피아여고의 전신이고, 남학교도 시작하였는데 그것이 숭일학교의 전신이다.

1910년경에는 교회 10여 곳을 설립했다. 또한 유진 벨 부부는 광주기독병원(제중병원) 설립에 산파 역할도 했다. 유진 벨의 두 번째 부인 마가렛은 광주에 선교를 위해 온 최초의 여성으로 많은 사랑을 받았다. 예배는 큰방을 나누어 한쪽에서는 남자, 다른 한쪽에서는 여자가 드렸다. 그녀는 주일학교를 시작했으며 학교에서 학생들을 가르쳤다.

1919년 3월 유진 벨 목사는 그의 부인과 녹스(Robert Knox, 한국이름: 노라복, 1880-1959) 목사, 크레인(Paul Sackett Crane, 1889-1919) 목사 등과 함께 제암리교회 학살 현장 진상을 조사한 후, 승용차로 광주로 귀향하다가 병점 건널목에서 열차와 충돌하는 사고를 당했다. 이 사고로 유진 벨의 두 번째 부인 마가렛과 크레인 목사가 사망했다. 그녀의 유해는 양림선교사묘원에 안장되었다.

앞좌석에는 유진 벨과 녹스 두 선교사가 타고 있었다. 유진 벨은 약간의 찰과상만 입었고, 녹스는 안경이 깨지면서 한쪽 눈이 크게 손상되었다. 한쪽 눈이 실명의 우려가 있을 정도로 크게 다친 녹스 선교사는 서울에 있는 세브란스병원에서 치료를 받았다.

스물세 살의 나이에 남편을 잃게 된 크레인 부인, 눈을 크게 다친 녹스의 부인, 그리고 니스벳(류서백) 목사 부부와 윌슨이 다음 날 아침에 서울로 올라와 두 사람의 시신을 광주로 운구하여 양림동선교사묘역에 안장했다.

유진 벨 목사의 딸 샬롯은 장성하여 한국을 방문하게 되었는데, 이때 한국에 선교사로 온 청년 윌리엄 린튼과 만나 일본에서 결혼하여 린튼가의 어머니가 되었다. 그의 외손녀 중 하나인 루스 벨은 미국의 설교가이자 대통령의 고문이었던 빌리 그레이엄 목사의 아내가 되었다.

두 번째 부인마저 잃게 된 유진 벨은 또 다시 미국으로 돌아가야만 했다. 1921년 세 번째 부인인 줄리아(Julia Dysart, 1872-1952)와 결혼한 후 다시 광주로 돌아왔다. 유진 벨에게는 광주가 그의 집이나 마찬가지였다. 평양신학교 교수를 역임하면서 전라도지방 선교에 헌신하다 지나친 격무로 건강이 악화되어 1925년 9월 28일 자택에서 향년 57세로 하나님의 부르심을 받았다. 그는 한국에서 30년간 헌신했으며 두 번째 부인과 함께 광주양림선교사묘원에 안장되었다. 그의 묘비에는 "Till He Come"(주님 오실 때까지)이라고 쓰여 있다.

폴 크레인(Paul Sackett Crane, 한국이름: 구보라, 1889-1919) 선교사는 미국 미시시피(Mississippi) 주 야주(Yazoo)에서 출생했으며, 1910년 사우스웨스턴(Southwestern) 장로교 대학과 1913년 버지니아 유니언 신학교를 졸업했다. 신학교 졸업 후 부친의 철물점 사업을 이어받고 있던 중에, 포사이드 선교사로부터 감동을 받고 한국선교를 결심하고 사업을 그만두었다.

1916년 미국 남장로교 소속 선교사로 한국에 임명 파송되어 1917년부터 목포선교부에서 활동하였으며, 1919년에 크레인 목사는 목포선교부 회의 참석 후 유진 벨 목사와 그의 부인 마가렛, 녹스(Robert Knox, 한국이름: 노라복) 목사 등 4명이 제암리교회 학살 현장 진상조사 후 자동차로 광주로 귀향하다가 수원 인근 병점 건널목에서 열차와 충돌하는 사고로 사망했다. 그의 나이 30세였다. 그는 양림동외국인선교사묘원에 안장되었다. 부인 캐더린(Katherine Rowland Crane, 1896-1997)은 두 아이를 데리고 미국으로 돌아갔으며, 나중에 시동생(William Earl Crane)과 재혼했으며, 101세를 살았다.

크레인의 3남매는 한국의 선교사로 활동했다. 그의 누이 자네트(Janet Crane, 한국이름: 구자례, 1885-1979)는 전주에서 기전여학교 음악선생으로 23

년간 재직하였고, 전주 예수병원에서 병원선교에도 참여했다.

존 크레인(John Curtis Crane, 한국이름: 구례인, 1888-1964) 선교사는 교통사고로 순직한 폴 크레인의 형으로 1913년 플로렌스(Florence Hedleston Crane, 1888-1966)와 결혼하고 그해 미국 남장로교 선교사로 조선에 왔다. 순천에서 매산학교를 설립했고, 이 지역을 중심으로 많은 교회를 개척했다. 존 크레인의 딸(Elizabeth Letitia)과 아들(John Curtis Crane Jr.)은 순천에서 풍토병에 걸려 사망했으며 이들의 묘가 양림동에 있다.

존 크레인은 1937년 신사참배를 거부하고 매산학교가 폐교되면서 미국으로 돌아가 미시시피 주에서 목회하다가, 해방 후 다시 내한하여 순천에서 문서 중심의 선교사업을 전개하였다. 그리고 서울 총회신학교 교수로 강의하다가 1956년 선교사 직에서 은퇴 후 귀국하였다. 미국으로 돌아간 그는 미시시피의 작은 마을 걸프포트(Gulfport)에서 살다가 1967년 7월에 소천했다.

그의 부인 플로렌스(Florence)는 미시시피 대학교 식물학과를 졸업했으며, 1931년 《한국의 꽃과 민간전승》(The flowers and Folk-Lore from far Korea)을 출판하기도 했다.

존 크레인의 장남 쉴즈 크레인(Paul Shields Crane, 한국이름: 구바울, 1919-)은 전주예수병원 원장으로 근무하면서 한국인의 기생충 박멸을 위해 힘써왔다. 그의 아들(William Lankaster Crane)이 3세 때 전주에서 사망해 전주선교사묘역에 묻혀 있다. 크레인 가족은 3대에 걸쳐 5명이 광주와 전주에 묻혀 있다.

브랜드(Louis Christian Brand, 한국이름: 부란도, 1894-1938) 선교사는 버지니아 주 스타운톤(Staunton) 출신이다. 1914년 남장로교 소속 대학인 데이비슨 대학에 입학하여 재학 중 선교사가 되기로 결심하고, 1916년에 다시 버지니아 대학 의학부로 옮겼다. 1919년부터 워싱턴에 있는 조지 워싱턴 대학에서도 수학했으며, 1920년 더들리(Mary Alberta Dudley, 1894-1973)와 결혼했다. 버지니아 대학 의대를 졸업하고 1923년 박사학위를 취득하였으며, 1년간 대학병원 수련의 과정을 마치고 해외 선교사로 자원했다.

본래 중국선교에 뜻을 두었으나 당시 군산에서 의료선교가 시급하다고 하여 1924년 11월 부부가 내한하여 군산 구암기독병원에 부임했다. 군산, 옥구, 김제에서 순회 진료 및 복음전도에 힘쓰다가 1930년 전주로 옮겼다.

그는 망국병이라 불릴 만큼 심각하였던 '결핵' 퇴치에 뜻을 두고 광주기독병원으로 옮겨 결핵환자 치료에 전력을 기울였다. 광주기독병원장도 역임하면서 결핵치료를 위해 헌신했기 때문에 광주기독병원은 결핵환자를 치료하는 대표적인 병원이 되었다.

브랜드 선교사는 뛰어난 역량을 발휘하여 한국인들의 결핵 퇴치에 헌신하였는데, 환자 진료 중 자신도 그만 결핵에 감염되어 1983년 44세의 젊은 나이에 참 안타까운 죽음을 맞았다. 그의 유해는 양림동선교사묘원에 안장되었다.

의사인 브랜드 선교사는 결핵 환자 치료를 위해 전력하다 본인도 결핵에 감염되어 44세에 소천했고 광주에 묻혔다.

그의 부인은 이일성경학교(한일장신대 전신)에서 농촌의 과부와 청소년교육에 헌신하면서 호남선교에 힘썼다.

엘리자베스 쉐핑(Elizabeth Johanna Shepping, 한국이름: 서서평, 1880-1934) 선교사는 독일에서 태어나 한 살 때 아버지를 여의었다. 어머니는 할머니에게 딸의 양육을 맡기고 미국으로 떠났기에 할머니 손에서 자랐다. 아홉 살이 되던 1889년, 어머니를 찾아 미국 뉴욕으로 건너갔으며, 부모가 없는 고아라고 친구들로부터 따돌림을 당하기도 했다. 1901년 뉴욕

엘리자베스 쉐핑

성 마가병원 간호전문학교를 졸업하고 간호사가 되었다. 1904부터 1911년까지 뉴욕성서신학교와 컬럼비아 사범대학을 졸업했다. 처음에는 뉴욕의 이탈리아 이민자 수용소와 유대인 요양소에서 자원봉사도 하고, 선교회에서 사회봉사 활동도 했다. 1912년 3월, 32세의 나이에 미국 남장로교 의료선교사로 한국에 온 처녀 간호선교사다.

그녀는 1912년 목포지부로 소속되면서 선교사로 활동했다. 광주기독병원 간호사로 활동하다가 1916년 군산 구암리병원에서도 근무했다. 1917년 서울 세브란스병원에서 간호사 양성사업에도 합류했다.

1919년 3·1 운동 때 부상당한 한국인들을 치료하기도 했다. 제암리 학살 현장 조사 후 교통사고를 당한 녹스 선교사를 간호하다가 곧바로 광주기독병원의 간호원장으로 옮겨 봉직하면서 병자들을 돌보고 고아 사업 및 한센병 환자 간호 사업에 열심을 다하였다.

'조선의 성녀'라 불리는 그녀는 조선인들의 일상의 눈높이에서 생활했다. 스스로 조선말을 익혀 서서평이라 이름 지었다. 식민치하에서 가난과 질병으로 고통 받는 사람들, 특히 호남 일대의 한센병 환자들과 걸인들을 돌보았고, 한센병 환자와 버려진 아이들을 데려다 양아들과 양딸로 삼고 한 집에서 같이 살았다.

쉐핑은 13명의 수양딸을 교육시킨 후 결혼시켰다. 미망인과 아이를 낳지 못해 쫓겨난 여인들도 데려와 집에서 함께 살았다. 그녀는 제주도까지 전도여행을 다니며 부녀자를 교육시켰다. 교회에 성미제도를 도입하고, 간호협회와 여선교회도 조직했다. 그리고 소록도에 한센병 환자 치료병원을 설립하는 데 결정적 역할을 했다.

불우한 여성을 대상으로 이일성경학교(한일장신대 전신)를 세우고 초대 교장으로 활약하였다.

1923년에 한국간호사협회를 창설하고 초대 회장에 피선되었다. 나아가 한국간호협회가 국제간호협회에 가입하는 일에도 적극 협조했다. 그녀는 검소 절제생활에 본을 보이고 가난한 학생에게 장학금과 기숙사비를 보조해주었다. 그러던 중 풍토병과 과로, 영양실조, 거기에 골수염, 간염 등이 겹쳐 1934년 54세로 광주에서 숨졌다.

그녀의 부음을 듣고 달려온 동료들에게 그녀의 침대 밑에서 다음과 같은 글귀가 적힌 종이 한 장이 발견되었다.

"성공이 아니라 섬김이다"(Not success, but service).

장례는 그녀의 헌신적인 삶을 기리기 위해 광주시 최초의 시민사회장으로 10일 동안 치러졌다. 음성 한센병 환자들은 그녀를 "어머니"라고 부르며 오열했다. 도슨(Mary Lusy Dodson, 한국이름: 도마리아, 1885-?) 선교사는 "근래 우리가 겪은 슬픈 일은 쉐핑의 죽음이다"라고 했고, 타에리사(Eliza Day Emerson Talmage) 여사는 "위대한 선교사가 우리를 떠났다. 다시는 채울 수 없는 빈자리를 남겼다"라며 그녀의 죽음을 애도했다.

쉐핑 선교사가 세상을 떠나면서 남긴 건 담요 반 장, 동전 7전, 강냉이 가루 2홉뿐이었다 한다. 한 장 남았던 담요도 이미 반으로 찢어 다리 밑 거지들과 나눠 사용하였고, 그녀의 시신도 유언에 따라 의학연구용으로 기증되었다니 그녀는 한국인을 위해 모든 것을 다 주고 이 세상을 떠난 셈이다.

부유한 미국에서 일제 식민치하의 가난한 한국 땅에 찾아와 22년간 보리밥에 된장국을 먹고, 고무신을 신고 다니며, 평생 병들고 가난한 사람과 한센병 환자들을 섬기면서 '조선인의 친구'가 아니라, 그저 '조선인'으로 살다가 세상을 떠났다. 그녀는 가난하고 병든 이웃과 한센병 환자들을 죽기까지 섬기며 사랑을 실천한 성녀다.

최근 쉐핑 선교사에 대한 두 권의 책이 나와 있는데, 제목은 《바보야, 성공이 아니라 섬김이야》와 《조선을 섬긴 행복》이다. 독신 간호선교사로 한국 땅에 와서, 한복에 고무신을 신고 평생 병들고 가난한 조선인과 한센병 환자들을 섬기며 살았던 그녀의 숭고한 삶을 잘 표현하고 있다.

'나환자의 어머니'로 알려진 그녀는 양림동외국인선교사묘원에 잠들어 있다.

엘라 그레이엄(Ella Ibernia Graham, 한국이름: 엄언라, 1869-1930) 선교사는 노스캐롤라이나 주 울라(Mt. Ulla)에서 출생했다. 주립 그린스보로 대학을 졸업하고, 1907년 38세의 나이에 남장로교 소속 선교사로 광주에 도착했다. 1908년 수피아여학교 초대 교장을 지냈고, 후에 교장 자리를 후임에게 물려주고 오웬 및 유진 벨 가족들과 함께 호남지역을 중심으로 선교 활동했다. 특히 그녀는 농촌을 순회하다가 눈먼 여인을 교회로 인도하고 윌슨에게 데리고 가서 백내장 수술을 받고 시력을 회복하도록 도왔다.

1926년까지 광주와 순천지역 복음화를 위해 활동하다가 1926년 건강문제로 미국으로 귀국했는데, 그녀는 건강 회복이 어려울 것으로 판단하고 한국 땅에 묻히기 위해 1928년 다시 한국을 찾아왔다. 약한 몸이었지만 전주 성경학교에서 학생들을 가르쳤고, 1930년에는 만성심근염으로 세브란스병원에서 수술을 받은 후, 심한 복수 증상으로 세상을 떠났다. 시신은 광주로 운구되어 녹스 목사의 집례로 장례가 거행되었다.

1931년에 미국 남장로교 선교부는 추모사에서 "그의 일생은 즐겁게 봉사하는 행복한 삶이었다. 그는 유쾌하고 불평 없이 모든 어려움을 극복했으며 23년간 광주선교부에서 여성 선교사역에 헌신했다. 여성들을 깨우쳤고, 시골 교회를 순회하며 전도했다. 한국을 사랑했으며, 시골 교회 부인들을 교육하고자 기금도 마련했다"라고 했다.

그녀는 독신으로 살았으며, 양림동의 그녀 묘비에는 오직 그녀가 태어난 날과 소천한 날이 국문 및 영문으로 새겨져 있다.

수피아여학교는 전남 여성교육의 요람으로서 유진 벨 선교사가 1908년에 그의 사택에서 시작한 학교다. 당시 학교이름은 광주여학교였다. 벨 선교사는 초대 교장을 그레이엄 선교사가 맡도록 했다. 1911년 맥퀸 선교사가 2대 교장이 되었다. 그해 가을 미국의 스턴스(M. L. Stearns) 여사는 세상을 떠난 친정 동생 제니 수피아(Jennie Speer)를 기념하기 위하여 5,000달러를 기증하여 양림동에 회색벽돌로 3층 건물을 짓고 수피아 홀(Speer Hall)이라 하였다.

　　이때부터 학교 이름도 수피아여학교(Jennie Speer Memorial School for Girls)라 부르게 되었다. 수피아여학교는 광주지역 개신교 선교의 근거지이자 여성 교육의 요람으로 꼽히고 있으며, 교내의 수피아 홀은 광주시 등록문화재 158호로 수피아여학교에서 가장 오래된 건물이다. 수피아여학교에는 수피아 홀 외에도 윈스보로 홀(Winsborouch hall), 커티스 메모리얼 홀(Curtis Memorial Hall) 등 유서 깊은 건물들이 있다.

　　1919년 3월 19일 기미독립운동에 전교생이 참여하였고, 1929년 11월 1일 광주학생독립운동에 참여했다. 이로 인해 학교는 무기 휴교에 들어갔고, 끝까지 신사참배를 거부하다가 1937년에 폐교되었다가 1945년 해방이 된 후 다시 개교했다. 수피아여학교는 광주지방 최초의 여성교육의 요람이자 광주지방 개신교 선교의 근거지로 교육사적, 종교사적, 역사적으로 큰 의미를 지니고 있는 학교다.

　　코이트(Robert Thornwell Coit, 한국이름: 고라복, 1878-1932) 선교사는 노스캐롤라이나(North Carolina) 주 샬롯(Charlotte)에서 출생했다. 1902년 데이비슨(Davidson) 대학을 졸업하고, 1906년에 루이빌 신학교를 졸업했다. 1905-1906년에 시카고 신학교에서 수학했으며, 1907년에 남장로교 선교사로 내한하여 광주선교부에 부임했으며 부인인 세실리에(Cecillie McGraw Woods Coit, 1881-1977)는 그 이듬해에 내한했다.

　　1912년 프레스턴 선교사와 함께 순천선교부를 개설하는 데 노력했으며,

1913년 순천선교부가 개설이 완료되자 자녀들을 데리고 순천으로 왔다. 그러나 이사 온 지 1주일도 안 되어 장남 토마스(Thomas Hall Woods Coit, 4세), 딸 로베르타(Roberta Cecile Coit, 2세)가 현지 우유를 먹고 풍토병(이질)에 걸려 안타깝게도 두 자녀를 모두 잃었다. 두 자녀를 잃은 그들은 전염병을 피하고 휴식을 취하기 위해 1920년에 지리산에 유진 벨, 린튼, 윌슨, 녹스 등과 함께 여름 별장을 마련했다.

코이트 선교사가 살던 가옥은 전라남도 문화재(259호)로 등록되어 순천에 남아 있다.

프레스턴(John Fairman Preston, 한국이름: 변요한, 1875-1975) 선교사는 미국 조지아 주 데카터(Decatur)에서 태어났다. 테네시 주의 킹 대학에서 수학하고, 퍼먼(Furman) 대학을 졸업했으며, 프린스턴 신학교와 대학원에서 신학과 영문학을 수학하였다. 1903년 미국 남장로교 선교부 선교사로 부인(Annie Shannon Wiley Preston, 1879-1983)과 함께 내한하여 목포에서 선교사역을 시작했다. 1940년까지 목포, 광주, 순천 등 호남지역에서 선교와 교육자로 근 40년간 활동하며 큰 업적을 남겼다.

그는 광주로 이사한 후에도 4년 동안 목포를 왕래하며 선교사역을 감당했다. 1905년에는 목포에서 영흥학교 교장으로 취임하여 교육발전을 위하여 노력하였으며 다시 학교를 건축하기도 했다.

1907년 목포를 다시 선교 거점도시로 개설하자 프레스턴 선교사 부부는 맥켈리(Henry Douglas McCallie, 맹현리), 녹스(Robert Knox, 구라복), 버드맨(Ferdinando Henry Birdman) 선교사 등과 함께 목포에서 활발한 선교활동을 전개했다. 이때 강진의 학명리교회와 매곡교회(1907), 해남의 원진교회(1907), 맹진교회(1909), 남창교회(1910) 등을 차례로 개척했다.

이 무렵 광주에서 의료선교를 담당했던 오웬이 별세하자 유진 벨 선교사는 프레스턴 선교사를 광주로 불러 오웬 선교사의 사역을 이어갔다. 1908년 광주에서 숭일학교 초대 교장으로 활동하였으며, 1910년에는 학교를 건축했다.

1913년, 순천선교부가 개설되고 선교사 사택이 완공되자 프레스턴 부부 선교사는 다시 순천으로 옮겼다. 순천은 필요한 물품이 잘 갖추어진 상태로 선교 거점도시가 되었다. 크레인과 힘을 합하여 순천에 매산학교를 설립하였다. 매산학교는 일제 치하에서도 성경을 정규과목으로 인가받아 학생들에게 가르쳤다.

그는 티몬스(Henry Loyola Timmons, 한국이름: 김로라, 1878-1975)와 함께 순천 알렉산더병원을 설립하고, 농촌 교역자와 지도자를 양성하기도 했다.

1907년 4월 15일 금곡동 양사재에서 순천 최초의 교회인 순천읍교회가 자생적으로 시작되었는데, 프레스턴 선교사는 그 교회의 초대 담임목사가 되어 교회를 이끌어 갔고, 조선예수교장로회 순천노회장(1923)을 비롯하여 여수와 순천지역 여러 교회의 설립과 당회를 조직하는 등 폭넓은 활동을 했다. 매곡동 순천중앙교회에서는 교회 창립 100주년을 맞아 설치한 100주년 기념 조형물에 초대 당회장이었던 프레스턴 목사의 얼굴을 부조하여 기념하고 있다.

그는 1940년 일제의 압력으로 미국으로 영구 귀국하여 미시시피 주 폰토톡 교회와 조지아 주 데카터 장로교회에서 목회 활동을 하다가 1946년에 은퇴하고, 1975년 100세에 별세하였다. 그리고 아들 사무엘 R. 프레스턴(Samuel Rhea Preston)은 1904년에 출생한 지 1개월 만에 사망하여 양화진에 묻혔다.

1909년 광주에서 태어난 아들 존 프레스턴(John Fairman Preston Jr.)은 듀크 의대를 졸업하고 고향 광주로 와서 광주기독병원 4대 원장을 지냈다. 그는 유능한 외과 의사로 많은 환자들의 수술을 담당하였으나 일제에 의해 1940년 강제로 추방당했다.

애너벨 니스벳(Anabel Lee Major Nisbet, 한국이름: 류애나, 1869-1920) 선교사는 존 니스벳(John Samuel Nisbet, 한국이름: 유서백, 1869-1949) 선교사의 부인으로, 미국에서 8년간 목회하던 남편과 함께 1906년 미국 남장로교 선교사로 조선에 왔다.

남편은 전주 회현당 서원 자리에 예수교학교 건물을 세우고 초대 교장으로 취임했으며, 이 학교는 나중에 학교 명칭을 신흥학교로 명명했다. 학교장인 니스벳 목사는 전주서문교회 담임목사가 없을 때 임시목사로 시무(1909. 9-1911. 10)하면서 교인들을 심방하고 가르쳤으며, 1911년 서문교회 증축 공사에도 거액의 헌금을 하였다.

애너벨 니스벳 선교사는 1907년 기전학교에서 학생들을 가르쳤고, 전주 선교부의 회계를 담당할 정도로 성실하였고 한국어에도 능통했다. 전주에서 활동하던 그녀는 1911년 선교부의 결정에 따라 목포로 이동하여 정명여학교 교장으로서 학교 발전에 헌신했다. 교사 자격증을 가진 최초의 정명여학교 교장이었으며, 이 학교를 정규학교로 개편하고 고등학교를 설치했다.

학교 건물을 새로 짓고 교육과정을 제정하는 등 교육전문가로서 1919년까지 정명여학교 발전의 기틀을 마련하였다.

그녀는 1919년 11월 《Day in and Day out in Korea》(한국에서의 나날)이라는 책을 미국 버지니아 주 리치몬드에서 출판했는데, 부제는 "1892년 이래 미국 장로교회에 의해 수행되어 온 한국 선교활동에 대한 고찰"로 되어 있다. 이 책은 미국 남장로교 호남지역 최초 선교사 7인의 선교사의 사역을 비롯하여 그 외 선교사들의 활동 및 1892년에서 1919년까지의 약 4반세기 동안 한국인의 신앙과 삶과 풍속을 기록한 것으로, 10여 년 동안 현장 사역을 담당해 온 선교사가 1차 자료를 바탕으로 저술했다는 점에서 큰 의의가 있다.

니스벳 여사는 "어떤 사람은 책을 쓰기 위해 세상에 태어난다. 어떤 사람은 필요할 때 저술활동을 한다. 어떤 사람은 억지로 저술을 떠맡는다. 나는 마지막 부류에 속한다. 그러나 즐거운 마음으로 썼다"라고 저술 동기를 말했다. 이 책은 1998년에 한인수 목사에 의해서 《호남선교초기 역사(1892-1919)》라는 제목으로 경건출판사에서 출판되었다. 초기 한국 및 호남선교의 상황과 그 중요성 및 가치를 이해하는 데 큰 도움을 주고 있다.

그녀는 3·1 운동에 참여하려는 학생들을 지도하고 나오다가 계단에서 미끄러져 병세가 악화되어 회복하지 못하고 1920년 2월 목포에서 세상을 떠났다. 그동안 목포에 묻혀 있다가 1979년 광주양림동선교사묘지원으로 이장되었다.

첫 번째 부인을 잃은 니스벳은 1921년에 엘리자베스 워커(Elizabeth Rachel Walker, 1886–1958) 선교사와 재혼했다. 워커 여선교사는 1924년부터 1925

년까지 목포정명여학교 교장으로 봉직하다가 1929년 미국으로 돌아갔으며, 1949년에 세상을 떠났다.

두 번째 부인에게서 낳은 첫딸(Elizabeth Dillwyn)이 목포에서 사망했으며, 그 유해가 1979년 양림동선교사묘원로 이장되었다.

레비(James Kellum Levie, 한국이름: 여계남, 1880-1971) 선교사는 앨라배마(Alabama) 주 알렉산더(Alexander)에서 출생했다. 그는 캘리포니아 Barry School Ronce 대학과 1913년 애틀랜타(Atlanta) 약대, 그리고 1918년 남애틀란타(Atlanta Southern) 치과대학을 졸업했다. 1914년 미시시피 맥쿨(McCool) 출신인 제시(Jessie Smith Levie, 1886-1931)와 결혼하고, 1922년 남장로교 의료(치과)선교사로 내한하여 군산에 도착했다.

이후 광주로 옮겨 광주 그래함병원에서 치과를 개설하고 치과 치료를 통해 복음을 전했고, 순천의 알렉산더병원에서도 의료선교에 종사했다. 특히 부흥사경회나 성경학교 등 성도들이 많이 모이는 기회가 있을 때면 성도들의 충치를 검사하고 치료해 주는 무료봉사도 즐겨 했다. 군산, 순천, 전주, 목포 등지를 순회하며 치아 건강을 위해 노력했다. 1923년부터 광주기독병원에서 치과진료를 담당하면서 복음을 전했다.

1931년 함께 진료를 도와주던 부인 제시가 갑자기 세상을 떠나자, 그녀를 양림동 외국인선교사묘원에 안장하였다.

그 후 레비는 1925년 내한하여 광주에 와 있던 루스 밀러(Ruth Henrietta Miller, 1893-1976)와 재혼하여 광주, 순천 등지에서 의료선교를 계속하다가, 1959년 은퇴하여 귀국하고 1971년에 소천했다.

지금부터 100여 년 전 치명적인 전염병과 풍토병이 창궐했던 시대에 조선에 온 선교사들의 죽음은 이미 예견된 것이었다. 선교사들은 조선에 온 지 불과 몇 년 만에 자식과 남편과 부인을 잃었다. 많은 선교사들이 이역만리 조선 땅에 쓸쓸히 묻혔으며, 어떤 사람은 고국으로 돌아갔다가 다시 돌아와 똑같은 죽음을 맞이했다. 고국에서 죽었어도 몸은 이 땅에 묻어 달라고 유언한 선교사도 있었다. 생각할수록 숙연해진다.

묘지를 내려오다가 나뭇가지에 움튼 어린 싹을 무심코 바라본다. 머리 속에 코이트의 두 어린아이의 환한 얼굴과 교차한다. 그들이 흘린 땀과 눈물과 피는 노래가 되었고, 그들이 베푼 사랑은 시냇물이 되어 흐르고, 순교한 땅 위에는 꽃들이 피어난다.

나는 언제 성도가 되는가?

도시에 피어오르는 안개를 헤치고 아침 햇살이 방 안에 가득하다. 6시 30분에 일어나 샤워를 하고 호랑가시나무 게스트하우스를 나와 건물 앞 나뭇가지에 리본 두 개를 달았다. 어제의 감동이 채 가시지 않았다.

바울은 히브리서 11장에 초기 순교자들의 삶을 기록했다.

"또 어떤 이들은 더 좋은 부활을 얻고자 하여 심한 고문을 받되 구차히 풀려나기를 원하지 아니하였으며 또 어떤 이들은 조롱과 채

찍질뿐 아니라 결박과 옥에 갇히는 시련도 받았으며 돌로 치는 것과 톱으로 켜는 것과 시험과 칼로 죽임을 당하고 양과 염소의 가죽을 입고 유리하여 궁핍과 환난과 학대를 받았으니 (이런 사람은 세상이 감당하지 못하느니라)"(히 11:35-38).

이 땅에 온 선교사들이 당한 고통이 히브리서 기록과 같은 내용은 아니었지만 많은 선교사들이 조선의 열악한 환경에서 각종 전염병과 풍토병으로 오래 견디지 못하고 30, 40대에 쓰러졌다. 대부분의 선교사들이 의사였음에도 불구하고 무자비한 전염병을 피할 수는 없었다. 무엇보다도 어린아이들은 더욱 취약했다. 자녀들이 죽어 가는 것을 지켜봐야 했던 부모들의 고통이 어떠했겠는가.

나는 광주양림동선교사묘원에 안장된 이들의 공통된 삶을 보았다. 이 땅에서 젊은 나이에 생을 마친 선교사들의 희생적, 순교적 삶은 위대하다. 그런가 하면 한편으로는 안타깝다고 고백하지 않을 수 없다. 조선의 백성들을 위해 그리스도의 복음을 전하다가 희생당한 선교사들의 신앙 유산에 그동안 무관심했던 것이 너무 부끄럽고 미안한 생각이 든다.

숙소 앞에 걸려 있는 '우월순로'라는 표지판 도로명은 이곳이 기독교 성지라는 것을 알려 준다. 우월순은 광주 선교 초기에 활동한 윌슨(Wilson) 선교사의 한국이름으로 한평생 문둥병이라 불리는 한센병 환자들을 위해 헌신한 의료선교사다. 그가 살던 사택은 광주에서 가장 오래된 서양식 주택으로, 현재 문화재로 등록되어 있다. 우월순로는 그의 이름을 따서 붙여진 도로명이다.

　광주시가 묘역을 정비하는 데 예산을 투입하고, 도로명도 선교사 이름을 따서 명명한 것을 보니, 광주시의 성숙한 행정력과 근대 역사에 대한 바른 인식이 엿보인다.

　언덕길을 내려오면서 잠시 멈추고 고개를 돌려 다시 묘역을 바라보았다. 안개 낀 나무 사이로 멀리 희미하게 묘역으로 가는 길이 보인다.

　《삶은 언제 예술이 되는가》(김형수, 아시아출판사, 2014)라는 책에서, 저자는 자신의 삶이 예술이 되고자 했다. 나는 이 책의 제목을 보는 순간 '나는 언제 성도가 되는가?'를 생각했다. 교회를 처음 나온 분이거나 아직 교회 내에서 직분이 없는 분에게 붙이는 교회식 별명이 '성도'다. 교회 내에는 여러 직분이 있고, 오래 다니다 보면 순차적으로 여러 직분을 맡게 된다. 그러나 직분을 맡는 것도 중요하겠지만 먼저 성도(聖徒), 곧 '거룩한 백성'이 되는 것이 중요하다. 경건하지 못한 기독교인과 지도자들로 인하여 모든 교인과 교회가 비난 받고 있는 이 시대에 필요한 것은 진정한 성도가 되는 것이다.

　진실한 성도를 찾기 힘든 이런 환경에서 이단은 그 세력을 넓혀 간다. 제2의 종교개혁을 외치기도 하지만 교인들의 지나친 배금주의와 경건치 못한 성직자들의 행태가 한국교회를 무너뜨리고 있다. 나는 이곳에서 선교사들의 열정과 헌신과 사랑의 행적을 보며, '나는 언제 성도가 되는가?'라고 스스로 자문자답하며 찬송가 463장을 개사하여 불러보았다.

"성도 되기 원합니다 진심으로 진심으로

성도 되기 원합니다 진심으로 진심으로……."

숙소를 뒤로하며 걸어 나오다가 김밥집에 들렀다. 식당 벽에 다양한 메뉴가 적혀 있다. 김밥집에서 이렇게 여러 가지 음식을 취급하는지 몰랐다. 벌써 많은 사람들이 식사를 하고 있다. 김밥집은 우리나라에서 유럽의 카페를 대신하는 것 같다. 바쁜 사람들에게 간단한 아침을 제공한다. 나는 채소와 햄을 잘게 썰어 넣고 케첩을 섞어 계란으로 말은 오므라이스를 주문하여 아침을 잘 먹었다. 제대로 된 아침을 먹은 것이 참으로 오랜만이다. 또한 오랜만에 제시간에 아침을 먹은 것 같다.

광주 야구장에는 이른 아침부터 사람들이 서성인다. 오늘 한국시리즈 개막경기가 이곳에서 열린다고 한다.

광주 서북쪽으로 영산강이 흐른다. 4대강 준설 사업으로 자전거도로가 잘 나 있어 걷기가 좋다. 걷는 길은 단순하지만 차량이 없으니 편하게 걸을 수 있다. 그러나 숙소가 담양군 봉산면에 있으니 그곳까지는 계속해서 강둑을 따라 걸어야 한다.

광주 시내를 나와 영산강 자전거 도로를 만났다. 담양댐까지는 이틀이 걸린다.

식사를 할 만한 곳이 없어 결국 점심은 먹지 못하고, 과일 몇 개로 점심을 대신했다. 강변 쉼터에서 숙소 예약 확인차 전화를 했다. 아주머니는 정말 혼자서 오느냐고 재차 묻는다. 펜션에 혼자서 오는 일이 거의 없으니 숙소 주인들로부터 비슷한 질문을 자주 듣는다. 문제는 요금이다. 대부분 펜션을 이용할 때는 집을 통째로, 또는 큰 방을 사용하기 때문에 요금이 비싼 편이다.

큰 도시 가까이에 강이 있고 그 옆으로 자전거 길이 나 있고, 이곳에서 많은 사람들이 사이클을 즐긴다. 오늘이 토요일이니 더욱 그렇다. 20여 명의 젊은이들이 무리를 지어 타기도 한다. 부부가 함께 천천히 타기도 하고, 혼자 타는 이들도 많다. 봄바람을 가로지르며 달리는 모습이 시원스럽다.

강가에는 벌써 벚꽃이 화사하게 피어 보기 좋다. 남녘에 벌써 봄이 왔다. 햇볕은 따스하고 눈부시다. 혼자라는 것을 제외하면 주변은 참으로 아름답다.

강변엔 이미 봄이 와 있었다. 시냇가의 버드나무는 푸르름을 발하고 벚꽃은 만개했다.

몇 번 있었던 일이지만 저녁을 먹기 위해 숙소를 지나쳐야 한다. 담양읍내에서 저녁을 먹고 들어가야 하기 때문이다. 오전에 전화로 저녁을 먹고 들어간다고 주인에게 미리 말해 둔

터라 천천히 들어가도 상관없다.

오늘은 유달리 쇠고기 등심이 먹고 싶다. 물론 1인분은 안 되는 것을 알기에 2인분을 시켰다. 식당에서 일하는 아주머니를 불러 고기 좀 구워 달라고 부탁했다.

"2인분을 주문했으니 구워 주시고 드셔도 됩니다. 어차피 저 혼자 다 못 먹으니까요"라고 부탁했다. 식당 서비스 아주머니는 싫지 않은 듯 고기를 구워 준다.

저녁을 먹는 중에 숙소 주인으로부터 전화가 걸려 왔다.

"손님! 어디세요?"라고 묻는다.

"식당에서 저녁을 먹는 중입니다" 하고 응했다.

"늦었으니 여기로 오는 버스를 타고 오세요"라고 일러 준다.

시키는 대로 버스를 탔다.

목적지에 도착하여 버스에서 내리니 한 지프형의 SUV 차량이 서 있다. 운전석에 앉은 아저씨가 "펜션에 가시지요?"라고 묻는다.

"네, 그런데요……"

"어서 타세요. 숙소까지 모시겠습니다."

알고 보니 숙소 주인아저씨였다. 덕분에 숙소에 잘 도착하였다. 참으로 친절한 주인아저씨다.

도착하여 샤워를 하고 나오니 아주머니가 상을 차려 놓았다. 굴이 싱싱하다고 하신다. 주인아저씨는 옆에 있는 막걸리 병을 들고 권하신다.

"술을 안 마시는데요"라고 했지만, 아저씨는 "그럼 한 잔만 하시지요"라고 한다.

아름다운 고장 담양 땅에 들어섰다.

    남편이 막걸리를 마시는 것을 좋아해 매일 저녁 둘이서 한 병 정도 마신다고 한다. 그런데 오늘은 함께 마실 사람이 와서 반갑다는 것이다. 그의 기분 좋은 분위기를 깨고 싶지 않았다.
    "그럼 한 잔 주세요" 하며 마신 막걸리가 두 병이었다.
    나는 술상(?)에 앉아 순례에 관한 이야기를 했다. 함께 저녁을 먹으려고 했는데 먹고 들어오신다고 해서 술상을 차린 것이란다. 세탁물을 세탁기에 돌려 주겠다고 한다. '거절할 수 없는 친절'이었다. 친절은 또 이어졌다.
    나는 소쇄원(瀟灑園) 얘기를 꺼냈다.
    "담양에 가면 소쇄원을 꼭 한번 들러야 한다고 해서요. 그런데 여기서 소쇄원까지 먼가요?" 하고 물었다.

"12km 이상 되는데, 거기를 갑니까?"

"아뇨, 친구가 추천해서요."

"그럼 내일 저희들하고 함께 갑시다. 저도 아직 안 가봤는데, 잘되었습니다"라며 같이 가자고 한다.

나는 다음 날 그분들과 함께 광주 쪽에 있는 담양 소쇄원과 가사문학관을 관람하기로 했다.

오늘 묵은 숙소는 황토 기와집이다. 우리나라 전통양식을 따라 지은 멋진 기와집인데, 주로 소나무와 황토를 이용해 지었다고 한다. 실내는 현대식으로 꾸몄고 방은 온돌방이다. 침대가 놓여 있으나 내려와 따뜻한 바닥에 누웠다. 세탁한 내의도 바닥에 깔아 놓고 잤다.

3월 29일 (9일 차)
15km

햇빛을 가득히 품은 고을

아침에 일어나니 방바닥에 널어 놓은 빨래가 바싹 잘 말랐다. 주인이 친절하게 아침도 차려 주었다.

식사를 마치고 어제 이야기한 대로 셋이서 승용차로 20분 달려 소쇄원에 도착했다. 주차장에 내려 입구의 대나무 숲을 지나 소쇄원으로 들어갔다.

소쇄원(瀟灑園)은 양산보(梁山甫, 1503-1557)가 기묘사화로 인해 은사인 조광조가 능주로 유배된 후 세

소쇄원 옛집, 계곡물 떨어지는 소리와 초저녁 달빛이 잘 어울린다고 했다.

담양은 가사문학의 산실이다. 가사문학기념관의 모습

상을 떠나자 출세의 뜻을 버리고 자연 속에서 살기 위해 고향에 꾸민 정원이다. 그가 고향에 내려와 깨끗하고 시원하다는 의미를 담아 조성한 정원으로, 자연과 인공을 잘 조화시킨 우리나라의 대표적인 정원이다.

작은 계곡 사이에 자리 잡은 아담하고 작은 집과 탁 트인 정원이 주변 경관과 흐르는 물소리와 잘 어우러져 아름답다. 양산보의 호가 소쇄옹이어서 이름을 소쇄원이라 했다고 한다. 가사문학이 이곳에서 나왔다는 것을 실감하고 이해할 수 있었다. 양산보가 살던 20여 년 동안 이곳은 수많은 인사와 인재들이 이곳에 들러서 정치현실과 이상, 백성들의 삶과 애환을 토론하는 장소가 되었다고 한다.

내가 이곳에 오래 머물 수 없다는 것을 안 두 부부는 나를 담양읍까지 태워다 주고 헤어지면서 죽녹원도 꼭 들러 구경하고 가라고 하였다.

죽녹원

 순례 8일째에 좋은 분들을 만나 흐뭇한 시간을 가졌다. 고마운 분들이다. 그들은 순례의 즐거움과 훈훈한 인심을 내게 선물하였다. 감사할 뿐이다.

 미국에서 있었던 일이다. 미국에서 고등학교를 다니던 아들이 함께 방과 후 축구를 하는 이웃집 같은 반 또래의 벤이라는 학생과 친하게 지내게 되었다. 미국에 온 이듬해 부활절을 앞두고 벤의 부친께서는 부활절 휴가로 약 10일간 플로리다의 한 휴양지를 다녀올 계획이라면서 아들을 데리고 함께 다녀올 수 있도록 허락해 달라는 편지를 내게 보내왔다. 나는 편지를 다 읽고 아들에게 물었다. 물론 이 가족은 교회에 다니지 않는다.

 그런데 아들이 선뜻 대답을 하지 못한다.
 유아세례까지 받은 아들이었지만 그곳 한인 침례교회를 다니게 되어

메타세쿼이아 가로수길

부활절에 아들은 담임목사로부터 침례를 받기로 먼저 약속되었다고 한다. 오늘 잘 생각해 보고 내일 알려 주면 답장을 보내겠다고 했다.

다음 날, 아들이 "침례를 받기로 결정했다" 하여 나는 마치 사과문이라도 쓰듯이 정중하게 사절의 편지를 써 보냈다.

그 후 2년 동안의 교환교수를 마치고 돌아올 무렵 벤의 가족은 우리 가족을 그들의 집으로 초청했다. 그들은 내게 "아들을 고등학교 마칠 때까지 맡아 줄 테니 안심하고 우리 집에 놓고 가라"고 했다. 고맙다고 바로 승낙해야 했으나 그것 역시 바로 대답하지 못했다. 하지만 이렇게 해서 아들은 미국에서 고등학교를 마치고 대학도 미국에서 다녔다. 침례를 받기로 결정한 것은 무엇을 우선순위에 놓고 살아야 하는지를 좋은 귀감이 되었다.

나는 그분들이 얘기한 죽녹원에 잠시 들렀다. 매표소에서 안내도를 펴고 살펴보았다. 생각보다 꽤 넓어 보인다. 빼곡한 대나무 숲에서 불어오는 바람의 '사각사각' 소리가 내 마음에 청량감을 불어넣어 준다. 하늘 높이 쭉쭉 뻗은 초록빛 대나무와 댓잎들 사이로 쏟아지는 한낮의 햇살이 신비해 보인다. 전망대에 올라가니 담양천을 비롯하여 담양의 명물 메타세쿼이아(Metasequoia) 가로수길이 한눈에 내려다보인다.

어느 세대든 마찬가지겠지만 특히 우리 세대 또한 많은 우여곡절을 겪으며 살아왔다. 전쟁 후 1950-60년대에는 식량 부족과 베이비붐으로 인한 지독한 입시 경쟁을 겪었다. 독재와 산업화를 거쳤고, 군사정권 퇴진을 위해 투쟁했으며, 마침내 민주화를 이루고 오늘의 풍요를 누리고 있다.

한 식물학자의 연구에 의하면, 대나무가 가늘고 높게 자라지만 비바람에 잘 쓰러지거나 부러지지 않는 대표적인 이유는 대나무 줄기에 적당한 간격을 두고 형성된 수많은 매듭 때문이라고 한다. 가는 대나무가 수십 미터를 성장할 수 있는 것은 줄기가 단단해서라기보다는 나무줄기의 매듭에 그 원인이 있다고 한다. 대나무는 성장을 하다가 적당한 길이에서 다시 매듭을 짓고 성장한다. 성장을 잠시 멈추고 매듭을 만드는 대나무처럼 인생에서 겪는 우여곡절은 매듭을 만들어 더 높이 성장하게 한다. 이 매듭이 자신을 지탱하게 한다.

순간순간 닥쳐온 위기는 하나의 매듭이 되어 나를 더 높게 자라게 했다. 이번 순례는 내 삶에 또 하나의 매듭이 될 것이다.

담양 여행은 처음이다. 담양이 이렇게 아름다운 곳이라는 것을 예전에는 미처 몰랐다. 대나무와 소나무가 어우러져 늘 푸르름이 있고 지명이 말해 주듯 양지바른 곳이다. 게다가 후한 인심에 매료되기도 했다.

이 글을 쓰며 나는 내 이름 앞에 멋진 호를 하나 짓고 싶었다. 원래 호는 친구나 가까운 지인으로부터 받거나 고향의 지명을 쓰는 것이 일반적이지만 스스로 짓기도 한단다. 나는 이번 기회에 호를 짓고 싶어서, 호를 '담양'(潭陽)이라 짓고 싶다며 국문과의 K 교수에게 자문을 구했더니 멋지다고 했다. '깊을 담'(潭)에 '볕 양'(陽)이다. '따뜻함을 깊게 담다'라고 해석할 수 있다. 냉정하고 고지식하게 살아온 내 삶을 뒤돌아보기에 적합한 호가 될 수 있을 것 같다. 이번 순례는 미처 생각지 못한 귀한 보물을 내게 선물했다.

나는 기독교가 고행이나 금욕을 요구하는 종교가 아니라는 것을 안다. 이런 것을 통해 믿음을 얻는 것도 아니다. 그러나 내가 지금껏 물질의 풍요를 추구하며 현세에 집착하며 살아왔다는 것을 부인할 수 없다. 하나님의 존재와 그의 절대적 가치, 천국에 소망을 둔 기독교인의 행동은 믿지 않는 사람들과 다를 수밖에 없다. 그동안 나의 삶은 성도로서 절제와 경건이 부족했다. 철학의 존재론적 가치가 '정의'(justice)라면 믿음의 가치는 '행위'이다. 야고보는 행함이 없는 믿음은 아무런 유익이 없으며 죽은 믿음이라고 했다(약 2:17). 믿음대로 행하라는 말인데, 행함이 없다면 믿음도 없다는 얘기다.

종교인들이 가끔 거짓과 가면으로 생활하다가 어려움을 당하는 경우를 종종 본다. 말로 믿음을 말하기는 쉽지만, 행동으로 믿음을 보여주기는 쉽지 않다. 때때로 순례를 통해 얻게 되는 경건함은 고행이나 금욕을 통해 얻을 수 있는 것보다는 작을지 모르지만, 값진 것들을 경험하게 한다. 좀 더 경건한 삶을 위해서라도 필요하다는 생각을 해본다. 훌륭한 신앙은 체험과 연단을 통해 얻어질 수 있기 때문이다.

🗝 "경건에 이르도록 네 자신을 연단하라"(딤전 4: 7).

죽녹원을 한 바퀴 돌아 나와 10시 반에 D장로교회에 가서 주일예배를 드렸다. 부활절 한 주 전이다. 교회는 여느 시골 교회와 크게 다르지 않다. 안내를 맡은 나이 많은 성도의 행동에서 겸손함과 경건함이 묻어난다. 나는 붉은색의 등산복 대신에 가벼운 감청색 야외용 잠바로 갈아입었다. 그리고 뒷좌석에 앉아서 조용히 예배를 드렸다. 내가 어렸을 때 다녔던 교회를 연상케 한다.

이 교회는 오래된 합동측 교회다. 예배 분위기가 보수 성향이어서 기도할 때 중간에 "아멘" 소리도 작다. 찬송할 때 박수도 치지 않는다. 반주하는 악기는 피아노와 오르간뿐이다. 흔한 드럼도 보이지 않는다. 나는 이와 같은 분위기의 교회를 대학 때까지 다녔다.

가끔 교인들이 다른 교단의 예배형식에 잘 적응하지 못하는 경우가 있다. 그러나 어떤 형식의 예배든 문제 삼을 이유는 없다. 스스로 잘 적응해야 한다.

나는 대학 시절, 초교파적 선교단체인 CCC(Campus Crusade for Christ)에서 훈련받았다. 당시 여의도광장에서 열린 'Explo' 74'를 홍보하기 위해 방학 동안 도시와 농촌지역의 여러 교회를 순회하였다. 예수교장로회 합동 및 통합, 기독교장로회, 감리교, 성결교, 순복음교회, 성공회, 구세

군 등 여러 교단의 교회를 순회하며 예배를 드렸는데, 이것은 각 교단의 예배형식에 익숙해지는 기회가 되었다.

예배를 마치고 교회를 빠져나와 인근 한 식당에서 만둣국을 먹은 후, 담양의 유명한 메타세쿼이아 가로수 길에 들어섰다. 일요일이라 관광객들로 붐볐다. 가족단위로 산책을 나와 따뜻한 햇살을 받으며 아름다운 길을 걸으며 즐긴다. 기타를 메고 팝송을 부르는 사람, 심호흡을 하며 걷는 사람, 신선한 숲길을 걸으며 삼림욕을 즐기는 사람 등 여러 사람들이 맑고 깨끗한 산소와 피톤치드로 힐링과 삼림욕을 즐긴다. 난 의자에 앉아 먼 곳에서 들려오는 노래를 들으며 잠시 추억 속에 빠졌다. 1970·80년대 노래는 언제 들어도 좋다. 아마 그 시절에 대해 각자가 가지고 있는 아련한 추억이 있기 때문이리라.

관광지에서 노래를 부르는 거리 가수. 낯선 사람과 대화를 나누는 것은 쉽지 않다.

영산강 상류 경비행장에서 아이들은 장난감 같은 비행기를 타고 싶어 기다리고 있었다.

영산강 상류 돌다리

영산강 상류쪽 지류에도 자전거 길이 연결되어 있다. 하천 하상에는 경비행기를 타는 곳도 있다. 가족들이 타려고 기다린다. 아이들이 좋아할 것 같다. 장난감 같은 작은 비행기가 이착륙

담양댐 아래 자전거도로 종점

하는 것을 보니 신기하다.

　담양댐 아래에 있는 숙소 위쪽에 호텔과 온천 목욕탕이 있다. 온천탕에서 목욕을 마치고 호텔 식당에서 비빔밥으로 저녁을 먹으니 호사스럽기까지 하다. 내일 아침도 먹을 수 있느냐고 물어 봤더니 그렇다고 한다.

　다시 아래로 내려와서 펜션 숙소에 도착했다. 숙소 주인은 이곳에 살지 않아 방금 도착한 것 같았다. 방바닥이 찼다. 주인은 물 순환식 온돌 장판을 들고 나왔다. 죄송하지만 이것은 금방 따뜻해질 테니 이 위에서 자라고 한다.

　난방을 미리 준비해 두지 않은 점이 좀 불만스러웠지만 참았다. 모터로 물을 순환시키는 형식으로 되어 있어서 모터 돌아가는 소리가 시끄러워 잠을 자는데 자꾸 신경이 쓰였으나 하루가 고단해서인지 나도 모르게 어느덧 잠이 들었다.

아름다운 추월산과 담양호

담양호를 향해 올라가면서 댐 밑에 있는 호텔 식당에서 명태해장국을 먹었다. 어제 저녁에 다시 오겠다고 말했던 그 호텔 식당이다.

식사 후에 온천 매장에서 물 한 병을 샀다. 매점을 나오면서 방금 목욕을 한 듯한 분에게 길을 물었다. 친절하게 가르쳐 주었다. 가는 길은 산을 향해 올라가는 언덕길이며, 버스도 거의 다니지 않는다고 한다. 내가 버스를 타고 갈 것으로 생각한 모양이다.

영산강 상류를 막아 댐을 만든 담양호 뒤쪽으로 추월산이 보인다. 누가 보아도 명산이다. 호수와 산이 잘 어우러져 한 폭의 동양화처럼 아름답다.

산길을 올라가다 보니 터널이 나온다. 차량은 많지 않았다. 하지만 터널을 걷는 것은 위험하기 짝이 없다.

터널 옆에 공터가 있고 의자도 보인다. 혹시 누구라도 잠시 이 공터에서 쉬어가는 차량이 있으면 터널만 지날 수 있도록 태워 달라고 부탁할 참이었다. 바로 그때 4톤 트럭이 내 쪽으로 다가온다. 운전수가 전화를 하고 있다. 아마 통화가 길어져 차를 갓길에 세워서 통화를 마치려고 하는 것 같다. 나는 가까이 다가가 통화를 마치는 것을 확인하고 태워 달라고 부탁했다.

터널을 무사히 통과했다. 터널을 통과하니 내리막길이다. 다시 호수와 맞닿은 곳에 펜션과 카페가 보인다. 자동차 길에서 빠져나와 카페가 있는 쪽으로 걸어갔다. 개가 짖는다. 천천히 걸어서 카페 안으로 들어갔

담양댐을 지나 순창 가는 길에 추월산이 있다. 멀리 보이는 산이 추월산 정상이다. 이 길에는 자동차도 많이 다니지 않는다.

추월산 아래 담양호가 있고, 호수를 끼고 경치 좋은 길목에 카페가 있었다. 이곳에서 아메리카노 한 잔을 마시며 잠시 쉬었다.

다. 젊은 주인과 점원이 안에 있다. 나는 아메리카노 커피 한 잔을 주문했다. 창 밖 풍경에 마음이 녹는다. 새봄맞이 소나무 사이로 반짝이는 호수가 보이고, 그 배경을 밑그림 삼아 펜션이 자리를 잡고 있다. 정말 멋진 곳이다.

"혼자 오십니까?"라고 묻는다.

"보시다시피예요"라고 답했다.

"추월산 등산하시나 보군요."

"아뇨, 먼 데서 걸어왔습니다."

여수에서부터 10일 동안 걸어서 여기까지 왔고 앞으로 서울까지 갈 거라고 했더니 적잖이 놀라는 것 같다.

"대단하십니다. 근데 국토순례라도 하시는 건가요?"

"예, 그런 셈이죠."

"무슨 계기라도 있나요?"

"이곳에 이런 아름다운 펜션과 카페가 있으니 구경삼아 걷는 거 아닙니까?"라고 동문서답을 했다.

나는 저장된 지도를 보여주며 한 달 동안 매일 20-30km씩 걸어서 서울까지 간다고 설명해 주었다. 내가 걷는 이유도 덧붙였다. 그리고 산티아고 순례길이 생긴 이유와 왜 유명하게 되었는지도 설명했다. 그와 같은 길이 한국에도 생긴다면 아마도 이곳은 중요한 길목이 될 것이라고 했다. 정말 아름다운 고갯길이다.

구한말 선교사들이 묻힌 곳을 찾아 보고 그들의 삶을 조명해 보고 싶다고 했다. 그가 기독교인이 아닌 것을 알았지만 선교사들이 조선에

담양호 상류의 유원지

와서 목숨을 걸고 환자를 치료한 이야기들을 잠시 나누었다. 애양원에 관한 이야기를 했더니 고향이 여수였던 그는 어릴 적에 가 본 적이 있으며 주변에서 지독한 냄새가 났던 것을 기억한다고 했다.

카페를 나오는데 조금 전에 짖던 개가 또 짖는다. 나는 배낭에서 쥐포를 꺼내 던져 주었다. 이젠 꼬리를 흔들며 자꾸만 따라붙는다. 의자에 앉아 머리를 쓰다듬어 주었더니 드러누워 배를 보인다. 동물이 자신의 배를 보이면 그것은 무한신뢰를 의미하는 것인데…….

나는 대학에서 동물을 가지고 행동을 연구하는 일을 해왔다. 동물과 사람의 본능적 행동이 크게 다르지 않다는 것을 잘 안다. 동물의 행동을 자세히 관찰하면 인간의 본성도 보인다.

오는 길에 식당이 있다. 혼자인데 먹을 음식이 있느냐고 물어 보았다. 들어오라고 한다. 그런데 주인을 보니 아침에 온천에서 내가 길을 물어

본 그분이다. 그분도 나를 알아보았다.

"아! 그러니까 오전에 그 온천탕에서부터 여기까지 걸어오셨나요?"

"예, 날씨가 좋아 걸을 만합니다."

"근데 어디까지 가시나요?"

"서울까지 갑니다. 걸어서요."

"국토순례 하시는군요."

"예"라고 대답하고 식당 안으로 들어가 벽에 등을 대고 점심을 기다렸다.

1인분을 주문하는 나에게, 1인분은 제공하지 않지만 드릴 테니 먹고 가라고 한다. 오전에 한 번 만나 벌써 구면이 되어서인지 친절하게 대해 준다.

나는 사람의 '만남'을 소중하게 여겨야 한다고 믿는 사람이다. 부모님으로부터 얻은 교훈이다.

대학생이었을 때다. 부친은 같은 군 안에 있는 다른 면소재지 보건지소로 발령을 받아 이동하게 되었다. 이사하는 날 오후, 어머니는 이삿짐을 싣고 새 집으로 옮기는 중이었는데, 그때 교회 담임 전도사님이 이사 감사 기도를 하겠다며 우리 집에 찾아오셨다. 이삿짐 옮기는 것을 잠시 중단하고 간단히 예배를 드렸다. 그러면서 그 전도사님은 "저도 오늘 다른 교회로 부임하게 되었습니다. 지금 막 차를 타고 출발하려다가 믿는 가정이 새로 이사 온다는 소식을 들었습니다. 미안합니다. 이사 잘하시고 안녕히 계세요" 하고 새로운 부임지로 떠나셨다는 말을 어머니로부터 들은 적이 있다.

어머니는 그 전도사님이 담임했던 그 교회를 오랫동안 다니셨고, 시간이 흘러 부친께서 보건지소를 퇴임하여 우리 가족은 청주로 이사했다. 어머니는 망설임 없이 한 교회를 정할 수 있었다. 이사 중에 찾아오셨던 그 전도사님이 몇몇 교회를 거쳐 청주 H 교회의 담임목사로 계셨기에 바로 그 교회를 택한 것이다. 주택도 아예 그 교회 근처에 마련했다.

어머니께서는 "본인도 이사하랴 바쁘고, 그곳 교회를 떠나면 어쩌면 본인과 상관도 없는데, 찾아와 기도하는 모습을 보고, 나는 그 전도사님을 다시 봤다"라는 말씀을 하셨다. 어머니는 남은 평생 동안 그 교회를 신실히 섬기다가 하늘나라에 가셨다. 세상 떠나기 전 지니고 있던 통장의 현금도 대부분 그 교회에 바치셨다.

사람의 인연은 첫 만남이 매우 중요하다. 그리고 강렬하다. 사람들은 '언제 다시 만날 것도 아닌데……' 하고 소홀히 하기 쉬우나 그게 아니다. 우리는 다시 만나게 된다. 첫 만남이 강렬하면 다시 만날 기회가 생긴다. 어머니가 그러셨듯이 나도 그런 일을 수없이 경험했다. 좋은 일이든 나쁜 일이든 첫 만남에서 상대에게 정중함과 진실함을 보여준다면 삶은 더욱 풍요로워질 것이다. 이국에서 온 선교사들도 오래전 이 땅에 들어와 만났던 한국인들에게 그들의 진실함과 성실함을 보여주었던 것이 아닌가?

🔑 "무슨 일을 하든지 마음을 다하여 주께 하듯 하고"(골 3:23)

메기찜을 시켜 맛있게 잘 먹었다.

오늘은 날씨가 맑고 따사롭다. 미리 정했던 한 구간을 지나치기로 했다. 중간 정도에 숙소를 정해야 하는데 숙소가 여의치 않다. 숙소에 전화를 해도 받지 않는다. 근처에 펜션도 없다. 수소문해 보니 옥정호가 있는 산내면에 한 펜션이 있는데 8km 이상 더 가야 한다는 것이다.

아마도 오늘이 지금까지 걸어온 날 중에 제일 많이 걸은 날 같다. 섬진강 상류에 옥정호가 있고 바로 그 옆에 N 펜션이 있다. 펜션은 3층 건물로 아래층은 식당으로 쓰고 위층은 숙소로 활용하고 있다.

낮 동안까지 날씨가 좋더니 잔뜩 흐리다. 저녁이 되니 비가 오려는지 갑자기 날씨가 흐려지고 바람이 분다. 흐린 날 저녁, 펜션에서 호수를 바라보니 한 폭의 동양화 같다. 마치 호수 위에 떠 있는 집처럼 보였다. 펜션에서 저녁식사도 가능하다고 한다. 점심에 이어 민물 매운탕을 또 먹게 되었다. 주인이 내의를 세탁기에 돌려 주겠다고 한다. 침대가 있지만 역시 따뜻한 바닥에서 잤다.

옥정호에 새벽안개가 자욱했다

아침 일찍 밖을 내다보니 안개 낀 호수가 아름답다. 보슬비가 내리며 물안개가 피어오른다. 비가 내려 배낭에서 흰 우의를 꺼내 입었다.

어제 점심을 먹은 식당에다 지팡이를 놓고 온 것이 지금에서야 생각났다. 그런데 오히려 걷기가 편하다. 지팡이를 짚고 다니는 것이 더 불편했던 것 같다. 안경을 꺼내서 지도 보랴, 사진 찍으랴, 걸으면서 음료수 마시랴, 가다가 교회 앞에 리본도 달랴, 이것저것 하는데 도리어 지팡이가 짐이 되고 여간 불편했던 것이 아니었다.

그렇다고 지팡이가 필요 없는 것은 아니다. 차도에서는 앞차가 오는

섬진강 상류에 있는 옥정호는 한 폭의 동양화였다.

것을 주시해야 하므로 반드시 좌측통행을 하는데, 그때 앞에서 차선 쪽으로 지팡이를 조금 길게 내놓으면 차량이 더 접근하지 못하고 비켜 지나간다. 그뿐만 아니다. 시골에는 개를 키우는 집이 많다. 대문 앞을 지날 때 갑자기 개가 짖을 때 놀란 적이 한두 번이 아니다. 그때 지팡이는 내게 좋은 방어 수단이 된다. 다행히 오늘 걷는 길은 차량도 거의 없는 한적한 시골길이다.

오늘까지 열흘 사이에 잃어버린 물건이 지팡이 외에도 몇 개 더 있다. 등산용 장갑, 황사 마스크, 수건 등 여러 가지가 있는데, 숙소에 놓고 왔는지 오다가 빠뜨렸는지 알 수 없다. 여행 중에 가장 잘 잃어버리는 물건은 선글라스라고 한다. 아직까지는 잃어버리지 않아 다행이다.

오늘 걷는 거리는 30여km가 된다. 계속해서 비가 온다. 짧은 터널도 지나갔다. 섬진강 상류 옥정호를 끼고 산길을 걷는다. 이곳은 최근에 길을 넓혀 새로 포장한 산길이다. 옥정호를 따라 걷는 동안 차가 두세 대가 지나간 것 같다. 호숫가 주변에 아름다운 집들이 잘 지어져 있다. 전원주택과 카페도 있고 펜션도 있다. 걷기에 참 좋은 길이다. 인근에 예쁘게 지은 초등학교가 있는데 아이들의 떠드는 소리와 선생님의 굵직한 목소리도 함께 들린다.

길을 가다 보면 가끔 터널을 만난다. 이것은 아주 짧은 터널이다.

장기간 직장과 집을 떠나와 있으니 걸려오는 전화도 거의 없다. 특히 요즘은 용건이 있으면 문자나 카카오톡으로 직접 전송하는 풍조가 되어 구태여 통화할 필요도 없다.

그런데 낯선 번호로 전화벨이 계속 울린다. 궂은 날, 걸으면서 전화를 받는 것이 여간 불편하지 않다. 휴대전화가 우의 안 바지 주머니에 있어 꺼내기도 번거롭다. 그래서 꼭 필요한 것이 아니면 받지 않는다. 그런데 웬만하면 전화를 끊을 줄 알았는데 계속 울리니 받지 않을 수 없었다.

"여기 H 신문사인데요. 신문 잘 보고 계시지요?"

"예! 그런데 무슨 일이지요?"

나는 과거 J 일간지 신문을 7-8년 동안 구독했다. 신문사 지국에서 자전거를 공짜로 준다는 말에 아내가 신문을 바꾸어 본 것이다. 그래서 오랫동안 J 일간지를 구독했다. 보수 성향의 신문이었다.

어느 날 문득 보수 성향의 매스컴에서 나오는 이야기만 주로 듣고 있다는 생각을 했다. 내가 보는 TV 방송도 대부분 보수 쪽이다. 나는 보수도 아니고 진보도 아니지만, 어느 날 스스로 보수와 진보의 균형이 필요하다고 생각했다. 그래서 진보 쪽의 H 신문을 구독하게 되었다.

나는 이번 순례의 길을 걷는 기간 동안 구독하던 신문을 일시 정지시켜 놓고 왔다. 집에서 나 외에는 아무도 보는 사람이 없기 때문이다. 구독을 정지시켰으니 아무래도 불안한 모양이다.

"H 신문사입니다. 저희 신문사에서 신문에 대한 구독자들의 의견을 듣고 있습니다."

H 신문사는 고객을 잘 관리하려고 1년에 한두 번 전화를 한다.

"구독하시면서 혹시 하실 말씀이라든가 의견이 있으신가요?"

의례적이기도 하고 한편으로는 혹시 이 가정이 아예 구독을 정지시키는 것이 아닌가 하는 불안감도 있어서 전화한 듯하다.

그런데 평소 이 H 신문에 대하여 하고 싶은 얘기가 있었다.

"얼마 전 신문에 동성애자 차별금지에 대한 기사를 실었던데요, 기독교인들이 반대한다고도 했고요."

"아, 예, 그런데요?"

"혹시 연세가 얼마인지 모르겠습니다만, 선생님의 자녀들이 나중에 남자 며느리를, 여자 사위를 맞이한다면 어떻게 하시겠어요? 그 기사를 쓴 분을 비롯해서 H 신문사 관계자들은 환영하시는가 보죠? 제가 너무 극단적인 말을 했나요?"

세상이 너무 빨리 변하고 있다. 이미 미국이나 유럽에서는 동성애자들이 교회에서 공공연히 예배를 드리고 있다. 우리나라에서도 일부 진보 정치인들과 동성애자들이 연합해 동성애 차별 금지법을 받아들이라고 요구하고 있다. 우리 사회에도 언젠가는 공개적으로 동성애자들이 교회로 나와 예배를 드릴지도 모른다. 이런 상황에서 동성 간의 결혼을 합법화라도 한다면 한국교회는 이들을 어떻게 받아들여야 할 것인가? 어떻게 대처할 것인가? 구약의 '소돔과 고모라'는 하나님을 진노케 했으며 그로 인해 불로 심판을 받았다.

국가나 사회가 동성결혼을 인정하지 않는 것을 차별이라고 할 수 없는 우리의 전통적 가치, 신앙적 가치, 창조의 질서가 있다. 동성애를 인정한다면 결혼의 가치와 근본이 무너지고 사회 윤리가 파괴됨을, 역사가 보여주고 있다.

지역민들이 황토 찜질방을 만들어 관광객을 유치하여 소득을 늘리고 있다.

점심때가 되어 인근 식당으로 들어가 또 올갱이국을 먹었다. 이번 순례길에서 올갱이국을 자주 만난다. 앞으로 친해질 것 같다. 아침을 먹지 않았던 터라 편의점에서 찐 계란 세 개를 사서 또 먹었다.

대덕면을 지나 지역민이 운영하고 있는 황토방에 숙소를 정했다. 면사무소 안쪽으로 4km 더 가니 숙소가 있다. 한옥으로 아름답게 잘 지어진 집이다. 개인이 운영하는 찜질방에 들어갔다. 안에 노인들이 많다. 찜질방에서 1시간 정도 땀을 흘리고 나니 한결 개운하다. 같은 건물 안에 있는 웰빙식당에서 저녁을 먹는데 반찬이 모두 채소다. 잠은 찜질방 옆 황토방 숙소에서 편안하게 잤다.

전라남도에서 전라북도로

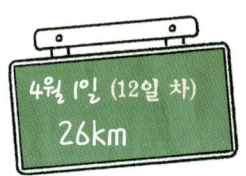

전주선교사묘역으로

오늘은 평소보다 늦잠을 잤다. 일어나 보니 8시다. 긴장이 풀린 것일까? 아니, 어제 찜질방에서 땀을 뺐으니 나른하고 아침에 비도 내려 자연스럽게 늦잠을 잔 것 같다.

어제 저녁 식사를 했던 그 식당에서 역시 여러 종류의 채소 반찬으

구이저수지 주변에 미국식 단독 주택지를 개발하여 인구증가를 유도하고 있다.

로 아침을 먹었다. 아침을 먹고 출발하니 감사하다.

오늘도 비가 온다. 전주로 가는 도로는 2차선인데 차량이 많다. 완산의 구이저수지 주변에 미국식으로 지은 단독주택 마을이 인상적이다. 주민 유치를 위해 경치 좋은 곳을 분양한 것 같다. 꽤 넓은 땅에 구획정리를 잘해 놓았고 건축 중인 집들도 많이 있다. 우리나라 주택지는 대부분 아파트 용지로 분양하기 때문에 단독주택단지가 그렇게 많지 않은데, 경치 좋은 곳에 이런 단지를 개발한다면 인구 유입에도 좋은 효과가 있을 것이다.

교도소 앞을 지나올 때 "교도소를 이전하지 말라"는 플래카드가 걸려 있다. "주민 동의 없는 교도소 이전 반대"라고 쓰여 있었다. 처음 이곳에 교도소를 지을 때는 혐오시설이라고 반대했을 주민들이 지금은 이전을 반대하고 있다. 아마 교도소 면회객들을 통해 생업을 유지하던 몇몇 사람들이 주민들의 이름을 빌어 '보상'을 요구하고 있는 것 같다. 이런 식의 플래카드를 길에서 여러 번 보았다. 볼 때마다 씁쓸하다.

전주로 들어가는 길목, 비오는 날 도로는 좁고 차가 많아 불편했다.

전주시라는 이정표가 눈에 들어왔다. 전주시내로 접어든 것 같다. 전주시내 한 옥마을에 있는 숙소에 전화를 했다. 주인아주머니께서 바쁘신 모양이다. 대문 비밀번호와 방 비밀번호를 알려 주면서 들어가서 난방을 올리면 된다고 한다. 나는 들렀다가 바로 전주외국인선교사묘역에 가봐야 한다고 하니, 요금을 방에 놔두면 그 사이에 와서 가져가겠다고 한다. 참 편리하게 영업하는 주인이다.

　오후 5시경인데, 시간을 내어 전주선교사묘역에 갔다 오고 싶었다. 숙소를 나와 전주선교사묘역에 가려고 지나가는 사람에게 물었다. 전주예수병원은 잘 아는데 전주천 건너편, 중화산동에 있는 선교사묘역을 아는 사람이 별로 없는 것 같다. 물으면 대부분 천주교 성지를 알려 준다. 예수병원 쪽을 알려 주어야 하는데 엉뚱하게 반대쪽으로 알려 주어서 잠깐이나마 혼란스럽기도 했다.

　전주천변을 따라 서쪽으로 내려갔다. 서문교회를 지나 좌회전하여 다리를 건너 어렵게 묘지 입구를 찾았다. 화살표를 따라 안쪽으로 좀 더 들어가니 안내판이 있다. 소나무 한 그루가 서 있는 곳 위에 비석과 묘들이 있다. 광주에서 언급한 선교사와 그들의 자녀 묘비석도 이곳에 있다.

　전주에서의 초기 선교 시기는 사회가 다소 혼란스러웠다. 당시 동학교도들로 인하여 민심이 흉흉하고, 선교사들도 민심의 동향과 지역사정에 익숙하지 못했기 때문에 미국 공사관에서는 선교사들의 진출을 만류했다. 대신 선교사들이 나서기보다는 믿을 수 있는 한국인을 선임해 파송하기로 하고 레이놀즈 선교사의 어학 선생이면서 선교사들의 일을 적극적으로 돕고 있던 정해원을 선정하였다. 레이놀즈 선교사는 우선 자기의 선교 경비 중 일부를 정씨에게 떼어 주어 집도 구하고 여비로도 사용하도록 했다. 여행길에 타고 다닐 당나귀도 사주어 전주로 보냈다.

　전주에 도착한 정씨는 서문 밖 개천 넘어 완산 밑에 있는 변두리 마을 은송리에 터를 잡았다. 이곳은 변두리이기는 하나 성내 중심지와 가깝고 시장이 가까워 민심을 살피는 일과 장터 전도가 쉬우면서 시내가 잘 보이는 곳이었다.

1894년 1월 테이트 목사와 그 누이동생 매티 선교사가 전주에 정착할 생각으로 서울에서 은송리로 내려왔다. 그러나 자리를 잡자마자 동학혁명과 청일전쟁으로 인하여 서울로 철수하지 않으면 안 되었다. 동학혁명이 어느 정도 진정되자 1895년 3월 레이놀즈와 테이트 선교사가 육로로 다시 전주에 와서 몇 개월을 체류하면서 민심을 파악하고 주택도 더 구입하여 선교활동을 준비했다.

1897년 7월 주일에 레이놀즈 목사의 집례로 남자 2명과 여자 3명이 세례를 받았는데, 이로 인해 전주교회는 한국인 세례교인이 있는 정식 교회가 되었다. 또한 8월 1일 주일에는 레이놀즈의 집례로 교회에서 최초의 성찬예식이 거행되었다.

미국 남장로교 소속으로 목포를 거쳐 이곳 전주로 파송되어 온 매큐첸(Luther Oliver McCutchen, 1875-1960 마로덕) 선교사와 나중에 감리교 선교사로 조선에 와 그의 부인이 된 하운셀(Josephine Hounshell) 선교사도 전주로 왔다. 이로 인해 선교사들의 정착이 빨라지고, 전주지역이 다른 지역보다 복음이 빨리 확산되었다. 동학혁명과 청일전쟁으로 전주지역이 큰 피해를 입었지만 오히려 복음 전파에 좋은 계기가 되었다.

전주선교사묘역

전주에는 호남지방 선교의 초석이 된 윌리암 전킨(William McCleery

Junkin, 전위렴) 선교사를 비롯하여 1898년 전주예수병원을 세운 매티 잉골드 (Mattie, Barbara. Ingold) 여의사, 리니 데이비스 해리슨, 데이비드 랭킨(David C. Rankin, 조선에 온지 20여일 만에 사망) 등 14명의 선교사 묘비와 묘지가 있다.

들어서는 입구 왼쪽에 있는 리니 데이비스 해리슨(Linnie F. Davis) 선교사는 7인의 선발대 중 한 분이었다. 1898년 해리슨 선교사(William Butler. Harrison, 한국이름: 하위렴)와 결혼할 때까지 군산에서 부녀와 아동들을 상대로 전도했는데, 결혼 후에는 전주로 와서 예수병원에서 헌신적으로 환

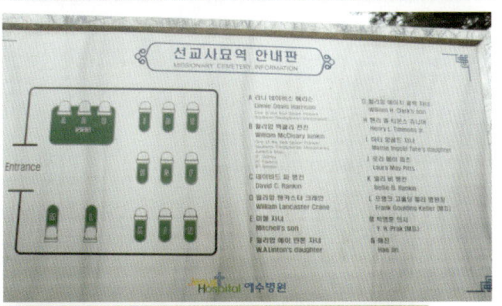

전주선교사묘역에는 12개의 묘가 있고 세 개는 비석만 있다. 내가 방문하는 날 묘역 주변을 정비하고 있었다. 병원이 사용하고 있는 주변의 옛 건물을 정비해서 역사관이나 숙소도 마련해서 머물다 갈 수 있는 편의를 제공하기를 바랐다.

자를 돌보다가 발진티푸스에 감염되어 41세의 나이로 세상을 떠났다. 그녀는 7인의 선발대 중에서 가장 먼저 조선에 왔으며, 가장 먼저 하나님의 부르심을 받았다.

'군산선교의 아버지'인 전킨 선교사와 전킨 목사의 세 자녀 시드니(Sidney), 프랜시스(Francis), 조지(George) 묘석이 그의 묘지 앞에 있다. 전

선교사묘역 안내 푯말이 보이고, 나는 그곳 나뭇가지에 리본을 매달았다.

킨은 7인의 선발대 중 한 분으로 부인 메리 레이번과 함께 한국에 와서 군산 일대에서 열정적으로 사역했다. 그는 군산선교의 개척자이며, 4년 동안(1904-1908)에 서문교회 담임목사도 역임했다. 또한 군산 영명학교를 세웠다. 부인 메리 레이번 전킨(1865-1952 한국이름: 전마리아)은 기전여학교 초대 교장을 역임했다.

전킨 목사가 1907년에 폐렴이 발병해 1908년 1월에 전주에서 사망하자, 부인은 남편의 선교를 기념하여 대형 종을 서문교회에 헌납했다. 서문교회에서는 종을 세우기 위해 종각을 세웠는데, 그 종각이 교회 앞마당에 지금까지 남아 있다. 기전여학교의 '기전'은 전킨 선교사를 기념한다는 의미라고 한다.

전주선교사묘역에는 12명의 외국인 선교사와 그 자녀, 두 명의 한국인, 모두 14명의 묘와 비석이 있다. 영어 알파벳으로 표지를 붙여서 식별해 놓았다.(호남선교 100년과 그 사역자들, 호남기독교 100년사, 전주서문교회 100년사등 문헌참고)

A번은 **리니 데이비스 해리슨**(Linnie Davis Harrison, 1862-1903) 선교사의 비석이다. 그는 미혼 여성으로 미국 남장로교 해외선교회에서 조선에 파송한 '7인의 선발대' 중 제일 먼저 조선에 도착했다. 그녀는 버지니아 주 아빙돈

(Abingdon)에서 출생하였으며, 어려서 아버지를 일찍 여의고 어머니로부터 신앙교육을 받으며 자랐다. 어머니는 과부로서 리니 데이비스를 데리고 힘든 가정 일을 감당했다. 공과대학을 졸업한 리니 데이비스는 어느 날 외국 선교에 관한 글을 읽고 감동을 받아 해외 선교사로 사역하기로 결심했다.

처음 멕시코 선교를 권유받았으나 그곳은 별 어려움이 없을 것 같다고 거절하고 한국선교를 지원했다. 데이비스가 미국을 떠날 무렵 어머니가 중병으로 위독한 상태라 출발을 주저하였지만, 그녀의 어머니는 "지체하지 말고 가거라. 그 길이 네가 갈 길인데, 한시도 지체하지 말아라" 하며 강권하여, 그녀는 떠밀리다시피 하여 한국에 왔다. 데이비스 선교사는 처녀로서 이채연이라는 한국공사관 직원 부인과 동행하여 7인의 선발대 중 가장 먼저 한국에 도착하였는데, 그날이 1892년 10월 17일이었다. 나머지 6명은 11월 3일에 도착하였다 서울에 도착한 지 9일 만에 어머니가 돌아가셨다는 소식을 들었다. 데이비스는 눈물로 하나님께 기도하였다. 한국과 미국은 너무 멀어서 어머니의 마지막 모습은 볼 수 없지만, 천국에서 어머니를 다시 만날 때는 한국의 수많은 영혼들과 함께 만나겠다고 눈물로 기도하면서, 오직 한국인을 위하여 최선을 다하는 삶을 살 것을 다짐하였다.

서울에 도착하여 알렌의 집에 머물다가 서대문선교부로 옮겨 아이들과 부인들에게 복음을 전했는데 1년 동안 1,700여 명에게 전했다고 한다. 1896년 군산선교부에 배치되어 역시 아이들과 부인들을 대상으로 전도했다. 1899년에 레이놀즈 목사의 주례로 미국 영사관에서 4년 연하의 해리슨(William Butler Harrison, 한국이름: 하위렴) 선교사와 결혼한 후 전주에서 선교활동을 했다.

그는 전주 서문지역 밖에 약국을 열어 많은 환자들을 돌보고 치료해 주었다. 더 많은 환자와 약한 자를 치료하고 싶어 미국 선교부의 지원을 얻어내어 마더 잉골드와 함께 병원을 짓게 되었다. 그 병원이 유명한 전주예수병원이다. 병원을 지은 후 본격적인 의료활동이 이루어졌다.

그러나 데이비스는 남편 해리슨과 함께 어린 환자들을 돌보는 과정에서 1903년 6월에 열병(발진티푸스)에 걸려 41세의 나이로 세상을 떠났다. 동료 선교사들은 그녀를 가리켜 "생명을 바쳐 선교한 여장부"라고 애도했다. 그녀는 조선에 파송되어 최초로 순교한 여성 선교사가 되었다. 데이비스 선교사의 희생적인 삶을 잊을 수 없었던 군산 영명고등학교 학생들은 성금을 모아 1958년 군산 선교지였던 구암리에 기념비를 세웠으나, 그곳이 개발되면서 현재의 전주선교사묘역으로 기념비만을 옮겼다.

B번은 **전킨**(William McCleery Junkin, 한국이름: 전위렴, 1865-1908) 선교사의 비석이다. 그는 미국 버지니아 주 크리스천버그(Christianburg)에서 판사의 아들로 출생하였으며, 어려서부터 웅변에 소질이 있고 신앙심이 깊었다.

그는 워싱턴 대학교와 리치몬드 유니언 신학교를 졸업했다. 한국 선교사가 되기로 결심하고 7인의 선발대로 1892년 6월 메리 레이번(Mary Leyburn, 한국이름: 전마리아, 1865-1952)과 결혼한 후 그해 11월에 남장로교 소속 선교사로 서울에 도착했다. 서울에서 한국어를 공부한 후, 미리 파송한 정해원이 자리 잡은 전주를 최초로 방문하여 호남선교의 터전을 마련했다. 전주를 돌아보던 중 장마로 물이 불어난 개울을 건너다 물에 빠졌다가 조선 사람에 의해 구조되기도 했다.

전킨은 1893년 드류 선교사와 함께 서울 서대문 밖에 진료소를 설치하고 콜레라, 장티푸스 등 유행병 방지를 위해 노력했다. 그러다가 1895년에 전킨과 드류는 군산지역을 답사했다. 1896년에 군산에 선교기지를 개설하여 부임했다. 군산은 가족들이 덥고 습한 긴 여름을 지내기가 어려웠지만 정기적으로 예배를 드리는 교인들로 인하여 용기를 얻었다.

1899년 전킨은 궁말(구암리)에 새로운 집터를 마련하고 주택을 짓고 예배를 시작했다. 이것이 구암리교회의 시작이다.

전킨은 1899년 12월 21일 군산 영명학교(현 군산제일고등학교)를 세우고 교장이 되었으며 선교뿐만 아니라 교육에도 힘썼다. 드류 의사 선교사와 더불어 전도 선박으로 군산 연해지역과 섬들을 순회하며 전도했다.

열정적으로 군산지역을 개척했던 전킨 선교사는 군산 시내에서 3km나 떨어져 있는 궁말(현 구암동)의 습지대에 살면서 잦은 풍토병으로 고생했다. 어린 세 아들(Sidney, Francis, George)을 풍토병으로 잃고 말았다. 1893년 4월 큰아들 조지(George Garnett Junkin)가 태어났으나 1년 만에 사망했고, 1899년 1월 아들 시드니(Sydney Moreland Junkin)가 태어났으나 두 달 만에 사망했다. 그리고 1903년 4월 3일 아들 프랜시스(Francis Wood Junkin)가 태어났으나 그 달 23일에 세상을 떠나는 시련을 겪었다. 전킨의 세 아들 모두는 처음에 군산에 묻혔다. 조지와 시드니는 1900년 4월 서울로 이장되었으며, 전주선교사묘역에는 그들의 묘비만 남아 있다.

전킨은 1904년 전주로 선교지를 옮긴 후에 서문교회를 크게 신축했으며, 6개 교회를 더 설립했다. 포사이드 선교사와 함께 고아원을 지어 선교사업의 폭을 넓히기도 하였다. 동료들의 만류에도 불구하고 자신의 몸을 돌보지 않으면서 선교에 열정을 쏟다가 1907년 12월에 폐렴으로 몸져눕게 되었고, 병세가 악화되어 이듬해 1월 결국 43세에 별세했다.

그는 16년 동안의 헌신적인 활동으로 호남선교에 위대한 업적을 남겼다. 그는 선교 중에 겪은 경험을 다음과 같이 술회했다. "나는 말에서 떨어져 갈비뼈가 부러졌고, 그로 인해 세 번의 편도선염을 겪었다. 편도선 제거수술을 하는데 마취가 충분히 되지 않아 수술은 너무 힘들었다. 내 어린것은 집에서 의사도 없이 태어나 며칠 후 폐렴으로 죽었다."

그러나 그는 "선교사의 삶은 사랑이 넘치는 삶이며 행복이 넘치는 삶이다"(A life as a missionary is a full life of love and happiness)라는 가슴 따뜻한 어록을 남겼다. 훗날 전주선교부는 "전킨의 공적을 기리고 기념한다"는 뜻으로 기전여자중학교, 기전여자고등학교, 기전여자대학을 전주에 세우게 되었다.

그러나 이곳에는 리니 데이비스처럼 묘가 없고 비석만 남아 있다. 비석 뒤에 "1954년 8월 20일 영명중고등학교 동창회가 세우다"라고 기록되어 있는 것으로 보아 이미 군산에 세워져 있던 것을 그곳 구암동이 재개발되자, 전주예수병원에 있는 선교사들이 비석만 전주로 옮긴 것으로 여겨진다.

한편, 그의 부인 메리 레이번(Mary Leyburn Junkin, 한국이름: 전마리아, 1865-1892)도 어려서부터 좋은 신앙훈련을 받으며 성장했다. 그녀는 전킨 목사와 결혼하기 전까지는 교육 사업에 종사했다. 그녀는 기전여학교 초대 교장을 역임했다.

남편이 사망하자, 메리 레이번 전킨은 남편의 선교를 기념하여 대형 종을 미국으로부터 가져와 서문교회에 헌납했다. 한국 선교 중 세 아들을 잃고, 얼마 안 있어 남편까지 잃게 된 그녀는 귀국하여 1952년에 87세의 수를 누리고 하나님의 부르심을 받았다.

C번은 **데이비드 랭킨**(David C. Rankin, 1847-1902) 선교사의 비석이다. 그는 미국에서 언더우드와 윤치호가 남장로교 학생들에게 선교에 대한 동기를 불러일으키고 있을 때, 미국 남장로교 해외선교부 실행위원회 부총무로 언더우드 선교사와 윤치호를 도와주던 자였다. 그는 1902년 아시아 선교현장을 둘러보기 위해 중국과 일본을 거쳐 평양에 갔다가 폐렴에 걸려 3주만에 55세에 사망하여 평양선교사묘지에 묻혔다.

그곳에 일본 군대가 주둔하게 되어 묘를 군산으로 옮기게 되었는데, 그가 조선에 대한 선교 비전과 동기를 준 분이기에 군산에 있던 전킨이 화장하고 그 묘비만을 구암동산으로 옮겼다. 그 후 구암동이 개발되어 묘비가 다시 전주선교사묘역으로 이전되었다.

D번은 **윌리엄 랭카스터 크레인**(William Lancaster Crane, 1963-1966)의 묘다. 윌리엄 랭카스터 크레인은 전주예수병원장(7, 9, 11대)으로 22년간 봉사했고, 한국 의학계의 탁월한 지도자로서 암 치료와 기생충 근절에 공헌한 의료선교사 폴 크레인(Paul Shields Crane, 한국이름: 구바울, 1919-2005)의 아들이다. 세 살 때 사망하여 이곳에 묻혔다.

폴 크레인은 1947년 한국에 와서 일제 치하에서 폐쇄되었던 전주예수병원을 1948년 4월 1일 재개원하고, 한국 최초로 수련의 제도를 도입한 의사다. 1964년 9세 여아의 몸속에서 천여 마리의 회충이 나온 수술에 충격을 받아 전국적인 기생충 박멸운동에 앞장서기도 하였다.

윌리엄 랭카스터 크레인의 할아버지, 즉 폴 크레인의 아버지가 존 크레인(John Curtis Crane, 한국이름: 구례인) 목사다. 그는 미국 남장로교 선교부 소속으로 1913년에 내한하여 순천과 평양에서 신학교 교수 등으로 1956년까지 활동했다. 존 크레인의 부인 플로렌스(Florence Hedleston Crane)는 미술 예능 교사로 《한국의 꽃과 민간전승》이란 책을 지어 한국학 연구에 도움을 주었다.

존 크레인의 누이인 자네트(Janet Crane, 한국이름: 구자례, 1885-1979) 선교사는 전주기전학교 음악교사로 20년간 봉직했다.

존 크레인의 남동생 폴 크레인(Paul Sackett Crane, 한국이름; 구보라) 선교사는 1916년 내한하여 순천에서 활동하다가 1919년 3·1 운동 후 제암리 사건이 일어났을 때, 유진 벨 선교사와 그 부인 마가렛 벨 선교사와 함께 그 사건의 진상을 조사하고 되돌아오다가 수원 인근 병점 건널목에서 열차와 충돌하여 순교했다. 이때 유진 벨 선교사의 부인 마가렛 벨 선교사도 함께 순교한다. 두 선교사의 무덤이 광주 양림동에 있다.

존 크레인 목사는 순천에서 생후 7개월 만에 딸 엘리자베스 크레인을, 또 생후 4개월 만에 아들 존 크레인 2세를 잃는 비운을 맞기도 하였는데, 순천에서 풍토병으로 사망한 이 두 자녀는 광주양림동선교사묘원에 안장되어 있다.

E번은 이름이 알려지지 않은 어린아이의 묘이다.

F번은 **윌리엄 린튼의 딸(1930-1930)**의 묘이다.

윌리엄 린튼(William A. Linton, 1891-1960)은 호남선교의 아버지 유진 벨 선교사의 사위다. 유진 벨 선교사의 딸 샤롯 벨과 결혼한 윌리엄 린튼은 교육 사업에 주력하여 전주 기전여학교와 신흥학교의 교장을 역임했다. 당시 미국의 남장로교는 교육과 의료사역에 중점을 두었고 선교지 내정 간섭이나 문화 충돌을 적극 피한다는 원칙을 가지고 있었으나 일제가 강요한 신사참배에는 철저하게 반대하였다.

1937년 윌리엄 린튼은 신사참배를 거부하여 강제 출국을 당하였고, 그가 교장으로 재직하였던 전주 신흥고를 비롯하여 미국 남장로교가 세운 학교들은 모두 폐교 조치를 당하였다.

해방이 되어 다시 한국을 찾은 윌리엄 린튼은 '한국사회에 필요한 것은 젊은 지도자 양성'이라고 생각하고, 1956년에 현 한남대학교의 전신인 대전대학을 설립하였다. 대전대학교 외에도 윌리엄 린튼 목사 부부는 40여 년의 사역 기간 동안 군산, 전주, 목포, 광주, 대전 등에 여러 학교를 세웠다. 그의 딸이 이곳에 묻혔다.

G번은 **윌리엄 에이치 클라크**(William H. Clark, 1912-1914)의 묘이다. 남장로교 선교사로 내한하여 전주를 비롯하여 후에는 서울에서 활동한 클라크(William Monroe Clark, 한국 이름: 강운림, 1881-1940) 선교사의 아들이다. 클라크 선교사는 1907년 프린스턴 신학교를 졸업하고 1909년 8월 28일 남장로교회 선교사로 전주에 부임하였다. 그는 1923년 조선예수교서회(현 대한기독교서회) 이사로 발령받아 서울로 가기 전까지 14년 동안 무주, 장수, 진안지역에서 활동하였다.

H번은 **헨리 엘 티몬스 주니어**(Henry Loyala, Timmons, Jr, 1911-1913)의 묘이다. 1912년 남장로교 선교사로 부인과 함께 내한하여 예수병원 5대 병원장을 역임한 헨리 엘 티몬스(Henry L. Timmons, 김로라, 1878-1975)의 아들로, 태어난 지 22개월 만에 발육 정지 증세를 보이다가 원인을 알 수 없는 병으로 사망했다.

I번은 **매티 잉골드 테이트**(Mattie Ingold Tate), 곧 매티 잉골드의 딸의 묘이다. 어머니인 매티 잉골드(Mattie Barbara Ingold Martha Tate, 1867-1962) 선교사는 1867년 노스캐롤라이나 주 스테이트빌에서 출생하여 윈트롭(Winthrop) 대학을 졸업하였다. 그녀는 의료선교사가 되기를 결심하고 볼티모어 여자의과대학에 입학하여 수석으로 졸업했다. 잉골드는 의과대학 최종 시험과 의학 이론과 실기에서 두각을 나타냈고, 졸업 때 두 개의 금메달을 획득하여 이 대학에서 전무후무한 기록을 남겼다고 한다.

여의사 잉골드는 28세에 남장로교 선교사로 한국에 와서 서울에서 선교 준비를 하고 1897년 전주선교부에서 의료선교를 시작했다. 잉골드는 테이트 목사의 여동생인 매티 의료선교사, 의료선교사 드류의 부인 등의 안내를 받으며 동학혁명 직후 한참 혼란스럽던 1897년에 전주로 왔다.

전주에 도착한 그녀는 1898년 11월 3일에 진료를 시작했는데 이것이 전주예수병원의 시초가 되었다. 그녀는 "내가 거저 받았으니 거저 줄 수 있게 하소서"라는 사랑과 겸손의 정신으로 의료봉사를 했다.

잉골드는 은송리 자신의 집에서 여자 환자만 돌보던 중 한번은 이런 일이 있었다. 전주에 유명한 점쟁이 할머니가 독종으로 고생하고 있었다. 여기저기 큰 무당들을 불러 굿을 해도 아무런 효험이 없었는데, 잉골드가 치료하여 병을 고쳐 주었다. 그 소문이 곧 성 안팎으로 퍼져 잉골드는 갑자기 유명해지고 여기저기서 환자들이 몰려들었다고 한다. 잉골드는 때때로 군산을 비롯하여 김제의 송지동교회, 익산의 남전교회, 옥구의 지경교회까지 진료하였는데 1903년 한 해 동안 1천여 명의 환자를 보았다고 한다.

당시 잉골드는 종기 고름 제거, 결핵성 농양 배농, 백내장 수술, 화상치료, 위생 분만과 잔류 태반 제거, 이질과 설사 치료 등 여성들의 여러 병을 치료해 주었다. 1902년 새 진료소를 만들어 진료를 계속했고, 1905년 선교사 테이트(Lewis Boyd Tate, 최의덕)와 결혼하였다. 남편 테이트 목사는 그녀가 처음 한국에 왔을 때 영접하러 인천 부두에 나온 청년이었는데, 이후 7년간 열애 끝에 부부가 되었다.

잉골드는 결혼 후, 남편과 함께 호남지방의 여러 지역을 순회 여행한 후 전주에 정착하였는데, 진료는 접고 남편의 전도사업을 지원하면서 선교사역에 전념하였다. 잉골드는 과로로 점점 더 건강이 나빠졌고, 남편의 일을 돕던 중 1910년 43세라는 늦은 나이에 딸아이를 낳았다. 그런데 산모의 몸이 허약한 데다 적지 않은 나이의 출산이었기에 사산하고 말았다. 그 딸의 묘가 전주선교사묘역에 있다. 1925년 잉골드 부부는 28년간의 한국생활을 마감하고 귀국하여 미국에서 생을 마쳤다.

J번은 **로라 메이 피츠**(Laura May Pitts, 1879-1911) 선교사의 묘이다. 로라 피츠는 미국 노스캐롤라이나 주 콩코드(Concord) 출신 간호사다. 미국의 여러 도시에서 11년간 전문 간호사로 봉직하다가, 1910년 8월 다니엘 의사(예수병원 3내 원장)와 함께 한국에서 봉사하기 위해 전주예수병원에 왔다. 경험

많은 그녀는 한국에 와서 아픈 모든 선교사들을 정성으로 간호했다.

1911년 2월 13일 말을 타고 광주를 방문하러 가던 중 정읍 천원리에서 잠을 자다가 갑자기 사망했다. 한국에 온 지 6개월 만이었다. "그리스도의 사랑이 나를 강권하는도다"라고 묘비에 새겨져 있다.

K번은 넬리 랭킨(Cornelia Beckwith Rankin, 한국이름: 나은희, 애칭: Nellie, 1879-1911) 선교사의 묘다. 그녀는 교육선교사로 헌신하다가 이 땅에 묻힌 처녀선교사이다.

그녀는 1879년 12월 25일 미국 조지아 주 서배너(Savannah)에서 장로의 딸로 출생하여 대학을 졸업한 후, 부모의 반대에도 불구하고 한국 선교사로 지원하여 호놀룰루와 고베를 경유하여 1907년 2월 13일 한국에 왔다. 기전여학교 2대 교장을 역임하는 등 전주에서 여성교육에 힘쓴 선교사이다.

한편 그는 전주 서문교회에서 소녀주일학교를 개설하고 어린이를 위한 복음 전도에 힘썼다.

그는 한국을 지극히 사랑한 선교사로, 한국이 일본에 합병되는 것을 매우 슬퍼했고, 일본이 취한 방법에 대하여 매우 비판적이었다고 한다.

시골 부인들을 대상으로 전도하는 중에 맹장염에 걸려 수술을 했으나 수술 후 합병증으로 1911년 8월, 32세의 젊은 나이에 사망했다. 묘비에 "저가 죽었으나 그 믿음으로써 오히려 말하느니라"는 구절이 새겨져 있다. 그는 운명하기 전 "내가 한국에서 일하면서 가졌던 즐거움을 생각하면 내 목숨을 기꺼이 몇 번이고 바치겠다"(I would give my life many times for the sake of the joy have had in the work here)라는 말을 남겼다.

L번은 **프랭크 고울딩 켈러**(Frank Goulding Keller, 1912-1967) 선교사의 묘이다. 그는 워싱턴 대학교 의학부 출신으로 1955년에 남장로교 선교부 의료선교사로 내한하여 12년간 예수병원 소아과장, 부원장, 병원장(8-10대)으로 헌신하였다. 그는 전주에 온 그 이듬해 봄에 예수병원 간호사 자넷 탈마지와 결혼하여 함께 의료활동을 하였다.

1967년 1월 3일 오후, 집 뒤 언덕길을 산책하던 중 갑자기 쓰러져 병원으로 옮겨졌고, 크레인 박사 등이 심폐소생술을 시도했으나 소생되지 못하고 55세로 생을 마쳐 선교사묘역에 안장되었다.

그의 삶은 꾸밈없이 소박하고 자제력이 있었으며, 신속과 간결을 신조로 삼았고, 모든 약속시간과 장소에 먼저 나오는 데 대한 자부심을 가지고 있었다고 한다.

M번은 한국전쟁 때 북한에서 피난 내려와 예수병원 신경외과 과장을 역임한 **박영훈**(1917-1972) 장로의 묘이다. "위의 것을 생각하고 땅의 것을 생각지 말라"는 말씀이 새겨져 있다.

마지막으로 **N번은** 풀타 목사가 돌본 해진이라는 고아의 묘이다.

자기 자식이 죽으면 가슴에 묻는다고 했는데 잉골드, 클라크, 린튼, 티모스, 크레인 등 5명의 선교사들의 자녀들은 열악한 환경으로 인해 태어나자마자, 또는 얼마 안 되어 어린 나이에 생을 마쳤으니 그들 부모의 마음이 얼마나 아팠으랴. 선교사들의 묘지를 둘러보며, 그들이 그런 가운데서도 포기하지 않고 복음 전파를 위해 사랑과 희생을 바탕으로 척박한 땅을 일구어 나간 강력한 영혼의 힘, 한국 사랑의 메시지, 그리고 그들의 헌신적인 삶이 안일하게 나날을 보내는 나의 가슴을 찡하게 울렸다.

선교사묘역은 한눈에 보아도 관리가 허술하여 안타까웠다. 선교사들이 사용하던 숙소는 현재 병원 환자를 위한 보조시설로 사용하고 있다.

그 외 전주지역을 중심으로 활동하다가 본국으로 돌아간 선교사들도 많다.

루이스 테이트(Lewis Boyd Tate, 한국이름: 최의덕, 1862-1929) 선교사는 미주리(Missouri) 주 캘러웨이(Callaway) 오보스(Obos)에서 출생하고, 본래 웨스트민스터 대학에서 의학을 전공하던 중 졸업을 불과 1년 앞두고 복음 전파에 헌신하기로 결심하고, 26세에 시카고의 맥코믹 신학교에 입학하여 29세에 졸업했다.

1891년 내슈빌에서 열린 세계선교연합회에서 언더우드의 선교 강연을 듣고 여동생 매티와 함께 7인의 선발대로 미국 남장로교 조선선교사로 내한했다. 그는 1893년 여동생과 함께 전주로 내려와 호남선교 개척의 선발대가 되었다.

그의 전주 방문이 처음에는 오래가지 못했다. 1894년 동학혁명으로 인해 사회가 불안하자 미국 공사관에서 돌아오라는 권고의 전문을 보냈다. 그래서 그 소식을 받고 서울로 왔다.

그 후 매티 잉골드와 결혼하고 전주를 중심으로 익산, 정읍, 금구, 태인, 고부, 흥덕, 부안 등의 각 지방을 돌아다니며 꾸준히 선교활동을 했다. 그의 전도로 78개의 교회가 설립되었으며, 세례를 베푼 교인의 수가 1,500명에 이르렀다. 또한 21명의 장로와 5인의 목사를 세웠다. 특히 회무처리에 능해 연합회 사업에 헌신적으로 일했다. 1925년 심장병이 악화되어 한국선교 33년간의 사역을 마치고 귀국했다. 1929년 67세로 별세했다.

매티 테이트(Samuel Mattie Tate, 한국이름: 최마태, 1864-1940) 선교사는 테이트 목사의 여동생으로 오빠로부터 감화를 받아 선교에 뜻을 두고 미혼의 몸으로 오빠와 함께 내한하여 선교사가 되었다. 그녀는 7인의 선발대 중에서 여성으로 서울에 도착해 1년 4개월 동안 한국어를 배웠으며 한국어에 능통했다.

그는 서울에서 한국어를 배우면서 부녀자들을 상대로 전도했으며, 1894년 2월 가마와 말을 타고 육로로 전주에 내려왔다.

서양여성으로는 최초로 전주에 온 사람이었기 때문에 사람들로부터 많은 호기심의 대상이 되었다. 그를 보기 위해 하루에 400-500명이 모였다고 한다. 사람들은 창호지 문으로 되어 있는 방에 손가락으로 구멍을 뚫어 밤낮으로 들여다보곤 하였기 때문에 그녀에게는 사생활이 없을 정도였다고 한다. 그 후 동학혁명으로 일시적으로 전주를 떠났다.

1895년 다시 전주로 내려와 교육에 힘쓰며 1898년 교회 안에 여학교와 주일학교를 세우고, 성경학교를 세워 성경교육에 힘을 썼다. 그리고 1900년 여자청년학교를 시작했다. 또한 1900년 4월에 6명의 여자아이들을 모아 가르치기 시작한 것이 기전학교의 시작이라고 알려져 있다. 1907년 그녀가 시작했던 학교를 교육담당 여선교사 랭킨(N. Rankin)에게 맡겼다.

평생을 독신으로 지내며 오로지 한국 여성을 중심으로 44년간 전도사업에 헌신하던 그녀는 1935년 은퇴하여 귀국하고 1940년에 77세로 하나님의 부르심을 받았다.

레이놀즈(William Davis Reynolds. 한국이름: 이눌서, 1867-1951) 선교사는 버지니아 노포크에서 판사의 아들로 태어났다. 햄턴 시드니 대학 재학 중에 해외 선교사를 꿈꾸었고, 라틴어, 그리스어, 불어, 독일어 등에 능통했다. 또한 여러 스포츠에도 능했으며, 대학을 최우수 성적으로 졸업했다. 그 후 유니언 신학교에서 수학하고 미국 남장로교 소속 의료선교사로 한국선교를 자원했다.

함께 7인의 선발대로 선교에 뜻을 같이한 볼링(Pasty Bolling)을 만나 결혼하고 1892년 한국에 선교사로 함께 왔다. 레이놀즈는 조선선교를 위해 미국의 교계 지도자들을 설득할 정도로 열정적이었다. 대부분의 선교사들과 마찬가지로 한양에 도착한 이들 부부는 열악한 주방 시설, 익숙하지 않은 먹거리로 고통을 겪었으나 한국어를 빨리 익히기 위해 순회여행을 시작했다.

선교지는 호남지방을 배정받았다. 1892년 말에는 북장로교 선교사인 마펫과 함께 호남 선교를 위해 조랑말을 타고 충남 공주지방을 답사했다. 1893년 미국 남·북장로교선교부 선교사공의회를 조직하고 초대 의장에 당선되어 선교사공의회를 이끌어 나갔다. 공회는 두 가지 중대한 선교정책을 수립했는데 첫째는 선교구역의 예양협정(禮讓協定)이었다. 이는 각 선교회가 선교의 중복과 지역의 이중 점거에서 오는 불필요한 경쟁을 피하자는 것이었다. 둘째로는 소위 네비우스 방법을 근간으로 하여 전도 대상을 상류층보다는 서민층 부녀자들과 청소년층에 두는 동시에, 성경을 비롯한 모든 문서사업을 순 한글로 한다는 것이었다.

1894년 3월 의료 선교사인 드류(A. Damer Drew) 선교사와 함께 배를 타고 인천을 떠나 전라도의 관문인 군산에 도착했다. 그들은 선교를 위해 말을 타고 육로로 임피, 전주, 김제, 영광, 함평, 무안, 목포, 순천 등 여러 지방을 순방하며 전도했다.

레이놀즈는 미국 남·북 장로교 선교부 선교사공의회의 초대 의장으로 지혜로운 회무 처리와 인도로 모든 선교사들에게 감명을 주었다. 1907년에 조직된 독노회의 마지막 회기인 1911년의 제5회 독노회 정기회에서 회장에 피선되어 총회 조직의 준비를 담당했다.

레이놀즈는 1895년 성경번역위원회가 전교파적으로 조직되었을 때 남장로교 선교부 대표로 번역위원이 되고(1895-1937), 실무를 담당하여 성경을 한글로 번역하는 일에 몰두하였다. 성경을 번역하는 과정에서 레이놀즈와 언더우드, 게일은 자주 만나 토론과 수정 과정을 거친 후에 1900년에 최초의 공인역본 신약전서를 출간하였는데, 특히 레이놀즈는 신약성경 완역의 중심인물로 활동했다. 그리고 1910년에는 전주서문교회에서 구약성경을 완역하는 데 거의 독보적인 역할을 했다.

그는 1937년에 은퇴하고 귀국했는데, 한국을 떠나기 바로 직전까지 신구약성경 개정판을 내는 데 중추적인 역할을 감당했다.

1900년 전주에 신흥학교를 설립했고, 1917년에는 평양신학교 교수를 역임했다. 레이놀즈 목사는 선교사이자 신학자이며, 또 어학자이고 성경번역가이자 교정지도자로 그 업적이 다양하다. 호남선교를 위해 남긴 업적은 타의 추종이 불가하며 한국 초기 교회사에 남긴 공헌도 크다.

레이놀즈 부부는 일제 강점기에 45년간 한국 선교사역을 마치고 1937년 은퇴하고 미국으로 돌아가 1951년에 84세로 하나님의 부르심을 받아 노스캐롤라이나 주 몬트리트에 안장되었다.

양화진 묘역에는 한국에서 태어난 그의 두 아들이 묻혀 있는데, 첫째 아이는 1893년에 태어나자마자 열흘 만에 세상을 떠난 첫아들 윌리엄 데이비스이고, 둘째는 순천(매산학교), 광주(숭일학교), 전주(신흥학교) 등지에서 남장로교 교육선교사로 활동하고 1970년 미국에서 작고한 존 볼링 레이놀즈(John Bolling Raynolds, 한국이름: 이보린, 1894-1970) 선교사다.

둘째 아들인 존 볼링 레이놀즈는 1894년 서울에서 출생하여 미국 햄턴 시드니 대학에서 공부한 뒤 1920년 남장로교 소속 선교사로 광주, 순천, 전주에서 활동했다. 1930년 귀국해서 뉴욕 시립대학교 교수로 활동하였으며, 1970년 테네시에서 75세에 별세했다. 당시 부인이 연로하여 한국에 올 수 없어서 그의 유해를 화장하여 소포로 한국에 보냈는데, 우체국 검열 결과 '화공약품'으로 분류되어 유골이 흩어지는 소동이 벌어졌다는 에피소드가 있다. 외롭게 도착한 유해는 원일한(언더우드 3세) 박사 부부 등 몇 사람이 참석한 가운데 하관식이 거행되어 양화진에 묻혔다. 태어나자마자 얼마 되지 않아 죽은 형 윌리엄 데이비스와 함께 형제가 양화진에 묻히게 된 것이다.

레이놀즈 목사의 부인인 **팻시 볼링**(Patsy Bolling Reynolds, 1868-1962) 선교사는 버지니아 주 아멜리아 카운티에서 출생했다. 어릴 때부터 독실한 크리스천으로 선교에 열성적인 어머니의 지도를 받으며 자랐다. 그는 학업을 마치고 교사로 재직하던 중, 레이놀즈를 만나 1892년에 결혼하고 남편과 함께 한국선교사로 와서 내조했다. 남편이 45년간 서울, 전주, 평양 등지를 순회하는 동안 옆에서 도우며 한국선교에 힘을 기울였다. 1937년에 남편이 은퇴하자, 함께 미국으로 귀국하여 1962년에 94세로 하나님의 부르심을 받았다.

존 볼링 레이놀즈의 묘비석. 윌리암 레이놀즈의 둘째 아들로 호남지역에서 선교하다 미국에서 사망했다. 그의 유해는 부인에 의해 한국으로 보내졌다. 양화진에 안장되었었다.

전주서문교회

앞으로 4일 동안 계속해서 더 비가 온다고 예보되었다. 하지만 비가 주로 밤에 많이 와서 다행이다. 어젯밤에 전주에도 소나기가 쏟아졌다. 올 봄 내내 가뭄이 계속되었기 때문에 농민들은 비가 더 많이 내리기를 기다리고 있다.

오늘 아침 날씨는 나쁘지 않다. 시내를 관통하는 하천을 따라 내려가다 재래시장을 만났다. 금방 만든 시루떡에서 김이 모락모락 난다. 한 조각을 사서 먹었다. 이것이 아침인 셈이다.

전주천 양쪽에 산책로와 자전거 길이 나 있고 하천을 따라 더 내려가니 어제 들른 선교사 묘지가 멀리 동산 위에 보인다. 묘지 주변 정리가 잘되어 있지 않고 편의시설도 없어 쓸쓸했던 것이 마음에 걸린다. 허술하게 관리해 온 무덤을 바라보는 나 같은 순례객의 마음을 쓸쓸하게 만든다. 부끄럽게도 일부는 비석만 덩그런히 서 있다. 우리가 너무 소홀히 하는 것은 아닌지 죄송한 마음이 든다.

하천을 따라 조금 내려가 전주서문교회에 이르렀다. 이른 아침이라 교회 문이 잠겨 있어 안으로 들어갈 수 없다.

교회 앞에 미국 선교사의 교회 설립에 대한 안내문이 있다. 전주서문교회는 1893년 미국 남장로교에서 세운 호남지역 최초의 교회다. 1893년 정해원 씨가 은송리에 초가집 하나를 마련하여 예배를 드리기 시작한 이후 120여 년의 역사를 자랑하고 있다.

1993년 100주년을 맞아 건축한 아름다운 예배당이 우뚝 서 있다. 앞마당에는 고풍스러운 종각이 서 있다. 이 교회의 담임목사였던 전킨 목사가 과로로 1908년에 세상을 떠나자 그의 부인인 메리 레이번이 남편의 한국선교를 기념하기 위해 미국에서 종을 구입해 헌납했다고 한다. 이 종은 커다란 기선에 실려 태평양을 건너 인천에 도착하였으며, 인천에서 다시 범선으로 서해 만경강 포구를 거슬러 올

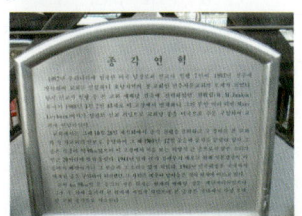

전주지역 선교 중 숨진 남편 전킨의 선교를 기념하기 위해 그의 부인이 기증했다. 그러나 일제는 태평양 전쟁 때 그 종을 수탈해 갔으며, 지금은 한 시골교회의 종을 구해 전시하고 있었다.

라와 전주에서 서쪽으로 40리 길에 있는 김제 회포면 쌍강포에서 육지로 올려 쇠달구지에 실려 서문교회에 도착하였다고 한다.

이 종을 매달기 위해 세워진 종탑이 남아 있다. 종각에 매달린 서양식 종은 예배 시간을 알려 주며 종소리가 전주에 울려 퍼졌다. 맑고 웅장한 종소리에 원근 각처의 교인들은 발걸음을 재촉하여 와서 예배를 드렸으며, 시계가 없던 시절 교인뿐만 아니라 지역 주민들에게도 시간을 알려 주는 역할을 했다. 그러나 1944년 일제는 이 종을 전쟁무기 제조를 위해 수탈해 갔다. 그래서 해방 후 다시 국내의 다른 종을 구해서 종각 위에 설치해 놓았다.

100주년 기념관도 잠겨서 들어갈 수 없어 아쉬웠다.

오늘은 한 구간을 건너뛰어 삼례를 거쳐 익산까지 가야 하므로 더 지체할 수 없다. 교회를 나와 하천을 따라 걷는데 건너편에 있는 선교사 묘역과 예수병원, 기전여학교 등이 다시 한눈에 들어온다.

걷는 것이 점점 힘들어진다. 많이 힘들다. 자꾸만 앉거나 눕고 싶어진다. 무릎에는 아무 문제가 없으나 이제 허리가 아프다. 여전히 무거운 배낭 때문인 것 같다.

가다가 벤치가 있어 잠시 누웠다. 누우니 허리가 펴지는 듯하며 시원하다. 꽤나 오랫동안 누워서 맑은 하늘과 뭉게구름을 쳐다보았다. 군용 헬기가 요란한 소리를 내며 낮게 머리 위로 지나간다.

> 나는 많이 지쳐있었다. 한낮에 의자에 누워 잠시 쉬어가기로 했다. 하천에는 물오리들이 한가로이 놀고 있다. 벚꽃도 만개했다.

　냇가에는 오리들이 한가롭게 물놀이를 즐긴다. 예정대로라면 삼례에서 하루 숙박하고 임피면으로 가기로 되어 있으나 건너뛰어 익산으로 가게 되어 오늘은 갈 길이 멀다.

　일어서고 싶지 않은 몸을 일으켜 다시 걷기 시작했다. 멀리 삼례가 보이고 긴 만경강 다리를 건넜다. 삼례에서 점심을 먹고 익산으로 가는 옛 농로를 택하였다. 오늘 하루 전주에서 익산까지 걷는 길이는 대략 30km가 좀 넘는다.

　익산 터미널 주변에 유일한 비즈니스호텔 하나가 있다. 여느 도시마다 그렇듯 터미널 주변으로는 러브호텔이 즐비하다. 이 일대도 예외는 아니다. 순례 계획을 세울 때부터 러브호텔은 피해 숙소를 정했다. 이곳은 터미널 근처라 시끄럽다. 밤엔 세찬 바람이 불고 요란하게 천둥번개가 쳤다.

군산 아펜젤러 기념관에서

밤늦게까지 천둥번개가 치더니 아침에도 세찬 바람이 분다. 온도도 조금 떨어진 것 같다. 호텔에서 제공하는 아침을 먹었다. 메뉴는 빵과 계란, 그리고 치즈와 과일이 전부다. 뜨겁고 진한 커피를 천천히 마셨다.

오늘은 군산으로 가는 날이다. 처음 계획에는 군산 코스가 누락되어 있었으나, 군산은 서울에서 선교사들이 배를 타고 전주로 오는 길목이었고, 많은 선교사들이 군산을 중심으로 선교활동을 했기 때문에 이곳을 택하였다. 또한 아펜젤러가 군산 앞바다에서 순직하였기에 그곳엔 아펜젤러 순교기념관이 있다. 그래서 나는 일정에 없는 이 기념관에 꼭 가보고 싶은 마음에 진로를 바꾸었다.

시외버스를 이용하여 군산으로 가고자 익산 버스 터미널로 가서 군산행 버스에 몸을 실었다. 군산 시외버스 터미널에 도착하여 주변 사람들에게 아펜젤러 기념관이 있는 곳을 물어 보았다. 수소문하여 내초도동(새만금방조제 공사로 매립하여 섬이 육지로 되

계획했던 행선지를 변경하여 아펜젤러 기념관을 찾아왔다. 성경번역위원회에 참석하기 위해 목포로 가던 중 군산 앞바다에서 그가 탄 배가 충돌하여 순교했다. 초도에 그의 기념관을 세웠다.

면서 군산시에 편입되었음)에 아펜젤러 기념관이 있다는 것을 알게 되었다. 그곳은 군산 시외버스 터미널에서 남쪽으로 15km 정도 떨어진 거리에 있었다.

나는 다시 시내버스 정류장에서 1시간 정도 기다려 아펜젤러 기념관으로 가는 버스를 탔다. 가는 데 50여 분 정도 걸렸는데, 내려서 버스 운전기사가 알려 준 방향으로 10여 분 걸어가 마침내 아펜젤러 기념관을 찾았다.

아펜젤러

아펜젤러(Henry Gerhard Appenzeller, 1858-1902) 선교사는 미국 펜실베이니아 주 서더튼에서 태어났다. 개인적 인 기도나 회심보다는 공동체성을 강조한 독일어를 사용하는 스위스계 *메노나이트였던 어머니의 영향을 받았다. 또한 그는 개혁교회의 전통을 지키고 경건한 삶을 살도록 교육받았다.

1878년 랭커스터의 플랭크린 마샬((Franklin & Marshal) 대학에 입학해서, 1882년에 졸업하고 그 후 1882년 뉴저지 주의 감리교단 드류 신학교에 진학했으며, 1883년 10월 코네티컷 주 하트퍼드 신학교에서 열린 신학생선교연합에 학교 대표로 참가하여 언더우드를 만났다. 선교사를 희망했던 아펜젤러는 일본으로, 언더우드는 인도로 갈 생각이었다. 그의 친구인 워즈워드가 '조선'으로 가고자 했는데 그 뜻이 이루어지지 않게 되자, 워즈워드(Wardsworth) 대신 선교지를 바꿔 일본에서 조선으로 오게 되었다.

한국으로 가는 것이 확정될 무렵, 1884년 12월 17일에 랭커스터의 제일감리교회에서 엘라 닷지(Ella J. Dadge)와 결혼식을 치렀다. 결혼과 동시에 미국 감리교 선교사로 임명되어 조선을 향해 떠났다.

그는 샌프란시스코에서 일본행 배를 기다릴 때 파울러 감독에게 안수를 받을 정도로 열정적이었다. 1884년 같은 감리교 선교사인 스크랜튼(William B. Scranton, 1856-1922) 부부와 함께 태평양을 건너 일본에 도착하고, 다시 조선으로 가는 배에서 미국 북장로교 소속 선교사 언더우드와 함께 1885년 4월 5일 부활절에 제물포로 들어왔다. 부활절 아침이라는 사실은 아펜젤러에게도 특별한 감동이었다.

그날 그는 이렇게 기도했다.

"오 하나님, 우리는 부활절 아침에 여기 도착했습니다. 이 아침에 사망의 쇠사슬을 부수고 부활하신 주님께서 이 나라의 백성들이 얽매어 있는 쇠사슬을 끊으시고 그들에게 하나님의 자녀로서의 광명과 자유를 얻게 하여 주소서."

이렇게 간절히 기도했지만 아펜젤러 부부는 잠시 일본으로 돌아가야 했다. 감리교의 아펜젤러와 장로교의 언더우드, 이 두 선교사가 함께 조선 땅을 밟았지만, 언더우드는 입국이 허용되고 아펜젤러 부부는 거절당한 것이다. 이들이 도착하기 4개월 전, 조선에 갑신정변(1884)이 일어났다. 이 정변으로 정국이 불안하고 더욱이 선교의 자유가 아직 보장되지 않은 상황에서 임신한 부인까지 데리고 와 낯선 땅에서 선교한다는 것은 매우 위험하다는 한국 주재 미국 공사관의 판단으로 아펜젤러의 서울 입성이 거절당했다.

그리하여 아펜젤러는 서울에 들어오지 못하고 다시 일본으로 건너가지 않으면 안 되었다. 그는 일본에서 잠시 머물다가 6월 20일에 헤론 부부와 스크랜튼 박사의 가족과 함께 다시 인천으로 돌아와 7월에 서울에 입성하게 되었다.

아펜젤러가 조선에 와서 우선한 일은 교육사업이었다. 조선시대에 개화의 눈이 떠 가고 있을 때, 아펜젤러는 조선 사람에게 교육자로서 다가왔다. 1885년 배재학당을 창설하여 조선의 젊은이들을 모아 가르쳤다. 이 학교는 우리나라 역사상 최초의 근대교육기관이 되었다. '배재'(培材, 인재를 길러내는 학문의 요람이라는 뜻)라는 이름은 1887년 고종 황제가 직접 지어준 것이며, 이 학교의 교훈을 "크게 되고자 하는 사람은 남을 섬기는 사람이 되어야 한다"(마 20:26-28)로 정했다.

서재필은 이 학교에서 학생들을 가르쳤다. 이승만, 주시경, 김소월, 지청천(청산리대첩의 영웅), 나도향 등이 배재학당에서 공부했다. 또한 배재학당에서 협성회를 조직했는데 이는 우리나라 최초의 학생회였다. 이를 통해 민족의식과 독립정신을 일깨웠으며, 서재필, 윤치호, 신흥우, 오긍선, 여운형이 그 회원이었다. 이에 그치지 않고 독립협회가 창설되었을 때 아펜젤러는 그

중심에 있었다.

그리고 1887년 10월 9일은 벧엘예배당에서 첫 예배를 드렸는데, 이것이 정동감리교회의 첫 예배인 동시에 한국 감리교회의 첫 열매가 되었다. 정동감리교회는 새문안교회와 더불어 한국 개신교의 어머니 교회이다. 정동교회 담임목사인 아펜젤러 목사는 1889년부터 한국 감리교 최초의 감리사가 되었다.

아펜젤러는 탁월한 성서 번역가였다. 이전에는 영어성경을 한문으로 번역하고 다시 한문성경을 한글로 번역했는데, 이때는 일반 대중이 사용하던 우리말을 우선하여 번역했다. 당시 조선사회에서 한글은 언문이라 하여 천대받았으나 아펜젤러는 한국 민중들에게 가장 겸손하게 가까이 다가가기 위해 한글로 성경을 번역하는 데 전력을 다했다. 그는 언더우드, 헤론, 레이놀즈, 스크랜튼 등과 함께 성경번역위원회를 조직하여 성경 번역에 공헌했다. 성경의 한글 번역은 획기적인 한글의 발전을 이룩하는 계기가 되었다.

1902년 아펜젤러는 목포에서 열리는 성경번역회의에 참석하기 위해 제물포에서 일본상선 구마가와마루(球磨川丸) 호를 타고 고군산열도의 한 섬인 어청도 해상(군산 앞바다)을 지나가다 같은 회사 소속의 배 기소가와마루(木曾川丸) 호와 충돌하여 조난을 당했다. 그와 함께 목포로 내려가던 조한규(성경번역위원)와 3등석에 탔던 정신여학교 학생들과 함께 44세의 나이로 순교했다. 그는 17년간 복음 전파와 교육과 숭고한 봉사 정신으로 우리 민족을 위해 헌신하다가 생을 마친 고마운 선교사이다.

게일 선교사는 그의 순교에 대하여 신학자 터툴리안(Tertulian, 160-220)의 말을 인용하여 "순교자의 피는 교회의 씨앗이다"라고 했다.

그가 27세로 조선에 왔을 때 그의 체중은 90kg이었는데 1902년 44세로 세상을 떠날 때는 60kg 정도였다니 그가 이 땅에서 얼마나 고생했는지를 가늠할 수 있다. 양화진에 그를 위한 추모비가 있다.

양화진에 있는 아펜젤러 기념비

아들인 닷지 아펜젤러(Henry Dodge Appenzeller, 1889-1953)는 뉴욕 대학을 졸업하고 1917년 내한하여 배재학당 교장과 이사장을 지냈다. 딸인 앨리스 아펜젤러(Alice Rebecca Apenzeller, 1885-1950)는 웨슬리 대학을 졸업하고 이화학당 6대 교장과 이화여자대학교 초대 학장을 역임했다. 아들 부부와 딸은 양화진에 잠들어 있다.

*메노나이트(Mennonites) 종교개혁 시기에 등장한 개신교 종파로 16세기에 재세례파 운동에서 시작되었다. 메노나이트라는 이름은 네덜란드의 가톨릭 사제인 메노 시몬즈(Menno Simons, 1496-1561)에서 비롯되었는데, 그는 로마 가톨릭 사제였지만 종교개혁에 가담했으며, 유아세례를 인정하지 않고 개인의 종교적 자유를 주장했다. 유아세례를 받았다고 해도 성인 그리스도인이 된 후에는 반드시 신자의 세례(believer's baptism)를 받아야 한다고 주장했다. 이 때문에 아나뱁티스트(재세례파)라고 부르기도 한다. 그리고 신약성경을 중심으로 비폭력을 주장했다. 이로 인해 1600년까지 약 1만 명이 순교했다. 이들의 그 신앙 뿌리는 신약성경의 가르침에 근거한 근원적 개혁에서 시작되었다.

유럽에서의 박해로 인하여 신앙의 자유를 보장받을 수 있는 미국과 캐나다로 이주했으며, 미국과 캐나다에 정착한 후 교회 운동에 중추적인 역할을 감당했으며, 유아세례를 실시하지 않는 침례교나 감리교에 영향을 미치기도 했다.

아펜젤러 기념교회

한국기독교역사전시관에는 오래된 번역 성경 원본과 귀한 자료들이 전시되어 있다.

2007년 6월, 감리교 재단에서 아펜젤러 순교 105주년을 맞아 군산 내초도동에 그를 기념하기 위한 기념관을 세웠다. 기념관이 들어서기 전에 감리교 교단에서는 이곳을 성지로 선포하여 중요시 하였는데, 새만금방조제로 인해 내초도가 육지로 변하여 내초도동이 되자 이곳에 기념관, 기념교회, 그리고 기독교역사전시관을 세운 것이다.

기념교회는 아펜젤러 선교사가 타고 가다 침몰한 배의 모습을 형상화했다. 200석 규모의 예배당 안에 200여 종에 이르는 한국에서의 선교활동, 사진, 그림 및 기념물들이 전시되어 있다. 또한 방문객을 위한 게스트하우스가 마련되어 있어 단체나 가족이 숙박하며 영성훈련을 할 수 있다.

기념교회에 들어가 기도하고 나올 즈음에 그곳에서 봉사하는 한 직원이 담임목사를 만나 보았느냐고 묻기에 만나면 좋겠다고 했다. 안내를 받아 기념교회 담임목사를 만났다.

목사님은 기념관 곳곳을 친절하게 안내해 주었다. 기념관에는 아펜젤러의 숭고한 삶, 선교 및 교육의 열정을 볼 수 있는 자료들이 그 시대적 배경과 함께 전시되어 있었다. 한국기독교역사전시관에는 한국 기독교의 역사를 알아볼 수 있는 다양한 서적들이 전시되어 있어 이해에 도움을 주었다.

교회 가까운 식당에서 목사님 내외분과 점심을 먹으면서 내가 걷는 이유와 일정 등을 말했다. 그러자 그분들이 힘들지 않느냐고 묻는다.

"누구든지 할 수 있지만 아무나 할 수 있는 일은 아닌 것 같습니다" 라고 흔히 하는 말로 답했다.

다시 버스를 타고 군산으로 돌아왔다.

육로 교통이 발달되지 않았던 19세기 말, 전주선교부에서 활동하던 초대 선교사들은 보통 인천에서 배를 타고 서해안 해로를 이용하며 호남의 창구인 군산으로 들어왔다. 전킨과 드루 등의 선교사들도 인천에서 범선을 타고 모진 비바람과 안개와 싸워가며 군산에 도착하여 복음을 전했다.

그렇기에 군산시와 그 주변의 면 단위에는 군산 지경교회, 군산 개복교회, 구암교회, 익산 남전교회, 김제 송지동교회 등 선교사들의 손길이 미친 오래된 많은 교회들이 지금도 옛 선교사들과 선배 신앙인들의 이야기를 들려주고 있다. 그래서인지 이 지역은 순천과 더불어 기독교인들의 비율이 다른 지역에 비해 높다고 알려져 있다.

군산에서 내려 임피면까지 걷기로 했다. 숙소까지는 22km쯤 된다. 늦게 도착하지 않도록 부지런히 걸었다.

오늘은 특별한 날이다. 700여km 여정의 절반 가까이 걸어왔기 때문이다. 3일째부터 아프기 시작한 무릎이 이제는 아무 문제가 없다는 것도 특별한 의미를 지닌다. 무릎 통증으로 광주까지만 가고, 나머지 코스는 훗날 기회를 보아 다시 시작하려고 했었는데, 여기까지 오다니 스스로가 대견하게 느껴진다. 혼자서 걷는 길은 가끔 외롭고 쓸쓸했지만 혼자 하는 일에 익숙한 내게는 큰 문제가 되지 않았다. 해외 학회에도 거의 혼자 다녔다. 여행은 혼자 다니면 편리할 때가 더 많다.

그런데 사람들은 많지만 가끔 사람이 그리울 때가 있다. 이 순례를 시작하기 전, 충청도로 오게 되거나 일정의 절반쯤 되면 내가 걷는 것을 보고 싶어 하는 분들이 있었다. 내가 출발하기 전에, 내가 걷고 있는 것을 격려하고 위로하기 위해 적당한 장소에서 만나 함께 저녁을 먹기로 약속했던 동료 교수들이 있었다.

K, H, 그리고 J 교수 셋이 차를 운전하여 청주에서 임피면으로 오겠다고 전화가 왔다. 나는 이곳 정육점을 겸하는 식당에서 기다리기로 했다.

오후 7시가 지나 그들이 도착했다. 우리는 쇠고기 등심구이를 먹으면서 많은 이야기를 나누었다. 지난 2주 동안 나는 한 번도 아는 사람과 대화를 나누어 본 적이 없었다. 낯선 사람과의 대화는 매우 단순하고 건조했다. 길을 물어 본다든지, 식당에서 음식을 주문한다든지, 가게에서 물건을 사거나 숙박비를 지불할 때 주고받는 대화가 전부였다. 말수가 적어졌고, 피곤하여 말하기조차 귀찮을 때도 있었다.

그런데 오늘은 다르다. 할 이야기도 많다. 아픈 다리 이야기, 걸을 때 위험했던 이야기, 좋은 경치에 대한 이야기, 애절하고 가슴 찡한 선교사들 이야기 등으로 시간 가는 줄 몰랐다.

오늘은 쇠고기 등심 맛도 일품이다. 고기 맛도 맛이지만 밥은 누구와 함께 먹는가가 정말 중요하다.

시간 가는 줄 모르고 서로 정담을 나눈 후, 그들은 늦은 밤 나를 가까운 숙소까지 태워다 주고 떠났다.

순례자를 위한 알베르게(Albergue de Peregrinos)를 생각하다

어젯밤 숙소의 여러 마리의 개들이 밤늦도록 짖는 바람에 잠을 설쳤다. 시골이라 밤에 들짐승들이 지나다니기 때문에 짖는 것 같았다.

아침에 숙소를 나서는데, 날씨가 아주 쌀쌀하다. 나포로 가는 작은 산을 넘으니 금강이 보인다. 금강을 따라 강경, 부여를 거쳐 공주로 갈 것이다. 금강의 하류 쪽은 넓은 나포평야를 형성하여 예로부터 곡창지대로 잘 알려져 있다. 금강 건너편은 충남 서천으로 금강을 사이에 두고 마주하고 있다.

금강의 강폭은 넓고 강물은 유유히 흐른다. 얇게 출렁이는 물결이 나

금강 자전거도로

의 마음에 파장을 일으킨다. '이 강을 따라 올라가면 내가 어릴 때 자라면서 놀던 부강까지 갈 수 있는 것이 아닌가?'

　금강은 참으로 아름다운 강이다. 고대 백제문화를 품고 있으며, 풍요로움을 선물한다. 철새들의 낙원이요, 생명이 숨 쉬는 강이다. 얼마나 아름다웠으면 그 이름을 비단 금(錦)자를 넣어 금강(錦江)이라 했을까?

금강을 만나다. 자전거 길의 종점인 대청댐까지 134km가 남았다고 알리는 이정표. 자전거 길을 연결하려고 나무 다리를 놓았다. 진달래꽃도 피었다.

　금강 하구인 나포에 이르러 금강 종주 자전거 길을 만났다. 대청호까지 134km라는 푯말이 보인다. 여기서부터 대청댐(청주)까지 자전거 도로가 연결되어 있다고 생각하니 친숙해 보인다. 겨울 갈대숲도 넓고 여유롭게 보인다. 강바람이 좀 세차게 불고 있지

금강의 갈대숲

만 걸을 만하다.

　금강변의 자전거 길이 걸을 만하다. 평일 오전이라 자전거 타는 사람도 거의 없다. 유람선 선착장도 보이고 오토캠핑장도 있다. 젊은 가족 몇이 자신들이 쳐 놓은 텐트 앞 야외용 의자에 앉아 여유를 즐기고 있다. 몰고 온 차들도 대부분 외제 차들로 만만치 않다.

　강을 따라 조금 더 올라가다가 웅포에서 점심을 먹을 수 있는 식당을 만났다. 아침을 먹지 못해 배가 많이 고프다.

　다음 숙소가 부여 쪽이어서 웅포대교를 넘어가려고 했지만 예약한 펜션이 영업을 하지 않는다고 하고, 또 그쪽에는 마땅한 숙소를 찾을 수가 없어서, 금강 우측을 따라가며 숙소를 찾았으나 여의치 않다. 여기저기 연락하다가 겨우 한 숙소를 찾았다. 익산 북쪽의 도농교류센터. 오래된 집을 개축해서 숙소로 사용하고 있다. 아마 금강을 따라 자전거 타는 사람들이 이 숙소를 이용하는 것 같다.

이번에 걸으면서 크게 불편한 것, 세 가지가 있었다. 하나는 숙소가 대부분 시골에 있어서 찾아들었다가 다시 나오는 불편함이 반복되는 것이고, 다른 하나는 대부분 숙소에서 식사를 제공하지 않으며 숙소와 식당이 멀리 떨어져 있기에 저녁을 미리 먹고 숙소로 들어가야 하는 것이다. 또 다른 하나는 주변에 아침 식사를 할 수 있는 식당이 거의 없고, 옷을 세탁할 공간과 시설이 마련되어 있지 않아 불편하다는 것이다.

물론 스페인의 산티아고 순례길은 다르다. 천 년의 전통을 이어오고 있기 때문이라 생각되나, 그곳에는 순례자를 위해 관광자원화하여 생긴 숙소가 있다. 그것이 '알베르게'(albergue)다. 산티아고 순례길을 출발할 때 순례자 여권(크레덴시알, 대부분 출발지에서 발부)을 받아 소지하고 있으면 묵을 수 있는 숙소로, 개인이 따로 지었거나 성당을 일부 개조해서 사용하는데, 순례길 가까이 있고 가격도 저렴하다. 아침이 제공되거나 여행객이 조리할 수 있도록 시설이 갖추어져 있어 편리하게 이용하고 있다고 한다. 다만 여러 사람이 한 방에 합숙하기 때문에 불편한 점도 있기는 하나, 호텔을 이용하는 것보다는 훨씬 저렴하여 대부분의 순례자가 이곳을 이용하고 있다고 한다. 우리나라에도 순례길이 생기면 이런 시스템이 도입되었으면 좋겠다는 생각이 들었다.

나는 걸어가며 곳곳에서 러브호텔(또는 모텔)을 많이 보았다. 내가 지나가는 시골 한적한 곳에도 많이 있었다. 언젠가 나처럼 순례하는 사람들이 많아지면 자연스럽게 이런 숙박업소가 순례자를 위한 시설인 '알베르게'로 바뀔 수도 있겠다는 생각을 해본다. 순례객이 늘어나면 시골 교회나 마을회관도 순례자를 위한 숙소로 제공될 수 있을 것이다. 얼마 전 혼자서 해남 땅끝마을에서 통일 전망대까지 걸어간 한 여성은 숙소로 그 마을에 혼자 사는 할머니 집이나 마을회관을 이용했다고 했다.

복잡한 이정표. 강경을 거쳐 부여로 가기로 했다.

나는 저녁이 되어서야 익산 성당면 금강변의 한 민박집으로 들어갔다. 숙소의 주인아주머니와 함께 일하는 총각과 셋이서 식탁에 앉아 저녁을 먹게 되었다. 내가 식사기도를 하려고 하니, 교회 다니느냐고 묻는다. 그래서 자연스럽게 내가 식사기도를 했다.

내일이 부활절인데 새벽예배를 가겠느냐고 묻는다. 나는 일어날 수 있으면 가겠다고 했는데, 피곤을 이기지 못해 결국 일어나지 못했다. 코를 골며 피곤하게 자는 것 같아 깨우지 않았다고 아침을 먹을 때 말해 주었다.

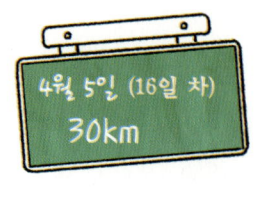

부활절 예배를 드리다

7시에 아침을 먹으라고 깨운다. 조금 늦잠을 잤다. 보성에서 노인들과 함께 먹던 아침 식단과 비슷하다. 시골 식탁은 여전히 소박하다. 반숙 계란이 나왔다. 손님이라고 해서 특별히 신경을 쓴 것 같다. 아무튼 식사를 대접받는 것 자체가 고마운 일이다.

짐이라야 별 것 없지만 꺼내 놓은 물건들을 배낭에 집어넣었다. 하늘에는 구름이 잔뜩 끼었다. 곧 비가 올 것 같다. 강경을 향해 강 옆으로 난 시골길로 들어섰다. 부활절을 알리는 플래카드가 시골 교회마다 걸려 있다.

🔑 "나는 부활이요 생명이니 나를 믿는 자는 죽어도 살겠고 무릇 살아서 나를 믿는 자는 영원히 죽지 아니하리니"(요 11: 25-26).

비가 내리는 강가를 따라 걷다 보니 어느덧 강경에 도착했다. 교회의 종탑이 눈에 들어온다. 11시 예배시간에 맞춰 20분 전쯤 교회에 도착할 생각으로 천천히 읍내로 걸었다. G 감리교회로 들어섰다. 오

부활절 예배

래된 교회 같다. 다섯 곡쯤 찬송을 부르고 나서 예배가 시작되었다. 부활의 감격과 감사와 긴장이 한데 어우러진 채 머리가 숙여졌다.

2년 전에 부임했다는 목사님은 부활절 설교에 앞서 꼭 해야 될 이야기가 있다고 한다. 구체적인 내용은 알 수 없지만 교회에 불만을 가진 일부 교인들이 결국 교회를 떠나려는 움직임이 있는 것으로 이해되었다.

그날 목사님의 설교 시간 내내 마음이 무거웠다. 물론 그 문제가 교회적으로나 목사님 입장에서는 중요할지 모르나, 부활절은 기독교 최대의 절기이고 은혜의 날이 아니던가? 모든 주일은 주님의 부활을 기념하는 날이고, 오늘은 일 년에 한 번 있는 부활절이다. 주님의 부활로 인하여 감사와 찬송이 선포되어야 할 부활절 아침, 그것도 설교 전에 원망과 불만의 이야기를 장황하게 말씀하신 것은 아무래도 마음에 걸린다. 적어도 부활절 아침만은 그리스도의 부활과 승리와 소망과 새 생명에 대

한 믿음의 선포가 더 중요하지 않을까 하는 생각이 들었다.

금강은 충청지역은 물론 호남 서해안지역의 물자와 사람, 그리고 문화가 연결되는 통로로서 늘 활발한 접촉을 벌였던 창구였다. 금강유역은 육상 교통이 발달하기 전까지 금강의 내륙수운이 매우 활발하여 군산에서 충북의 부강까지 이어졌다. 강경은 금강 하류에 발달한 수운의 중심지로서 평양, 대구와 함께 조선시대 3대 시장으로 손꼽히는 상업도시였다.

금강 수운의 기능은 개항 시기부터 일제 강점기까지 그 절정을 맞아 크게 성황을 이루었다. 이렇게 강경은 수운의 중심지로서 사람들의 왕래가 빈번한 곳이었기에 초기 여러 선교부의 선교사들에게 포교 대상 지역이었다. 이른바 침례교, 장로교, 감리교, 성결교 등 초창기 개신교 각 교단들이 강경에서 경쟁적으로 선교하려 했고, 여러 선교사들의 활동도 두드러지게 나타났으며, 그렇기에 주변에 일찍부터 교회가 세워졌다.

그중 맨 먼저 들어온 것은 침례교다. 1896년에 세워진 강경침례교회는 개신교 중에 가장 먼저 설립된 교회요, 한국 침례교회의 태동지이기도 하다. 한국침례교회는 1889년 12월 캐나다 독립선교사 자격으로 서울에 도착한 펜윅(Malcolm C. Fenwick, 1863-1936) 선교사에 의해 이뤄졌으나 선교의 큰 성과를 거두지는 못하고 귀국했다. 하지만 미국 보스턴 침례교단에서 엘라 씽 기념선교회의 파울링(E. C. Pouling) 선교사가 강경에 도착하여 토착민인 지병석 성도 자택에서 첫 예배를 드림으로 강경침례교회가 시작되었다. 이곳은 동시에 한국 침례교회 최초의 교회가 되었다.

한편 1895년 이후, 미국 남장로교 선교사인 전킨 선교사, 드류 선교사 등 호남지역 담당 선교사들도 군산선교의 연장선상에서 금강을 따라 강경지역까지 거슬러 올라와 복음을 전하기도 했다.

그리고 1901년에 감리교회가 뒤를 이었다. 강경제일교회의 설립이 그것이다. 강경제일교회를 중심으로 스웨러 선교사(W. C. Searer, 서원보), 윌리엄스 선교사(Frank Earl Cranston Williams), 샤프 선교사(Robert Auther Sharp), 사애리시(Alice Hammond Sharp, 사부인, 思愛理施) 여선교사의 활동이 두드러졌다. 특히 1908년 윌리엄스 선교사에 의해서 최초의 사립학교인 만동학교가 세워졌고, 1913년에 사애리시 여선교사에 의해 만동여학교가 시작되었다. 우리 민족 전체가 망국의 아픔과 시련을 함께 겪던 1910년을 전후해서 강경제일교회는 신앙공동체의 성장에 관심을 쏟는 한편, 만동학교와 만동여학교를 설립하여 교육선교에 주력하게 되었다. 망국이라는 어두운 현실에 절망하지 않고 먼 미래를 바라보며 새로운 세대에게 신앙과 민족애를 심어 주기 위해 교육운동을 전개한 것이다.

강경에 일찍이 성결교단의 교회도 들어왔다. 부여 규암에서 일어난 성결교회가 금강을 따라 올라와 강경에 교회가 설립된 것은 1918년이다. 정성달 목사가 한옥 두 칸을 빌려 예배드림으로써 강경성결교회를 중심으로 성결운동이 일어났다.

그러던 중 1919년 3월에 성결교회 초대 감독이며 경성신학교(현 서울신학대학교) 초대 교장이었던 존 토마스(John Thomas) 선교사가 강경에 왔다가 구타를 당하는 사건이 벌어졌다. 영국 출신인 토마스 선교사가 강경성결교회의 건축 부지 매입을 위하여 교회를 방문했을 때의 일이다. 그가 교회 근처 옥녀봉에서 3·1절 만세운동이 한창인 것을 목격하고, 고통 받고 있는 한국인을 위하여 기도하고 내려와 교회 예배당을 측량하였는데, 이때 일본 경찰들은 그가 만세시위를 지원하러 온 것으로 착각하고 주변에 있던 일본인들과 함께 달려들어 그를 무차별 구타하여 골절상을 입힌 것이다. 결국 이 사건은 영국과 일본 사이의 외교 문제로 비화되었고, 일본은 존 토마스 목사에게 당시 5만 달러의 보상금을 지급했다.

토마스 목사는 그렇게 해서 나온 보상금의 일부를 성결교회에 헌금했으며, 교회는 그 돈으로 이 지역 최초로 성결교 예배당을 건축하여 1923년에 봉헌했다. 이 예배당은 한옥으로 된 건물로, 유교적 풍습에 따라 문을 두 개 만들어, 남녀가 각각 따로 예배당 안으로 들어가도록 구분했다. 이 건물은 한국 개신교 선교 초기에 이루어진 40평 규모의 한옥 목조 예배당 건물로 유명하다.

해방 후 예배인원이 300명을 넘어서자, 한꺼번에 모두 수용할 수 없어, 1956년 강경읍 홍교리로 예배당을 이전하여 현재의 강경성결교회가 되었다.

성결교회가 이전하여 나가자 그 자리에 북옥감리교회가 들어섰고, 현재 이 건물은 기독교대한감리회 소유가 되었다. 이 예배당은 대한민국 근대문화유산으로 보존되고 있다.

또한 강경성결교회는 한국에서 최초로 신사참배 거부운동을 전개한 교회로 알려져 있다. 특히 1924년 주일학교 학생들이 일본의 신사참배 강요에 대항하여 신사참배 거부운동을 벌인 교회로 유명하다. 민족애

와 항일의식에서 남다른 면모를
보여주었다. 민족혼을 일깨운 강
경은 실로 한국기독교문화의 보물
창고라 해도 과언이 아니다.

다시 금강 자전거 도로로.

보슬비가 내리는 강가로 다시
나왔다. 부여로 가는 길은 강 옆
으로 자전거도로가 잘 나 있어 사
람들이 없어 고적한 길을 천천히
걸어갈 수 있었다. 낚시꾼들이 간간
이 보이고 물안개가 피어오른다. 적
막한 시야는 수채화처럼 아름답다.

부여 하상공원. 부여에 있는 숙소에 도착할 때쯤 많은 비가 내렸다.

자전거도로의 연결을 위해 나무다리를 만들어 놓은 길도 있다. 대청
댐까지의 거리를 표시한 팻말이 자주 나타난다.

어느덧 강을 따라 난 길은 부여로 들어서고 있었다. 뒤에서 빵빵대
며 자동차 경적이 들린다. 일요일이라서 내가 걷는 것을 응원하려고 아
내와 딸이 차를 운전하고 왔다. 우비를 쓰고 걷는 나를 금방 알아본 것
같다. 여수로 출발하기 전에 아내와 위치 추적 앱을 공유하고 있었기 때
문에 쉽게 찾을 수 있었단다.

나는 돌덩어리 같은 배낭을 차에 던져 주고 숙소를 향해 강을 따라
혼자 더 걸어가기로 하고, 2시간 후 숙소 주변에서 다시 만나 저녁을 먹
기로 했다. 주변에 관광지가 많으니 구경하라고 했다. 아내는 이동하면

서 잃어버린 장갑, 수건, 마스크 등 여러 물품과 내의를 사가지고 왔다. 숙소인 B 관광호텔은 온돌방으로 예약되었다.

아내와 결혼한 지 35년이 되었다. 결혼하고 우리 부부는 잠시 약국을 시작했다. 의약분업이 시행되기 전이라서 새벽부터 저녁까지 열심히 일했고 그때 돈도 벌었다. 처음 청주로 시집온 아내는 아는 사람이라고는 남편인 내가 유일했다. 힘들고 외로웠던지 자면서 가끔 울기도 했다. 앳된 얼굴로 약국에 서면 손님들은 약사가 아닌 종업원으로 오인하기도 했다.

첫아이를 낳고 나서 과로했던지 갑상선 종양으로 수술을 받았다.

아내는 언제나 정직하고 부지런했다. 아내의 검소하고 정직한 생활은 까다로운 시어머니와 큰 불편 없이 한 집에서 10여 년을 함께 살 수 있는 힘이 되었다. 아내는 성질이 급한 나 때문에 큰소리가 날까 언제나 양보하고 물러섰다.

공부를 계속한 후 나는 대학으로 왔고, 아내는 지금도 약국으로 출근했다가 저녁에나 들어온다. 나는 학회 등으로 해외로 여행을 다닐 기회가 많았던 반면 항상 약국에 얽매여 있는 아내에게 늘 미안하다. 부부의 삶은 "가장 평범한 것이 가장 행복한 것이다"라는 말에 공감한다. 나는 지금의 삶에 만족하고 행복하다.

문득 앙드레 고르가 생각난다. 그는 프랑스의 철학자이며 사상가이며 언론인이다. 그의 임종은 엄숙했다. 불치의 병을 얻어 고통 받는 아내와 함께 스스로 생을 마감했다. 두 부부가 나란히 침대에 누운 채로 발견되었다. 죽기 전 그는 아내에게 다음과 같은 글을 남겼다고 한다.

"우리는 둘 다 한 사람이 뒤에 남아 살아가는 일이 없기를 바랍니다. 당신은 여든 두 살이 되었습니다. 체중은 45kg입니다. 함께 산 지 쉰여덟 해가 되었지만 그 어느 때보다 당신을 더욱 사랑합니다. 나는 당신의 숨소리를 살피고 손으로 당신을 쓰다듬어 봅니다."

나는 이 글을 처음 대했을 때 숙연했다. 이들 부부가 살아온 삶이 어떠했는지 짐작이 되었다.

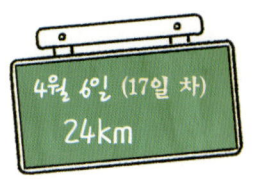

홀로 걸어가는 길

　　호텔이지만 아침이 제공되지 않았다. 호텔 뒤에 있는 가까운 식당에서 아침 식사를 했다. 강가 산 밑에 위치한 낙화암과 고란사를 뒤로하고 금강변 자전거 길을 따라 걷다가 백제보를 만났다.

　　그리고 걸어서 다리를 건넜다. 비가 계속해서 내린다. 많은 비는 아니지만 일주일 이상 계속해서 날씨가 흐리고 비가 오고 있다. 사실 비가 올 때 걷는 것은 더 불편하다. 안경에 습기가 서려 휴대전화에 저장된 지도를 보기가 불편하고, 안주머니에서 전화기를 꺼내기도 불편하며, 무엇보다 옷이 젖어 춥다. 빗물이 많이 스며들지는 않았지만 종아리는 흠뻑 젖었다. 배낭을 멨으니 마땅히 앉을 곳도 변변치 않아 계속해서 걸을 수밖에 없었다. 우의를 쓰고 걸으니 거추장스럽기는 하나, 비도 막고 추위도 피하게 되어 걸을 만하다.

금강 변에는 마을에서 운영하는 자동차 캠핑장도 있다.

강둑에서 멀리 청양 정산면이 보인다. 거기서 점심을 먹으려고 한참 동안 논길을 가로질러 걸어갔다.

신학자 에이든 토저(A. W. Tozer)

부여보를 건너서 청양으로.

비는 그쳤으나 날씨가 추워 우의를 입고 다녔다.

는 그의 저서 《철저한 십자가》(The radical cross)에서 성도의 삶을 조명했다. "성도는 혼자 걸어야 한다. 고독은 성도가 그리스도 안에서 살아가야 할 한 가지 대가다. 주님이 그러셨듯이 누구에게나 자신만이 지고 가야 할 십자가가 있으며, 이는 공동으로 지고 갈 수 없다는 진리를 명심하라. 혼자서 겪어야 하는 고독이 고통인 이유는 인간의 본성 때문이다. 하나님께서는 우리가 서로 어울려 살도록 지으셨다. 그래서 사람들과 어울리고 싶은 욕구는 지극히 자연스러운 일이다. 그러나 그리스도인은 이 땅에서 외로운 나그네요 순례자다. 외롭지 않고는 성도가 아니다"라며 외로움과 고독의 가치를 말했다. 혼자서 경험하는 외로운 순례의 길, 이것은 나 자신의 자아를 낮추는 길이고, 온전한 십자가를 묵상하는 경건의 훈련 과정이다.

이 땅에 온 선교사들은 어린 자식을 잃고, 아내 또는 남편을 잃고도 이곳에 남아서 주님의 명령을 따라 복음을 전하다가 순교했다. 그들의 삶도 외로웠다. 그러나 끝까지 외로움과 고통을 감내하며 주님만 바라보았다. 견디기 힘든 고통 속에서 이들이 소망한 것은 오직 주님의 나라였다. 그렇기에 타국에서 선교사들이 겪은 외로움과 아픔은 고통이 아니라, 소망하는 일을 도우시는 하나님의 기쁨과 즐거움을 누리며 끝까지 믿음을 지키는 일이었던 것이다.

4km 이상을 걸어왔다. 중국음식점과 한식당 두세 개가 보인다. 오늘 점심은 자장면이다. 그런데 자장면이 아주 맵다. 매운 청양고추를 자장면에 넣은 것 같다. 눈물을 찔끔 흘리며 먹었다. 식당 안에는 여러 사람이 음식을 먹고 있다. 매운 맛에 눈물을 훔치는 모습이나 비에 젖은 내 모습이 혹시나 초라해 보이지 않았으면 좋겠다는 생각을 했다. 나는 여전히 마음에 기쁨과 즐거움이 넘친다.

은행에서 현금을 인출하고 매점에서 참외와 토마토를 사서 배낭에 넣었다.

청양의 한 식당에는 메뉴 14가지가 있었다. 고민 끝에 비빔밥을 먹었다.

오늘 묵을 C 펜션은 큰길을 벗어나 안쪽으로 들어가서 시골 마을에 있다. 숙소에 들어가기 전에 먼저 저녁 식사를 위해 청양군 정산면 소재지로 갔다. 식당의 간판에 메뉴가 14가지다. 종류가 많아 뷔페를 연상케 한다. 시골에 이렇게 많은 메뉴를 가진 식당을 본 적이 없다. 14가지 음식 중에서 혼자 먹을 수 있는 음식인 비빔밥을 주문하여 먹었다.

저녁을 먹고 다시 4km를 걸어 들어가 예약한 펜션에 들어갔다. 겨우 사정해서 숙소를 마련하기는 했지만 가격이 너무 비싸다. 어제 묵은 호텔보다 더 많은 숙박비를 지불했다. 면소재지에 모텔도 있지만 지금까지 한 번도 모텔을 이용하지 않았다.

오늘 하루 종일 식당과 매점 주인 서너 분과 대화한 것이 전부다. 이렇게 침묵의 시간이 지속되었다. 길을 걸으며 자연스럽게 가급적이면 하루 중 더 많은 침묵의 시간을 유지하려 했다. 20세기 영성신학의 대가이며 수도사인 토마스 머튼(Thomas Merton, 1915-1968)은 "침묵은 하나님의 능력을 머물게 하고, 침묵 속에서 하나님의 신비가 알려진다"라고 말했다. 쉼 없는 조잘거림 속에 살아가는 나에게 던지는 침묵의 은총, 그것은 진정한 나의 일상을 생생하게 목격하고, 하나님이 쌓아 두신 새로운 은혜에 대하여 눈을 뜨게 할 것이다.

4월 7일 (18일 차)
22km

동생 올리브 곁에서 잠들다

무거운 배낭을 내려놓고
정자 안에서 쉬어간다.

오늘 새벽은 기온이 영하로 뚝 떨어졌다. 부여에서 겨울옷을 아내에게 돌려보냈기 때문에 가벼운 봄옷밖에 없다. 비가 오지 않지만 추위도 피할 겸 우의를 꺼내 뒤집어 쓰고 걸었다.

마을에 정자가 있기에 그곳에서 잠시 쉬었다. 배낭을 내려놓고 가져온 과일을 깎아 먹으며 공주로 가는 길을 휴대전화에서 확인했다.

다시 날씨가 흐려지더니 가는 빗줄기가 떨어진다. 공주시로 들어가는 도로는 4차선으로 확장 공사

중이다. 자동차 도로를 피하여 공사 중인 도로를 따라 걸었다. 점심을 먹기에는 다소 이른 시간이지만 아침을 먹지 못했던 터라 식당으로 들어갔다. 한식 뷔페식당이다. 점심 영업을 위하여 준비 중인가 보다. 준비가 덜 되어 반찬 몇 가지로 점심을 먹었다.

자동차 도로를 벗어나 유구천과 금강이 만나는 하천을 따라가면 공주보가 나온다. 마을길에서 유모차를 끌고 가시다가 힘이 드시는지 길바닥에 앉아 있는 허리 굽은 할머니를 만났다. 나도 좀 쉬어갈 겸 할머니 옆에 앉았다. 다리 밑에 작은 농지가 있는데, 파종하고 돌아오는 길이라고 하셨다. 주말에는 대전에서 아들이 도와주러 온다고 하신다. 농사일이 힘들어 보상을 받으면 그만둘 생각이란다.

"할머니! 교회 나가세요?"라고 엉뚱한 질문을 했다.

"여긴 멀어서 오는 차가 없어서 못 가."

아마 오래전에 교회를 다니셨던 것 같다.

"공주보로 가려면 다리 밑으로 가면 되지요?"

"아니, 여기 고갯길을 넘으면 바로 공주보가 나와."

공주보를 건너서 영명중·고등학교로

공주외국인선교사묘역으로 가는 길
가는 길에 팻말이라도 있었으면 했다.

아는 길도 물어가라고 했던가?

내가 가지고 있던 견과류를 할머니께 드리려 하는데, "이가 다 빠져 이런 것 못 먹어, 고마워" 하며 웃으신다.

할머니와 나는 이렇게 대화를 마치고 고갯길을 넘으니 멋진 공주보가 보인다.

금강을 넘어 공주시로 들어왔다. 오늘 묵을 잘 조성된 공주 전통마을을 지나 무령왕릉 옆을 지나갔다.

시내를 통과하여 계속해서 영명중·고등학교에 들어섰다. 영명고등학교 운동장 옆으로 산책로가 있어 그 길로 올라가니 동산에 비석과 묘지가 보인다. 공주선교사묘역이다.

공주선교사묘원

충청지역에서 복음을 전하다가 최초로 순교한 샤프 목사를 비롯하여, 윌리엄스(Frank Earl Cranston Williams, 1883-1962, 한국이름: 우리암) 선교사의 아들인 조지 윌리엄스(George Zur. Williams), 윌리엄스의 딸 올리브(Olive), 아멘트(Charles C. Amendt) 선교사의 아들 로저(Roger Allen, 1927-1928), 테일러 선교사의 딸 에스더 등 선교사 및 그들의 어린 자녀의 묘 5기가 모여 있다. 공주시 영명학당2길 33번지 영명학원 위 동산에 선교사 묘지가 있다.(한국기독교 역사등 참고문헌 참고)

샤프(Robert Aurthur Sharp, 1872-1906) 선교사는 제일 먼저 순직하여 최초로 공주 선교사 묘역에 잠든 선교사다. 그는 캐나다 몬트리올(Montreal)에서 출생하여, 1903년 오벌린(Oberlin) 대학교를 졸업하고 미국 감리교 선교사로 내한했다. 서울 정동제일교회와 배재학당에서 교육을 담당했으며, YMCA에서 헐버트와 함께 기독교 청년운동을 정착시키는 일에 헌신하는 등 활발하게 교육과 선교에 힘썼다.

샤프 선교사의 부인은 자신보다 2년 먼저 한국에 들어와 복음을 전하고 있던 선교사 **앨리스 하몬드**(Alice J. Hammond, 한국이름: 사애리시)였는데, 한국인들은 그를 '사애리시'라고 불렀다.

감리교 한국연회는 공주와 진천을 중심으로 한, 북부 충청권과 청주지역을 묶어 히니의 교구로 설정

샤프 선교사가 지어 사용했던 숙소로 알려져 있으며 여러 번 개축했다.

공주 한옥마을 숙소. 이곳에서 하루를 묵었다. 가격에 따라 자유롭게 선택할 수 있다.

하고, 1904년에 한국에 온 지 1년 밖에 안 되는 샤프 선교사를 공주 책임자로 임명했다.

공주선교부의 책임을 맡은 샤프 선교사는 공주선교를 시작하면서 교육에 관심을 가지고 명설학당을 세워 근대교육을 시작했다. 그리고 충청도지역을 순회하면서 복음을 전했다. 그는 1905년 여름에 부인과 함께 공주로 내려와 본격적으로 선교사업을 펼쳤다. 초라한 오두막집에서 신혼살림을 차리고 공주 생활이 시작되었다. 당시 제대로 된 부엌도 없는 초가집에 내려와 지내다가, 기술자를 불러 지하 1층 지상 2층의 공주 최초의 서양식 벽돌 양옥집을 짓고 이주했다. 이 집은 '언덕 위의 천당집'으로 불리기도 했다고 한다.

샤프 부부는 이 집을 짓고 공개하였는데 공주의 양반들은 집 구경을 하고자 뒷짐을 지고 거드름을 피우며 언덕으로 올라와 현관을 지나 응접실과 서재와 침실들을 돌아보며 신기한 구조와 물건들을 보고 감탄사를 연발했다고 한다. 어떤 노인은 집 구경을 마치고 나가다가 현관에 걸린 거울 속에 비친 자기 얼굴을 보고 "자네도 구경 왔나? 어서 들어가 보게. 그런데 자네, 어디서 많이 본 것 같은데……"라고 하여 선교사 부부를 웃겼다는 이야기도 전해진다. 샤프 선교사 부부는 몰려드는 집 구경꾼들을 전도의 대상으로 삼았던 것이다.

지금은 선교사 가옥 건물은 모두 사라지고 유일하게 남아 있는 건물 하나가 있는데, 이 건물은 1921년 중국인 기술자의 시공으로 된 것으로, 공주지방 최초의 서양식 주거용 건물로서 문화재청에 등록된 감리교회 문화유산으로, '등록문화재 제233호'(공주 중학동 구 선교사 가옥)이다. 이 건물은 전에 샤프 선교사가 지은 건물을 개축한 것이 아닌가 하는 생각이 든다. 사애리시 여사가 살던 집으로 한때 여학생들의 교육장소로 이용했다고 한다.

샤프 선교사 부부가 공주에 기거하며 충청권지역에 열심히 복음을 전하자 공주, 논산, 천안, 홍성, 진천, 보은, 문의지역 등에 복음이 크게 확산되었다. 그리고 남녀 학교도 개설하여 운영했다.

지방을 순회 전도하던 샤프 선교사는 기후와 풍토가 다른 낯선 땅에서 자신의 몸을 제대로 돌볼 겨를 없이 열정적으로 농촌지역을 순회하며 전도했다.

부인 사애리시 여선교사는 1905년에 자기 집에서 여학생들을 모아 글을 가르치며 학교를 운영했다. 당시 보수적인 문화가 팽배했던 이곳 공주지역에서는 교육사업이 복음을 전하는 데 효과적이라는 판단에서였다.

샤프 선교사는 논산교회를 방문하고 이 지역을 순회하던 중 갑자기 진눈깨비를 만나 피했는데, 그가 피한 곳이 장티푸스로 죽은 사람의 장례를 치르고 난 후 상여를 가져다 놓은 상여 집이었다.

결국 샤프 선교사는 장티푸스에 감염되어 앓아 누웠다. 신혼인 사애리시 여사의 간호와 교인들의 완쾌되기를 소망하는 기도에도 불구하고 고열과 설사, 복통에 시달리다가 1906년 3월 5일에 34세의 나이로 세상을 떠났다. 한국에 온 지 3년 만에, 공주 정착 1년도 채 되지 않아 세상을 떠나 공주지

샤프 선교사 묘와 묘비. 지역을 순회하던 중 진눈깨비가 내려 장티푸스로 사망한 상여집에 씌했다가 이 병원균에 감염되어 사망했다.

역의 첫 순교자가 되어 영명 앞산 공주선교사묘지에 안장되었다.

공주를 비롯하여 논산과 강경 등 충청지역의 성장을 위해 헌신하다가 일찍 세상을 떠난 샤프 선교사의 헌신과 그의 순직은 이후 공주에 파송된 다른 선교사들에게 본이 되었으며, 선교사들에게 어려울 때마다 보이지 않는 힘을 불어넣어 주었다. 그의 봉사와 죽음의 뜻은 후대들에 의해, 특히 그의 부인에 의해 계승되었다.

1906년 남편이 죽자 부인은 미국으로 돌아갔으나 남편의 뜻을 이어가고자 더 큰 사역의 길을 모색했다. 부인은 1908년 다시 돌아와 선교사로 재등록하고 충청지역의 선교를 담당했다. 대전 대동리 신앙공동체를 다시 찾아가 대전감리교회 설립에 기여하였고, 1909년 강경에 만동여학교와 논산에 영화여학교를 설립했다. 케이블 부인과 함께 부녀자 사업에 헌신하여 많은 결실을 얻었다. 부인은 남편이 복음의 씨앗을 뿌린 공주에 남아 전도와 교육에 헌신했다.

사애리시는 그가 세운 공주 명선여학교의 후신인 영명여학교에서 인재를 길러냈다. 남편과의 사이에서 자녀를 얻지 못한 그녀는 어렵게 지내는 가정의 소녀들 교육을 후원했는데, 이들 중 유명한 사람이 유관순 열사다. 천안 병천의 시골소녀 유관순을 데려다가 가르쳐 이화학당으로 보냈으며, 유관순은 3·1 운동의 대표적 인물이 되었다. 또한 중앙대학교 설립자 임영신, 한국인 최초 여자 목사 전밀라, 여성교육의 박화숙, 한국인 최초 여자 경찰서장 노마리아 등 많은 인재를 길러내는 데 큰 역할을 했다. 1938년에는 공주에 원명서당을 설립하여 학생들에게 성경을 열심히 가르쳤다.

1940년 태평양전쟁으로 일제에 의해 강제 추방될 때까지 그녀는 선교와 여성 교육에 헌신했다. 그녀는 공주뿐 아니라 천안·강경·연산·은진·노성 등을 순회하면서 사회복지활동과 교육활동에 큰 업적을 남겨 충남 감리교 발전의 초석이 되었다.

1938년에 샤프 여사의 공을 기려 세운 기념비가 공주영명학원 내에 서 있다. 그리고 논산제일교회는 그리스도의 사랑 안에서 한국인을 섬기기 위해 목숨을 바친 샤프 선교사를 기려 기념예배당을 세웠고, 샤프 선교사 내외와 더욱 아름다운 관계로 깊은 유대를 갖게 되었다.

윌리엄스(Frank Earl Cranston Williams, 1883-1962, 우리암) 선교사의 두 자녀인 딸 올리브(Olive, 10세, 1909-1919)와 아들 조지 윌리엄스(George Zur Williams, 우광복, 1907~1994)의 무덤이 샤프 선교사 무덤 앞쪽으로 나란히 있다.

딸 올리브는 풍토병으로 어린 나이에 사망하여 여기에 잠들어 있다. 그리고 아들 조지 윌리엄스(우광복)는 미국에서 세상을 떠났으나 두 살 아래 여동생 올리브 무덤 옆에 묻히기를 소원하여 이곳에 묻히게 되었다. 윌리엄스 선교사의 아들로, 인천에서 태어나 아버지와 함께 공주에서 어린 시절을 보냈던 조지 윌리엄스는 두 살 아래 여동생이 사망한 후 미국으로 건너가 할머니 밑에서 자랐다. 그의 한국이름은 '우광복'인데, 아버지가 한일합방으로 국권을 빼앗긴 이 나라의 광복을 염원하여 지어 준 이름이라고 한다.

그는 콜로라도 주에 있는 덴버

윌리엄스 오누이 무덤. 윌리엄스 선교사의 아들은 공주에서 태어났다. 그의 누이가 어렸을 때 공주에서 사망했는데, 그의 누이 곁에 묻히길 바랐다고 한다.

의대를 졸업하고 의사가 되어 해군 군의관으로 한국전쟁에 참전했으며, 전쟁중 동생 올리브가 묻힌 공주를 들렸다고 전해진다. 당시 하지 중장의 통역관으로 활동하기도 했다. 1994년 87세의 일기로 세상을 떠나면서 "공주에 잠든 동생 올리브 곁에 묻어 달라"는 유언에 따라 영명동산에 안장되었다. 당시 열두 살이었던 오빠가 열 살이었던 여동생을 평생 잊지 못하고, 한국에 묻힌 여동생의 곁에 잠들고 싶었다고 하니 감동적이다.

두 자녀를 이곳 영명학교 선교 묘역에 둔 아버지 **윌리엄스**(Frank Earl Cranston Williams, 1883-1962, 우리암) 선교사는 미국 콜로라도(Colorado) 주 덴버(Denver)에서 태어났다. 1906년 미국 북감리회 선교사로 내한하여 곧바로 공주에 내려왔는데, 샤프 선교사의 죽음으로 교육활동이 중단 상태에 있던 학교를 1906년 가을에 다시 열어 33년간 교육 사업에 전념했다. 1907년 그는 부인과 함께 공주로 내려와 공주제일교회 담임목사로서 충남지역을 순회 지도하고, 영명학교 교장으로서 학교 발전을 위해 헌신했다.

특히 그는 농업 전문가로서 농촌교회를 위한 실질적인 프로그램을 운영하면서 농촌지도자 배출에 주력했다. 1932년에 영명학교를 '영명실수학교'로 개편하여 실업교육을 강화하고 애국애족 교육을 통하여 광복의 꿈을 심어주고자 노력했다.

그러던 중 1940년 윌리엄스 선교사는 일제에 의해 강제 출국을 당하자, 새로운 선교 개척지 인도를 찾아 그곳에서 활동했다.

1945년 해방이 되어 미 군정청이 들어서자 하지의 농업정책 고문으로 다시 내한하여 한국농업발전에 기여했다. 6·25 한국전쟁 이후 선교사직에 복귀하여 활동하다가 1954년에 은퇴하고 귀국하여, 1962년 미국 샌디에이고에서 생을 마쳤다.

아래쪽으로 테일러(Corwin Taylor, 대리오) 선교사의 딸 에스더(Ester Marian, 1911-1916)의 묘가 있다. 그녀는 어린 나이에 풍토병으로 세상을 떠나 공주선교사묘지에 안장되었다. 그녀의 아버지 테일러는 1907년에 미감리회 소속 선교사로 내한하여 천안지방에서 선교했고, 1916년부터 1922년까지는 공주지방 감리사로 활동했는데, 그때 딸을 잃었다. 1922년 선교사 직을 사임하고 귀국하여 아이오와 주에서 목회활동을 했다.

그 옆에 아멘트(Charles. C. Amendt, 안명도) 선교사의 아들 로저(Roger, 1927~1928)의 묘가 있다. 로저는 두 살의 어린 나이에 풍토병으로 사망하여 여기에 잠들어 있다. 그의 아버지 아멘트 선교사는 1917년 미감리회 소속 선교사로 한국에 와서 공주에 내려와 1919-1933년까지 공주지방 감리사로 활동하면서 천안, 서산, 안면도 등지를 순회 전도하며 많은 교회를 세웠다. 1940년 일제의 강요로 추방당했으며, 해방 후 다시 한국에 와서 잠시 활동한 후 1950년에 귀국했다.

한국에 와서 많은 업적을 남긴 두 선교사, 그리고 올리브, 에스더, 로저 등 어린 나이에 희생된 선교사 자녀들의 묘비는 오랜 세월이 흐르는 동안 풍설에 시달려 비석의 글자가 희미하고 봉분에 풀도 자라지 않아 더욱 쓸쓸하게 보인다. 보기에 민망하고 마음이 아프다. 선교사묘지에서 잠시 상념에 잠기다가 공주영명중·고등학교로 내려갔다.

공주영명중·고등학교는 1906년 10월 15일 윌리엄스 선교사에 의해 세워진 기독교 학교로 2016년이면 창립 110년을 맞았다. 영명학교는 일제 때 이 지역 항일운동의 중심 역할을 했다. 1919년 4월 1일에 영명학교 교사, 학생,

졸업생들이 만세운동을 주도하여 공주의 독립만세운동을 일으켰다. 영명학교가 3·1 운동에 적극적으로 앞장설 수 있었던 것은 윌리엄스 교장을 비롯한 교사들의 강한 신앙심과 투철한 항일민족의식에 기인한 것이었다. 영명학교는 1929년의 광주학생항일운동에도 적극 참여했다. 학생들은 동맹 휴학을 결의했고 이로 인해 7명의 학생들이 구속되었으며, 황인식(후에 이 학교의 교장이 됨) 등 교사 두 명은 선동자로 몰려 구속되기도 했다.

공주영명학원은 일제강점기 공주지역 독립운동의 근원지로, 민족의 정기를 바로 세운 민족학교다. 이 학교는 3·1 운동의 영웅 유관순, 독립운동가 조병옥, 중앙대학교를 설립한 임영신, 동경 2·8 독립선언을 주도한 윤창석, 소설가 방인근, 기독교 대한감리원 감독을 지낸 변홍규, 표용은 목사 등 많은 민족지도자를 배출하는 요람이 되었다. 졸업생 가운데 목회자들이 많이 있는데, 지금도 이들은 영목회를 조직하여 서로 돕고 있다.

교내에는 윌리엄스 선교사의 흉상, 샤프 선교사의 기념비, 그리고 '신학문 발상지'라고 쓰인 자연석 기념비 등, 여러 기념비들이 있어 영명학교의 오랜 역사를 입증해 주고 있다.

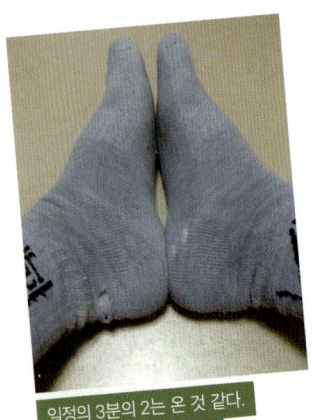

일정의 3분의 2는 온 것 같다.
그동안에 양말도 해졌다.

영명학원을 떠나 숙소인 공주 한옥마을을 찾아갔다. 공주 시내를 통과하여 무령왕릉과 공주박물관을 지나 금강이 바라보이는 곰나루에 이르렀다. 햇볕이 잘 드는 아늑한 터에 전통과 현대가 공존하는 한옥들이 낮은 담장을 사이에 두고 옹기종기 모여 있다. 최근에 조성된 마을이지만 고샅길이 잘 나 있어 한옥의 정취가 느껴진다.
 근처 온천 사우나에서 피로를 풀고 나와 근처 식당에서 저녁을 먹은 후 숙소로 향했다.

4월 8일 (19일 차)
28km

국토를 순례하는 한 청년을 만나다

아침에 일찍 일어나서 어제의 온천 사우나를 다시 찾았다. 허리 통증 때문이었다. 허리에 피로가 누적되어 가벼운 무게도 돌덩이처럼 무겁게 느껴진다. 여전히 10여kg을 메고 6-8시간을 걸어 다녀서 계속 허리가 아픈 것 같다. 허리를 굽혔다 펴기가 쉽지 않다. 40여 분을 따뜻한 물에 담그고 사우나 도크로 다니며 허리 펴기를 시도했다.

공주제일교회를 찾아갔다. 어제 들르려고 했지만 선글라스를 잃어버리는 바람에 안경점을 기웃거리다가 시간이 늦어 그냥 앞을 지나기만 했던 공주제일교회를 다시 찾아왔다. 왼편에 현대식 교회 건물, 오른편에 오래된 교회 건물이 시야에 들어온다. 교회 구 건물에는 수차례 개축을 했음을 알려 주는 안내판이 세워져 있다. 건물 곳곳에 개축 연도를 머릿돌에 새겨 놓아 이 건물이 여러 번 개축되었다는 것을 보여주고 있다.

공주제일교회는 수원 이남지역에서 가장 먼저 세워진 감리교회이다. 1892년 미국 감리회는 서울 이남지역을 수원·공주구역으로 정하

감리교 선교사가 세운 공주제일교회는 오랜 역사를 간직하고 있다. 여러 번 개축한 흔적이 보인다.

고, 공주를 충청도 선교 거점으로 확보하고자 하였는데, 이때 스크랜튼(Mary F. Scranton) 선교사(조선 선교를 위해 아펜젤러와 함께 일본으로 오는 배를 탔다.)가 공주를 방문하여 복음의 씨를 뿌렸다. 수원·공주구역 관리자인 스웨러(W. C. Swearer, 서원보) 선교사는 1902년 가을 김동현 전도사를 파송하여 관찰부(현 반죽동) 앞에 초가집을 사서 전도하며 모임을 갖게 했다. 이로써 남부 최초의 감리교회인 공주제일교회가 세워졌다.

이어 그 이듬해(1903) 원산에서 활동하고 있던 의료선교사 맥길(William B. McGill, 한국이름: 맥우원, 1859-1918)이 개척선교사로 파송되어 배재학당 출신 이용주 전도인과 함께 공주로 내려왔다. 맥길 선교사는 1889년 감리교 의료선교사로 내한하여 서울과 원산 등지에서 의료 및 전도 사업을 하던 중 1903년 7월 공주 개척 선교사로 임명받은 것이다. 그는 이용주와 함께 영명동산 서쪽 공주군 남부면 하리동(현 중학동)에 터를 잡았다. 먼저 초가집 두 채를 얻어 진료실과 예배실을 마련하고

복음을 전하였는데, 1년 사이에 20명의 교인이 생겼고 8명이 맥길에게서 세례를 받는 등 전도의 열매를 맺었다.

그러나 1905년 맥길 선교사는 안식년으로 휴가차 미국에 돌아갔다가 개인 사정으로 돌아오지 못했다. 그 뒤를 이어 샤프 선교사가 공주제일교회를 중심으로 충청도지역의 선교를 담당했다.

이 교회는 복음 선교와 아울러 교육사업과 의료사업을 통해 주민들과 접촉하며 복음을 전했다. 영명학원과 영아관을 운영하면서 인재양성과 사회봉사 활동을 주도해 왔고, 역사와 신앙적 전통을 자랑하는 충남의 모교회가 되었다.

한국전쟁을 거치며 상당부분 파손되었으나 벽체 및 굴뚝 등을 그대로 보존하여 교회건축사적으로 가치를 인정받아 등록문화재 472호로 지정되어 있다.

문화재 건물인 구 예배당은 기독교역사박물관으로 사용하고 있다. 구 예배당은 1931년에 건립된 예배당인데, 아름다운 새 예배당을 지으면서 박물관으로 활용하고 있다. 선교사들의 활동은 물론 독립을 위해 힘쓴 유관순 열사, 공주의 3·1 운동, 공주유치원, 공주기독의료원, 1907년에 사용된 오르간, 사무기록장부 등 공주의 기독교 선교 역사를 한눈에 볼 수 있는 역사관이다.

공주제일교회를 나와 시내를 구경하며 공주를 통과했다. 긴 금강 다리를 건너 정안면을 향해 하천 길로 들어섰다. 길 양옆으로 산책로가 잘 조성되어 있어 기분 좋게 걸을 수 있었다. 뿐만 아니라 곳곳에 쉴 수 있는 시설과 꽃을 심어 놓아 화려하다. 이런 길을 걷는 것이야말로 따로 호사가 없다.

그러나 여기를 벗어나자 금방 실망했다. 산책로가 끝나는 곳부터 온통 쓰레기 천지다. 곳곳에 쓰레기를 버리지 말라는 안내문이 있지만 소용없다. 강이나 하천을 따라 걸을 때마다 농촌지역의 쓰레기 수거나 처리가 미흡함을 느낀다. 농촌지역의 쓰레기 수거에 문제가 있는 것 같다. 실생활 속에서 실천 가능한 환경보호 활동의 활성화에 대한 대안 부재가 아쉽다.

하천을 아름답게 가꾸는 것도 중요하지만 쓰레기를 버리지 않으며 버린 쓰레기를 신속하게 치우는 것이 더욱 중요하다. 지자체가 보이는 곳만 아름답게 하고 보이지 않는 곳은 방치하는 것 같아 안타깝다.

담양에서 본 것과 비슷한 경비행장 활주로가 보인다. 규모는 더 큰데 운항은 하지 않는 것 같다. 이전을 준비하고 있기 때문이라고는 하나, 얼마 전 이곳에서 경비행기 추락사고가 났다는 것을 방송에서 들었다. 계속해서 하천 길을 따라 걷다가 자동차 도로를 만났다.

정안면을 얼마 앞둔 지점에 이르렀을 때 한 건장한 청년이 도로 반대편에서 걸어오고 있었다. 신호등을 기다리면서 반가움에 손을 흔들고 나는 건너편으로 건너갔다. 나처럼 배낭을 메고 다니는 것을 보니 국토순례를 하고 있다는 것을 쉽게 알 수 있었다. 우리는 도로 위에서 잠시 이야기를 나누고 사진도 찍었다. 그 청년은 집이 원주이고 임진각을 거쳐 여기까지 왔으며, 해남으로 가서 다시 부산을 거쳐 강원도 고성까지

천안에서 걸어 내려오는 한 청년을 만나 기념사진을 찍었다. 두 달 정도 국토를 순례한다고 했다.

간다고 했다. 두 달이 걸릴 예정이라고 한다. 나에 비하면 훨씬 대단하다. K대 체육과를 올해 졸업했으나 취업이 안 되어 시간이 있을 때 한번 도전한 것이라고 했다.

"잠은 어디에서 자나?"

"찜질방요."

나는 속으로 '그래, 돈도 넉넉하지 않을 테니 찜질방이 아무래도 경제적이지. 두 달 반 동안의 식비도 만만치 않을 테고……'라고 생각했다.

"자동차 도로는 위험해. 지금 공주에서부터 냇가를 따라왔는데 저기 보이는 길로 쭉 가면 공주시가 나와"라고 알려 주었다.

이렇게 정보를 주고받고 우리는 서로에게 조심하라는 말을 남기고 헤어졌다. 뒤를 돌아보면서 그의 성공을 기원했다.

젊은이들이 일하고 싶어도 마땅히 일할 곳이 부족한 것은 어제오늘의 이야기는 아니다. 그러나 이 청년이 2개월 동안의 일정을 마치면 그의 인생이 달라질 것이라고 믿는다. 6일째 걷는 날, 한 식당 아주머니가 자신의 아들이 한 달간 자전거로 전국일주를 하더니 달라졌다고 하던 말이 생각났다. 청년의 그런 경험은 토플 성적이나 그 어떤 자격증보다 값진 스펙이다. 어떤 회사도 이런 청년을 외면하지 않을 것이다.

정안면에 도착했다. 급하면 파출소 화장실을 이용하는 것이 이젠 한 두 번이 아니다. 옆에 식당도 있다. 시골 식당의 메뉴는 대충 정해져 있다는 것을 알게 되었다. 강가를 지날 때는 올갱이국 또는 민물 매운탕이고, 산속으로 들어가면 토종닭백숙, 오리고기, 염소탕, 삼겹살이다. 오늘 저녁은 염소탕이다.

구름 낀 날이라 가는 길은 바람이 불고 쌀쌀하다. 나는 다시 전화로 난방을 미리 해줄 것을 부탁했다. 사실 오늘 내가 묵을 펜션은 집 한 채를 통째로 빌려 주는 곳인데 하루에 15만 원이라고 한다. 사정해서 6만 원으로 깎아서 자게 되었다. 농협 마트에서 참외와 빵 각각 두 개, 그리고 봉지 견과를 사서 배낭에 넣었다. 숙소까지 가려면 5km는 더 가야 하는데 전주에서부터 아파오던 통증은 더욱 심해져 간다.

해가 넘어간 후에야 숙소에 도착했다. 방 안은 따뜻하다. 나는 지쳐 쓰러졌다. 샤워도 못하고 누워 버렸다. 그리고 얼마를 자고 난 후 주인에게 "숙박비 받으러 오세요"라고 문자를 보냈다. 잠시 후 주인이 들어왔다. 그분은 정안면에서 유명한 밤과 밤꿀을 들고 왔다. 숙소에서 먹을 것을 대접받기는 이번이 네 번째다.

천사를 보내주셨다

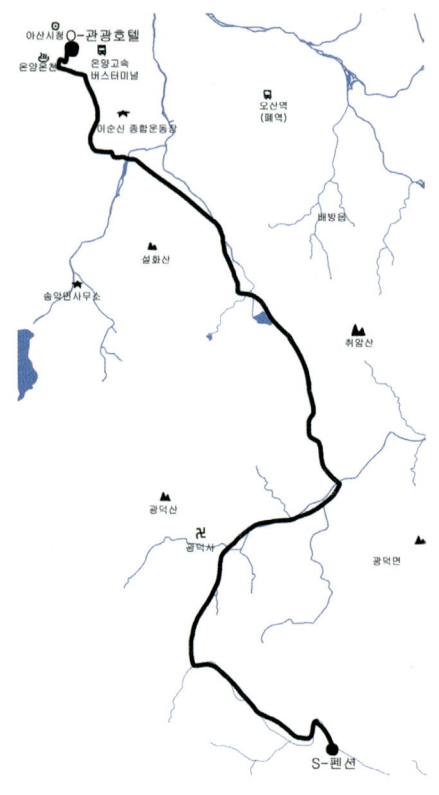

펜션 아저씨는 저녁에 간식으로 먹으라고 밤과 꿀을 가지고 오셨다. 나는 남은 것과 함께 아침상을 차렸다.

      7시에 일어나 S 펜션을 떠나기 전 어제 일로 감사의 마음을 전하기 위해 "편안히 잘 쉬고 갑니다. 고맙습니다"라고 주인아저씨에게 문자를 보냈다. 종종 아침에 집을 나설 때 펜션 주인에게 문자를 보내곤 했다.

      아저씨는 이미 뒷산 벌통에 가 있는 것 같다.

      가는 길 도로 안쪽으로 산에서 내려오는 작은 하천이 있고, 하천 좌측을 따라 올라가는 길이 가까운 것 같아 그

길을 따라 한참을 올라갔는데, 아뿔싸! 건너는 다리가 없다. 건너뛰기에는 폭이 넓다. 할 수 없이 신발과 양말은 벗고 바지를 올린 다음 도랑을 건넜다. 새벽에 산에서 내려오는 물이라 얼음처럼 차다. 쪼그려 앉아 양말과 신발을 다시 신고 도로 위로 올라와 걸었다.

도로에 올라와 얼마를 걷고 있는데, 승용차 한 대가 내 옆에 선다. 운전석을 쳐다보니 펜션 주인아저씨다. 그는 나를 보더니 타라고 한다. 나는 손사래를 저으며 괜찮다고 했다. 하지만 차를 세우고 자꾸만 타라고 하니 난망하다. 지난번 담양에서 막걸리 상을 차려 놓고 함께 마시자고 하던 분과 다르지 않다. '거절할 수 없는 친절'인 것이다.

나는 조수석에 올라탔다. 그는 내가 온양 쪽으로 가는 것을 알고 있다. "광덕사 입구까지만 모셔다 드리겠습니다"라고 하면서 산 쪽으로 난 도로를 향해 달린다. 언덕길에 이르니 도로는 4차선 자동차 전용도로를 만나고, 바로 앞에 긴 터널이 보인다. 나는 담양 추월산에서 터널을 만난 적이 있다. 터널 앞 공터에서 기다렸다가 차량으로 터널을 지나갈 수 있도록 태워 달라고 부탁한 적이 있다. 인도가 없는 터널을 걸어서 지나가는 것은 매우 위험하기 때문이다. 나는 터널을 지나며 속으로 '오늘 천사를 만났다'고 했다.

그는 나를 광덕사 입구까지 태워다 주면서 조심해서 가라고 말하고는 되돌아갔다. 그분의 속 깊은 마음을 헤아려 본다. 참 고마운 일이다.

🔑 "후한 예로 우리를 대접하고 떠날 때에 우리 쓸 것을 배에 실었

더라"(행 28:10).

온양으로 가려면 넙티(넓티)고개를 넘어야 한다. 한참을 걸어 언덕길에 들어서니 온양까지 16km가 남았다는 이정표가 있다. 충무공 이순신 장군께서 옥고를 치르던 정유년(1597) 봄에 남행 천릿길을 향하면서 이 고개를 넘었다고 한다. 그는 이 고개에 이르러 모친의 부고를 들었으나 잠시 멈추어 제를 올린 다음 왜구가 침략한 나라를 구하기 위해 계속해서 남으로 내려갔다. 그래서 후세 사람들은 넙티고개를 이순신 장군의 '백의종군의 길'이라고 부르며 기념비를 세웠다. 청연 한유자 시인이 지은 넙티고개에 관한 시를 올려 본다.

아산으로 들어왔다.

이순신 장군이 백의종군으로 왜군을 물리치러 내려갈 때 넙티고개에서 모친의 부고를 듣고 이곳에서 제를 올린 다음 다시 남쪽으로 향했다.

넙티고개

청연 한유자 시인

하늘이 무너지고
땅이 꺼지는 아픔으로
돌아올 기약 없는 이 고개를
님은 가셨지만

우리 가슴엔 우국충정

피고지고 지고피고

정유년 4월에 이순신 장군이 넘었던 이 고개를 나는 갑오년(2015) 4월에 반대쪽에서 넘어 한양으로 가고 있다.

온양시내로 접어들었다. 온양 전철역 밑에 시장이 열리고 있다. 옥정호에서 잃어버린 지팡이를 이제야 다시 구입했다. 지팡이가 얼마나 더 필요할지는 모르겠다.

숙소인 호텔이 건너편에 있다. 벚꽃이 만개한 온양의 O 관광호텔에서 온천욕으로 누적된 피로를 풀었다. 지난 겨울 아내와 함께 이 호텔의 대중탕에 들러 목욕을 한 기억이 난다.

호텔 안에 비치된 기드온 성경을 발견하다.

호텔 안 서랍에서 빨간 기드온 신약성경 책을 발견했다. 요한복음 21장을 읽었다. 부활한 주님께서, 어부로 다시 돌아간 제자들을 찾아 갈릴리 호수에서 잡은 생선을 함께 구워 먹으며 대화를 나누셨던 기록이다. 언제 읽어도 참으로 감격스러운 장면이다.

🔑 "나가서 배에 올랐으나 그날 밤에 아무것도 잡지 못하였더니 날이 새어갈 때에 예수께서 바닷가에 서셨으나 제자들이 예수이신 줄 알지 못하는지라 예수께서 이르시되 얘들아 너희에게 고기가 있

느냐 대답하되 없나이다……시몬 베드로가 올라가서 그물을 육지에 끌어올리니 가득히 찬 큰 물고기가 백쉰세 마리라 이같이 많으나 그물이 찢어지지 아니하였더라……예수께서 가셔서 떡을 가져다가 그들에게 주시고 생선도 그와 같이 하시니라……그들이 조반 먹은 후에……세 번째 이르시되 요한의 아들 시몬아 네가 나를 사랑하느냐 하시니 주께서 세 번째 네가 나를 사랑하느냐 하시므로 베드로가 근심하여 이르되 주님 모든 것을 아시오매 내가 주님을 사랑하는 줄을 주님께서 아시나이다"(요 21:3-17).

4월 10일 (21일차)
24km

길은 삶의 위대한 배움터

눈을 뜨자 재빨리 다시 호텔 온천사우나로 향했다. 따뜻한 물에 담그고 나니 한결 몸이 가볍다. 계절은 완연한 봄으로 접어들었다. 호텔 주변에 늘어선 벚나무에 벚꽃이 만개했다. 식당에 온 외국인들이 신기한 듯 창 쪽에서 연신 셔터를 누른다. 나도 오랜만에 호텔에서 여유로운 아메리카식 조식을 했다.

숙소 입구에 만개한 벚꽃

곡교천 다리를 건너 2차선 자동차 도로를 피해 한적한 농로를 따라 걸었나. 자동차 도로에는 인도가 따로 없

호수에는 낚시꾼들로 붐빈다.

둔포 쪽으로 간다

기 때문이다. 염치읍을 지났다. 둔포면 봉재 저수지 주변에는 낚시꾼으로 북적인다. 저수지 주변 경관이 좋아 전원주택과 펜션들이 들어서 있다. 둔포 교차로가 길을 막아 돌아서 갔다. 날씨도 덥고 목이 말라 가게에서 물 한 병을 구입해 한 번에 다 마셔 버렸다.

평택 팽성읍의 숙소에 도착한 나는 저녁을 먹기 위해 H호텔 밖에 있는 식당으로 들어갔다. 이곳은 마치 미국의 한 마을에 온 것 같은 착각이 든다. 군용 비행기의 이착륙으로 소란하다. 일부 마을은 전투기 소음 대책을 호소하고 있다. 모든 간판과 안내 표시가 한글과 영어로 병기되어 있고, 아예 영어로만 되어 있는 간판도 있다. 식당이나 가게에서도 영어가 공용어인 듯하다. 미군과 그 가족들이 사는 이 지역은 최근에 미군기지의 이전으로 주거지가 더 많아졌다고 한다.

숙소는 호텔이라고는 하지만 장급여관처럼 보인다. 저녁을 먹고 참외와 오렌지를 사가지고 들어왔다.

어느덧 우리나라 남단 전남 여수에서 광주, 전북, 충남을 거쳐 경기도에 들어왔다. 돌이켜 보면, 남녘이었지만 3월의 새벽길은 쌀쌀했다. 또한 해 질 무렵에는 매서운 바닷바람이 세차게 불었다. 무섭게 질주하는 차량 때문에 모래바람을 뒤집어쓴 적도 많았다. 또한 전주를 지날 때는 일주일 이상 계속해서 비가 왔다. 고생스러울 때마다 후회스러움도 함께 느꼈다. '기왕 걸으려면 외국의 아름다운 길을 걸을 것을……' 하면서. 이제 양화진까지는 1주일도 채 남지 않았다. 걷기 3일째 되던 날 심한 무릎 통증 때문에 최대의 위기를 맞았지만 잘 극복했다. 전주에서 익산으로 갈 때 허리가 너무 아파 한참을 냇가에 누워 있기도 했다. 아침은 대부분 굶거나 점심때가 되어야 먹을 수 있었다. 저녁을 먹으러 읍내 식당으로 갔다가 다시 숙소로 뒤돌아오기 일쑤였다. 많이 불편하고 힘들었다.

길을 혼자 걸었으나 결코 혼자가 아니었다. 나는 이 길에서 일찍이 한국에 온 많은 선교사들을 만났고, 그들은 내게 많은 용기를 주었다. 그들이 남긴 위대한 이야기를 가슴속에 새롭게 품게 되었다.

선교사들은 왜 고국에서 누릴 수 있는 많은 것들을 포기하고 이 땅을 찾아왔을까? 이들 선교사들은 대부분 명문대학교와 의대를 졸업하고, 선교사가 되기 위해 신학을 또 공부했다. 대학의 교수직, 대기업의

취직자리, 잘나가는 사업을 마다하고 부름을 받았을 때 지체하지 않고 이 땅으로 달려왔다. 이들은 인생의 남은 후반부를 봉사하기 위해 조선을 찾은 것도 아니었다. 젊은 나이에 한국 땅을 밟았다.

광주 선교사 묘지를 방문했을 때, 안내자는 "여기 선교사들은 당시 미국 사회에서 상위 1%에 해당되는 분들"이라고 했다. 그런 사람들이 20대에 한국에 와서 가족을 잃고, 본인도 전염병과 풍토병으로 오래 견디지 못하고 쓰러져 이 땅에 묻혔다. 그럼에도 불구하고 대를 이어서 오고 또 왔다. 무엇이 이들의 가슴을 불붙게 만들었을까? 왜 그들은 조선을 그토록 사랑했을까? 복음의 위대함을 가슴에 새기며 스스로를 뒤돌아본다.

자신의 신앙을 위해 인생에서 한 번쯤은 순례의 길을 나서도록 권하고 싶다. 순례의 길은 삶의 배움터다. 홀로 떠나 자신을 되돌아볼 수 있는 기회를 갖는 사람, 그 사람은 자신이 원하는 삶을 발견할 수 있다. 순례는 '하나님이 내게 무엇을 요구하시는지'를 알게 해준다.

나는 길에서 남은 나의 삶에 대해 스스로 묻고 또 물었다.

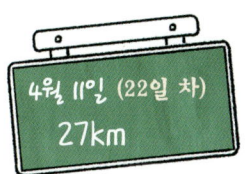

안중으로 가는 길에

안성천 위에 세워진 팽성교를 건넜다. 팽성교 위에서 만나는 풍경이 아름답다. 하천을 따라가면 평택 안중이 나온다.

강은 넓고 한적하다. 그러나 나는 곧 실망했다. 하천변과 농수로에는 온갖 쓰레기가 널려 있다. 스티로폼, 빈병, 플라스틱 용기, 비료부대, 집에서 쓰던 가구, 그릇, 음식물 등 온갖 쓰레기가 하천을 메우고 있다. 이런 물로 농사를 짓고 그 소출을 우리가 먹고 있다. 걱정스럽다. 공주에서 본 쓰레기는 비교가 안 될 정도로 이곳은 더 심각하다.

이번 순례는 농촌지역으로 주로 다녔다. 농촌을 지날 때마다 농촌 쓰레기를 치울 환경지킴이가 필요하다는 것을 절실히 느꼈다. 지구과학자

안중으로 가는 강가 산책로. 나는 온갖 봄꽃 향기를 맡으며 북상 중이다.

들은 지구에 생물이 탄생한 이후 지금이 여섯 번째 대멸절 사건을 겪는 시기라고 경고한다. 과거에는 화산이나 운석 충돌과 같은 천재지변에 의해 일어났지만 지금의 대멸절은 천재와 관계가 없고 인간이라는 영장류의 한 종이 미치광이처럼 일으키는 환경파괴로 동식물을 멸종시키려 한다는 것이다.

지구에 사는 약 1,000만 종의 동식물 가운데 매년 1종 정도가 사라졌으나, 근래에는 매년 1,000종 이상이 사라진다고 한다.

인간이 무슨 짓을 하기에 지구환경을 이토록 파괴시켜 생명체를 멸종시키는가? 가장 큰 원인으로는 기후변화다. 그 기후변화의 원인으로는 과도한 에너지 사용을 지적한다. 편리함과 고급화가 불러온 에너지 과다 사용으로 지구에 사는 수많은 생물체가 사라지고 있다. 에너지 과다사용으로 인한 온난화와 쓰레기로 인한 오염이 환경을 파괴하는 주범인 것이다.

나는 수많은 하천을 지나오면서 송사리가 헤엄쳐 다니는 하천을 본 적이 없다. 어릴 적에는 얕은 하천 모래언덕 주변 물가에 헤엄쳐 다니는 송사리를 냇가 어디서든 볼 수 있었다. 송사리는커녕 살아 있는 물고기도 농수로에서 본 적이 없다.

이번 순례길 곳곳에 버려진 쓰레기 더미를 보고 충격을 받았다. 인적이 뜸한 소하천과 그 주변의 농로에 버려진 쓰레기는 버려진 양심을 대변하는 듯하다. 게다가 누구도 이 쓰레기를 치우는 사람이 없다. 농수로와 소하천에 오니 덩어리가 둥둥 떠다니고 시커먼 이끼 같은 것이 긴 꼬리모양을 하고 있다. 이런 물속에서 어떻게 물고기가 살 수 있을까? 이런 더러운 물로 농사를 지어 생산한 쌀 등 식품은 이미 중금속에 오염되어 일부 지역에서는 위험수준이라고 한다.

타다 남은 플라스틱 용기, 농업용 비닐, 빈병, 깡통, 음식물, 스티로폼,

낚시터 주변은 여지없이 쓰레기로 덮여 있다. 낚시를 금지시키든지 미국처럼 낚시 면허 제도를 도입하든지 대책을 세우지 않으면 하천은 썩어갈 수밖에 없다.

가구, 낚시꾼들이 버리고 간 갖가지 쓰레기가 뒤범벅이 되어 곳곳에 방치되고 있고, 이런 쓰레기가 장마철에 비가 오면 쓸려나가 하천과 저수지가 온통 쓰레기로 덮인다. 대부분 농촌지역의 쓰레기 문제는 전국이 비슷하다. 도시지역에서는 그나마 필요 없는 물건을 버리는 데에도 일일이 요금이 부과되고 그때그때 처리가 되며, 쓰레기를 치우는 환경미화원이 있어 깨끗이 청소가 되는데, 농촌지역에 버려진 쓰레기는 그대로 방치되어 있다.

온종일 쓰레기만 쳐다보고 걸었다고 해도 과언이 아니다. 날씨도 더워 짜증이 나고 힘이 든다. 지자체에서 하천에 산책로를 만들어 꽃을 키우고 쉼터를 만드는 것도 필요하겠지만 보이지 않는 곳에 쓰레기가 넘쳐나서 하천과 농지를 오염시키고 있다는 사실에 관심을 기울이는 것이 더욱 시급하고 중요하다.

오후가 되면 날씨도 덥고 나른하다. 누워서 등을 펴는 것이 즐거움이다.

안성천 하류는 마치 호수처럼 넓게 보인다. 재빠르게 모터보트가 지나가고 있는데, 나는 산책로가 잘 나있는 둑을 따라 걷는다. 주말이라 사람들이 가족과 함께 나와 걷고 있다. 곳곳에 낚시하는 사람들이 보인다.

뷔페 식당이 보여 들어가 점심을 먹었다. 시간은 좀 이르지만 아침을 먹지 않은 터라 들어갔다. 잔반이 생기지 않으니 가격도 저렴하다.

긴 논길을 따라 계속해서 걸었다. 경기도는 유난히 차가 많을 뿐더러 대부분의 도로는 확장공사를 하고 있어 통행이 불편해 아예 논둑길을 택했다.

안중에 도착해서 목욕탕에 들렀다. 목욕탕은 쉬면서 피로를 풀 수 있는 곳이다. 모자를 벗고 체중계에 올라가 보았다. 체중은 생각보다 많이 감소하지 않았다. 목 주위는 갈색으로 그을려 있고 잔주름이 거울에 비친다.

사우나에서 땀을 빼고 나와 느린 걸음으로 숙소로 향했다.

아담한 교회 수양관이 보여 잠시 주변을 둘러보았다.

순례 마지막 주일예배를 드리다

머문 곳이 호텔이라 숙소에서 아침을 먹었다. 중국인 관광객들로 식당이 북적인다. 나는 한적한 곳에 자리를 잡고 서둘러 식사를 마쳤다.

향남제약공단을 지나가야 발안으로 간다. 우리나라 굴지의 제약회사가 여기에 많이 모여 있다. 모든 제약회사의 이름이 나에겐 낯설지 않다.

15년 전부터 우리나라의 미래 유망산업이었던 IT(Information Technology)산업이 최근 중국 등 신흥국가의 추격으로 주춤하고 있다. 대신에 BT(Biological Technology)가 새로운 미래 유망산업으로 등장했다. 여기에 빼놓을 수 없는 부분이 제약산업이다.

아직도 인류는 암을 비롯한 난치병과 유전질환으로 고통을 당하고 있다. 인류 역사를 보면 전쟁과 과학적 발명이 역사의 흐름을 바꾸었는데, 의약품 개발도 거기에 큰 몫을 했다. 항생제의 발견, 백신의 개발, 피임약을 비롯하여 최근 발기부전치료제까지 의약품이 인류 역사에 미친 영향은 매우 크다. 앞으로 우리나라의 경제문제를 해결하는 데에도 바이오 산업이 큰 역할을 담당할 것이다.

화성시 발안에는 제약공장 외에도 많은 공장들이 있어서 외국인노동자들이 많다. 버스정류장은 외국인들로 북적인다. 휴일이라서 이동하는 외국인들이 많다. 마치 동남아의 한 도시에 온 듯하다.

나는 교회를 찾으러 시내로 들어섰다. 멀리 십자가가 보인다. 물론 예배드릴 시간이다. Y 감리교회다. 내 순례길에 드리는 네 번째 주일예배다.

향남의 한 감리교회에서 순례길에서의 마지막 예배를 드렸다.

성경: 요한복음 21장 1-7절
제목: 너희에게 고기가 있느냐?

오늘 설교 본문은 온양의 한 호텔에서 머물 때 읽은 성경말씀이다. 설교는 차분하고 은혜로웠다. "나의 진정한 모습은 내 생활 속에 있다"라고 말씀하셨다. 목사님이 내 긴 순례의 여정을 다시 한 번 정리해 주는 것 같기도 했다. 그분은 설교를 통해 자신을 포함한 모든 인간의 이중성에 대해 신앙적 고민을 한다고 했다.

우리는 자신을 포장해서 남에게 보여주는 것에 매우 익숙해져 있다. 대부분의 사람들은 나의 포장된 모습만 본다. 걷기 7일차에 광주에서 담양을 향해 가면서 선교사들의 헌신적인 삶의 모습을 보면서 "나는 언제 성도가 되는가"라는 물음을 떠올렸다. 김형수 시인이 쓴 책《삶은 언제 예술이 되는가?》는 한 사람이 작가가 되어 가는 과정을 고백한 책이다. 신앙인에게도 성도가 되어가는 과정이 필요하다고 말할 수 있다. 지난 20일 동안 나는 나 자신이 얼마만큼 더 성숙한 성도가 되었는가를 헤아려 보았다.

예배를 마치고 교회에서 제공한 점심을 먹고 숙소로 향했다.

제암리 가는 길

도로표지가 제암리로 가는 방향을 알려 주고 있다. 제암리 주민들을 교회에 가두고 불을 지른 제암리 학살 사건이 1919년 4월 15일에 일어났는데, 나는 2015년 4월 13일, 이 사건이 일어난 지 이틀 모자란 96년이 흐른 후 이곳을 지나가고 있다.

1919년 3·1 운동 때 이 지역에서도 만세운동이 일어났다. 3월 30일 발안 장날, 장터에 모인 주민들은 국권회복을 위한 시위를 전개하며 독립만세운동을 벌였다. 제암리 교인들도 발안 장터에 나가 시위를 전개했다. 특히 4월 5일에는 발안주재소를 습격하는 등 격렬한 만세운동을 주도적으로 전개했다.

만세운동의 주동자를 파악한 일본 경찰은 4월 15일에 주민들을 교회로 모이게 했다. 출입문과 창문을 모두 잠그고 무차별 집중 사격을 가하고 교회에 석유를 뿌리며 불을 질러 모두 태워 버렸다. 살려 달라며 교회 밖으로 나오는 아낙네며 어린아이까지 칼로 찔러 죽이는 만행을 저질렀다. 그들은 그것도 모자라 주변마을로 들어가 30여 가옥에 불을 지르고 사람을 죽이는 만행을 저질렀는데, 이 일로 29명이 숨졌다.

이때 소식을 듣고 달려온 선교사가 있었다. 그가 **스코필드**(Frank William Schofield, 한국이름: 석호필, 1889-1970) 선교사다. 그는 영국 워릭셔(Warickshire) 주 럭비(Rugby)에서 태어나 1907년 캐나다로 이민 와서 토론토(Toronto) 대학을 졸업하고 그 대학에서 수의학 박사학위를 받은 후 1916년 아내와 함께 세브란스 의전에서 미생물학과 위생학을 가르치고 있었다.

1919년 4월, 스코필드는 제암리 학살 소식을 듣고 제암리 현장으로 달려갔다. 열차를 타고 수원역에서 내려, 일본 경찰의 감시를 피해 화성 제암리까지 자전거를 타고 현장에 갔다. 현장을 목격한 그는 시신들을 모아 향남면 도이리 공동묘지 입구에 안장했다. 그리고 일본 헌병 몰래 현장 실황

제암리 학살 사건을 들은 스코필드는 수원역에 내린 다음 자전거로 이곳에 도착하여 현장을 사진으로 남겼다.

을 사진에 담아 "제암리 학살 보고서"를 작성해 캐나다 선교부에 보냈고, 장로회 기관지인 〈프레스비테리언 위트니스〉(Presbyterian Witness)에 "수촌리 학살 만행 보고서"를 기고하여 일제의 야만행위를 국제사회에

여론화시켰다. 그 외에도 언더우드 등 많은 해외 선교사들도 일본인들의 만행을 국제사회에 알렸다. 서대문형무소를 방문하여 유관순 열사 등 3·1 운동 관련 애국지사 등을 위로하고 격려하기도 했다.

1920년 그는 일제에 의해 강제 추방당했으나, 본국으로 돌아간 후에도 일제의 만행과 한국의 독립운동을 미국과 세계에 알렸다.

1958년 칠순의 나이에 다시 한국에 돌아와 서울대학교, 연세대학교, 중앙대학교에서 후진 양성을 위해 강의하며 교수로 봉직했다. 그는 외국인으로는 처음으로 대한민국 문화장과 건국공로훈장 국민장을 받았다. 스코필드 박사는 3·1 운동 민족대표로 불리고 있으며, 1970년에 세상을 떠나자 국립서울현충원의 애국지사묘역에 안장된 유일한 외국인이 되었다.

1982년 9월 29일 문화공보부는 경기도 주관으로 제암리사건 때 희생당한 사람에 대한 합동장례식을 치르고 희생자들을 순국열사로 추서했으며, 이 지역을 사적 제299호로 지정했다. 해방 후 참회하는 일본인들이 모금하여 제암리교회를 세웠으나 헐고 다시 지었다.

3·1 운동 순국기념관에는 그때 스코필드가 찍은 현장사진과 활동 등을 전시해 놓았다. 그 후 3·1 운동 기념탑과 기념교육관을 세워 후세에게 순국선열의 애국애족과 국난 극복을 위한 산 교육장으로 활용하며, 순교적 신앙을 계승 발전시켜 나가고 있는데, 많은 참배객들이 이곳을 찾고 있다.

2015년 3월 1일에는 광복 70주년 및 제96주년 3·1절을 맞아 스코필드 동상이 건립되었고, 스코필드의 손녀 리사가 그 옆에 기념식수를 해 스코필드 선교사의 한국 사랑을 기리는 행사가 진행되었다.

이 무렵 제암리 학살 현장을 조사하고 돌아오던 유진 벨 선교사의 부인과 선교사 일행이 근처 병점 건널목에서 열차와 충돌하여 사망한 가슴 아픈 일도 잊을 수 없다.

일요일이지만 경기도는 차가 많다. H 민박집은 자동차 도로로 이어지는 언덕길을 넘어가야 한다. 이후 시골길로 접어들었다. 고급 전원주택들로 시골 풍경이 새롭다. 주변의 주택들은 저택에 가깝다.

작은 방죽 옆에 펜션이 있다. 교회 같은 건물도 보이지만 서울의 한 교회가 수련원으로 이용하는 것 같다. 인근에 경양식 식당이 있어 저녁은 그곳에서 먹기로 했다. 이곳에 들르니 다녀간 고객들이 벽에 메모로 남긴 글이 수북하게 붙어 있다. 나도 "Camino de Yanjuazin, 2015. 4. 12."이라고 글을 남겼다.

호숫가 카페에 들러 저녁을 먹었다. 고객들이 각자의 추억을 메모에 남겼다. 나는 "Camino de Yanjuazin, 2015. 4. 12."이라고 적어 놓았다.

방죽을 돌아 숙소로 오는 길은 바람이 불고 쌀쌀했다. 해는 이미 산등성이를 넘어갔고 어둠이 내리기 시작했다. 돌아오는 길 위에는 나 외에 걷는 사람은 보이지 않고 자동차만 쏜살같이 달려간다. 이제 순례도 며칠 남지 않았다.

4월 13일 (24일 차)
23km

소설 《상록수》의 땅에서

　　펜션 온돌방에서 숙면을 취했다. 일어나는 시간이 점점 더 늦어진다. 샤워를 하고 나서 어제 산 토마토 한 개와 요거트를 먹었다. 이 정도면 훌륭한 아침이다. 저수지를 돌아 안산 방향의 이정표를 보고 우측으로 향했다. 인도가 없고 바람은 세차다. 트럭이나 큰 차가 지나갈 때면 모래먼지를 뒤집어쓰니 불편하다. 심할 때면 모래가 얼굴을 때리기도 한다.

　　비봉파출소에 들어가 길을 물었다. 차도가 아닌 농로로 가는 길을 자세히 알려 주었다. 학교를 돌아서 해장국집을 만났다. 점심을 먹기에는 좀 이른 시간이지만 식사를 할 수 있는지 물어 보았다. 해장국을 맛있게 먹고 있는데 건너편 주인아주머니가 기침을 심하게 한다.

"감기 걸리셨네요." 내가 말을 건넸다.

"이번 감기가 오래가네요." 아주머니는 대답했다.

"감기약이 있는데 드릴까요?"

싫지 않은 것 같다. 상비약 가방을 열어 감기약을 다 주었다. 나의 일정도 얼마 남지 않았기에 다 주었다.

"하루 세 번 드세요." 직업을 숨길 이유가 없다.

나는 식당을 나오면서 이번 순례에서 한 번도 배탈이 나거나 감기에 걸리지 않은 것에 감사했다.

🔑 "여호와께서 그와 함께 하심을 보며 또 여호와께서 그의 범사에 형통하게 하심을 보았더라"(창 39:3)

자동차 길을 먼발치로 바라보면서 농로를 따라가면 된다. 1시간쯤 걸으니 농로가 끝났다. 차도가 좁은데 차는 많다. 나는 길 옆 목공소에 들어가 길을 물었다. 안산으로 가는 다른 시골길이 있다고 하면서 알려 주었다.

그 길을 따라나섰다. 원래 좁은 마을 길이었는데 확장공사를 하고 있다. 작은 다리를 건너 안산시로 들어섰다. 길 양쪽에 벚꽃이 활짝 피었다. 광주 섬진강에서 보았던 벚꽃을 여기서도 본다. 나는 벚꽃 피는 시기를 좇아서 북으로 올라가고 있는 것이다. 아내에게 안산시에 들어왔다고 문자를 보냈다. 세월호 참사 1주기 사흘 전이라 청주도 여기서기 노

안산에 들어오자 나는 당황했다. 세월호 1주기가 3일 전인데, 숙소까지 가는 동안 추모 플래카드를 발견할 수 없었다. '이것이 세상인심인가'라는 생각에 씁쓸했다. 나는 가는 길에 내가 준비한 리본을 여러 개 달았다.

란 리본과 추모 플래카드가 많이 걸려 있다는 문자를 보내왔다.

그런데 이상하게도 안산 시내에서는 그 흔한 추모 플래카드 한 장 발견할 수 없다. 내 눈을 의심하며 여기저기 두리번거렸지만 노란 리본조차도 구경할 수 없었다. 20여 일 전에 광주에서도 보았고, 10여 일 전에 전주에서도 봤는데 말이다.

'이것이 세상인심인가? 사람들이 지쳤는가?'

너무 쓸쓸해 보여, 나는 내가 준비한 청록색 리본을 벚나무 가지에 달았다.

바람이 세차게 분다. 곧 비가 올 것 같다. 나는 서둘러 상록구에 있는 비즈니스 호텔 숙소로 향했다. 숙소에 짐을 내려놓고 목욕도 하고 주변도 둘러볼 겸 나왔다. 비가 오지만 큰 비는 아니다.

상록구는 심훈의 소설 《상록수》로 유명한 곳이다. 이 소설의 실제 모델인 최용신은 농촌 계몽운동과 어린이 교육에 진력하다가 26세의 나이로 요절했다.

안산의 상록구는 원래 심훈의 소설 《상록수》에서 유래되었다. 소설 《상록수》를 고등학교 때 도서관에서 며칠 동안 탐독했던 기억이 난다. 이 소설을 읽고 한때 교사가 되고 싶은 생각을 가졌었다.

최용신 기념관

이 소설은 원래 화성군 반월면에서 농촌계몽운동을 하다가 요절한 최용신에 관한 이야기를 소설화한 것이다. 최용신은 독실한 기독교 신자로 어린이 교육과 농촌계몽을 위해 일하다가 26세로 짧은 생애를 마쳤다.

그녀는 원산 루씨여학교를 졸업하고 협성신학교에서 신학공부를 했다. 다시 일본으로 건너가 고베(神戶)신학교에서 유학하던 중, 맹장수술이 잘못되어 장협착이라는 병에 걸려 귀국했다. 천곡마을에서 그리스도를 전하고 민족정신을 가르치는 일을 하다가 결국 장질환으로 25년 6개월의 꽃같은 나이에 세상을 떠났다. 최용신은 비록 짧은 생을 살았지만 기독교를 바탕으로 한 그녀의 민족계몽정신은 이 땅에 깊이 새겨져 있다.

그녀의 유언에 나오는 박 군은 김학준(전 광주제일교회 장로)으로, 그는 조선대학교 교수로 그녀의 약혼자였지만 소설 속의 박동혁과는 거리가 있다고 보는 것이 옳다. 약혼한 사이일 뿐 함께 살지는 못했다(소설에서 채영신은 박동혁과 약혼했다).

최용신의 무덤 곁에는 네모난 무덤이 나란히 있다. 김학준 장로의 무덤이다. 그가 최용신 옆에 묻히기를 부탁했던 것이다.

기념관 옆 샘골교회. 최용신은 천곡(샘골)교회를 빌려 '샘골강습소'를 운영했다.

이곳 안산에 최용신 기념관이 있고, 주변에 기념 조형물, 원산 실향민들이 심은 기념식수, 묘소, 그리고 그 옆에 샘골(천곡)교회가 있다. 샘골교회는 1907년에 세워진 교회로 소설 《상록수》의 실제 주인공인 최용신 선생의 얼이 살아 숨 쉬는 교회다. 최용신은 이 교회를 빌려 '샘골 강습소'를 운영했다.

나는 샘골교회 앞의 나뭇가지에 준비한 리본을 달았다.

눈물과 한숨으로 단원고와
세월호 희생자 합동분양소를 방문하다

　아침에 일어나니 많은 비가 내린다. 하늘에서 내리는 슬픔의 눈물로 느껴졌다. 나는 흰 우의를 쓰고 비를 피하기 위해 고개를 숙이며 천천히 상록구에서 단원구를 향하여 4km 정도를 걸었다.
　단원구청 앞에 이르러서야 "바람도 냇물도 소리 죽여 함께 기도합니다"라고 쓰인 플래카드와 노란 리본들이 보인다. 이틀 후면 세월호 참사 1주기다.
　구청 앞에서 좌측으로 돌아 단원고등학교 정문 앞에 이르렀다. 차마 학교 안으로 들어서기가 민망했다. 수위 아저씨는 들어가는 나를 목례로 맞이한다. 무슨 일로 왔느냐고 묻지도 않는다. 교문을 지나 언덕길을

단원구에 들어서자 추모의 글이 보이기 시작했다.

단원구교육청 앞 추모글

단원고등학교 정문, 경비원은 내게 아무것도 묻지 않았다.

올라가니 학교건물이 동산 위에 자리 잡고 있다. 교실에서는 학생들의 떠드는 소리가 들린다. 나는 운동장을 한 바퀴 돌 생각이었다. 하지만 잠시 망설였다. 수업을 방해할 수도 있다는 생각에서다. 우의를 입은 채로 운동장을 도는 모습을 모든 학생들이 볼 것이고, 그렇게 되면 수업에 방해가 되리라는 염려 때문에 나는 운동장 본부석 의자에 앉아 조용히 기도했다.

"주님, 세월호 가족들을 위로해 주시고, 이 땅에 이런 비극이 다시 일어나지 않도록 사건과 구조의 모든 과정이 반드시 밝혀지기를 기도합니다. 그리하여 세월호 희생자 가족들이 더 이상의 원망과 한을 품지 않기를 기도합니다."

🔑 "내가 아프고 심히 구부러졌으며 종일토록 슬픔 중에 다니나이다"(시 38:6)

짧은 기도, 긴 침묵이었다.

아래로 내려오는 나에게 경비원은 "어디서 오셨나요?"라고 묻는다. 나는 "혹시 여기서 얼마 동안 근무하셨나요?"라고 되물었다.

"얼마 안 돼요."

전에 이 학교의 경비원으로 근무했던 분이 그만두었다고 상상하는 것은 그렇게 어려운 일이 아닐 것이다.

추모관은 단원고 좌측에 있으며 공원 쪽으로 더 가야 했다. 가던 길에서 만난 한 학생에게 물어 보니 "대형 백색 포장으로 만든 돔"이 그곳이라고 알려 주었다. 추모관 입구에는 희생된 교사와 학생들의 사진과 추모글이 빗물에 젖어 가고 있었다. 나는 입구에 들어서면서 배낭을 풀고 우의를 벗고 안경을 닦았다. 자세도 가다듬었다.

정부합동분향소. 나는 일시에 이렇게 많은 영정 사진을 본 적이 없었다.

합동분향소 앞에 영정사진들이 국화꽃 속에 묻혀 있다. 나는 이렇게 많은 영정사진을 한 장소에서 본 적이 없다. 위로 5명씩 다섯 계단, 옆으로 약 60명의 영정사진이 놓여있다. 영정 하나의 크기가 가로 30-40cm라면 전체 길이는 200-250m나 된다.

학생들의 환한 얼굴들을 차마 쳐다볼 수가 없다. 고개를 숙이며 엉겁 잎을 두세 치례 왔다 갔다 했다. 그리고 국화꽃 한 송이를 분향대 위

비에 젖은 추모 사진과 글. 국민이 눈물을 흘리지 않는다면 빗물이 눈물이 될 것이다.

에 올려놓았다. 고개를 숙이고 한참을 서 있었다. 뒤를 돌아 방명록에 "모든 진실이 꼭 밝혀지기를……"이라고 기도하는 마음으로 적었다.

세월호 희생자와 가족을 생각하면 가슴이 미어진다. 진상을 밝혀 참사가 재발하지 않도록 하는 것이 살아 있는 우리가 해야 할 일이다. 사고가 난 후 구조할 충분한 시간이 있었음에도 제대로 구조하지 못했다. 승객의 안전에 대한 책임이 있는 선장과 선박직 승무원 15명은 모두 탈출하여 살았다. 이들이 탈출하면서도 학생들에게 동요하지 말고 객실에 남도록 명령했다고 한다. 일본 후쿠시마 쓰나미 때 미야기 농고의 학생들은 자신들이 탈출하면서 가축 우리의 문을 열고 탈출했다고 한다. 왜 이렇게 다를까? 한마디로 우리 민족의 비극이다.

진상이 규명되고 진정한 해결책이 강구되어 제2의 세월호 사건이 일어나지 않도록 단단히 매듭을 지어야 할 것이다. 대한민국을 안전한 나라로 만드는 동기와 계기를 만들어 주었으면 하는 마음 간절하다. 하지만 지금과 같은 상황에서 진상이 밝혀지기는 어려울 것 같다. 진상 규명에 소극적이다. 아니, 극도로 꺼리고 있음에 마음이 아프다. 세월호 참사와 관련된 것을 내 탓으로 자처하는 사람은 아무도 없고 모두 '남 탓'으로 돌리기만 한다. 세월호 사건은 단순한 참사가 아니라 국가 권력의 무능함과 무책임에서 초래된 참극이다. 고통과 슬픔으로 하루하루를 연명하듯 살아가는 이들에게 따뜻한 위로와 배려하는 마음을 가져야 한다. 300여 명의 어린 생명이 촌각에 달려 있는데, 대통령은 평일 낮에 무슨 개인 용무(사생활)가 그리 막중하여 서면보고만 받았을까? 솔직히 잘 이해가 안 된다.

그리스 신화에 등장하는 '레티아'(Lethia)는 '망각의 여신'으로 그 뜻은 그리스 말로 '죽음' 또는 '망각'을 뜻한다. 망각의 강을 레테의 강이라고 한다. '죽음의'(Lethal)이라는 단어가 여기서 파생된 말인데, 여기에 부정의 뜻을 나타내는 접두어 a를 붙이면 'alethia'(aletheia)가 되어 '비망각' 또는 '비은폐'로 곧 '진실'을 뜻한다. 인간이 죽으면 망각의 강을 건너게 된다고 믿고, 이를 이용한 범죄가 살인이다. 사람들은 죽음이 모든 것을 망각하게 하고 은폐할 수 있다고 믿음으로써 완전범죄를 위해 살인을 하게 된다는 것이다.

그러나 죽음으로부터 진실을 규명하기 위한 현대의학은 발전에 발전을 거듭해 왔으며 죽음으로부터 많은 정보를 얻어내는 데 성공했다.

독일의 철학자 하이데거가 말한 대로 '비망각, 비은폐로서의 진실'이 세월호에 적용되기를 기대한다. 세월호 참사를 잊지 말아야 한다.

"불의에 침묵하는 것은 불의에 동조하는 것이다"라고 말한 프란체스코 교황의 말을 김제동 씨가 옮겼다. 그리고 "2014년은 상실과 배신의 한 해였다"고 그의 페이스북에 올렸다.

지금 우리들은 부끄럽게도 약자의 고통에 침묵하고 있는 것 같다. 약자와 함께 정의의 편에 서기를 꺼려하고 있다. 권력자나 통치자가 국민의 자유를 억압하고 위선과 독선을 행하고 있어도, 고위공직자들이 권력을 남용해도, 경찰과 판검사들이 인권을 유린해도 아무 말이 없다. 나는 기도한다. 사회가 공정하고, 인권이 확장되고, 불의가 사라지며, 사회정의가 실현되는 일에 우리 모두 앞장서야 한다. 하나님 나라에 합당한 '착한 행실'을 보여주기를 진심으로 바란다. '정의가 하수같이' 이 땅에

넘쳐나기를 소망한다.

　　안산시를 뒤로하고 시흥을 향해 북쪽으로 가던 중에 점심을 먹었다.
　　비가 그쳤다. 인도가 있으나 도로 확장공사를 하면서 길은 파헤쳐져 질퍽거린다.
　　오늘 묵을 B 호텔로 전화를 했다. 숙박비는 7만 원이란다. 호텔에 들어가기 전 옆에 사우나를 할 수 있는 목욕탕이 있어 망설임 없이 들어갔다. 거울을 보니 내 몰골이 말이 아니다. 염색한 지 오래되어 흰 머리카락이 귀를 덮었다.
　　목욕탕 안에 이발소가 있어 안으로 들어갔다. 이발사는 힐끔 나를 쳐다보고, 의자에 앉으라고 한다.
　　"머리도 깎고 염색도 해 주세요."
　　"이발하신 지 얼마나 되셨습니까?"
　　"한 달쯤요. 왜요?"
　　"그걸 알아야 제가 어느 정도 깎아야 할지 알 수 있습니다."
　　거울로 뒤를 보니 조금 전에 이발사가 앉았던 의자 옆 탁자에 성경책이 펼쳐져 있다.
　　"기독교인이신가 보네요?"
　　"요즘은 성경만 읽어요……몇 달 전부터 교회는 안 나가요."
　　이유가 궁금했으나 더 묻지 않았다.
　　신앙생활을 오래 했던 성도가 교회를 나가지 않는 이유는 뻔하기 때문이다.

"그래도 교회에 나가는 것이 신앙생활을 하는 데 더 도움이 돼요"라고 권했다.

이발과 염색과 목욕을 마치고 호텔로 향했다. 호텔 정문은 뒤로 나 있었고, 주차장 입구는 비닐 막으로 쳐져 있다. 한눈에 보아도 느낌이 이상하다. 계산대로 들어갔는데 어둡고 침침하다. 일반 호텔과 다르다는 것을 직감할 수 있었다.

"얼마 전에 전화 드렸는데요. 조용한 방으로 부탁합니다."
"선불입니다."
카드를 건넸다. 방 안으로 들어와 카드 영수증을 확인했다.
3만 원이 결제되었다.
나는 호텔카운터로 전화했다.
"숙박비 잘못 계산하셨네요?"
"조금 있다가 나가실 것 아닌가요?"
화가 치밀었다. 그래서 배낭을 다시 메고 내려와 취소해 달라고 했다. 그리고 조 간사에게 예약한 호텔이 '러브호텔'인데 가까운 곳으로 다시 알아봐 달라고 했다.
잠시 후 전화가 왔다. 관광호텔이 있는데 서쪽으로 10km를 더 가야 한다는 것이다.
나는 하는 수 없이 다시 계산대로 갔다. 7만 원을 지불하면서 조용한 방을 달라고 했다. 그리고 저녁을 먹으러 밖으로 나왔다.
천천히 저녁을 먹고 조금 늦은 시간에 호텔로 들어가 열쇠를 가지고 방으로 들어갔다. 침대에 눕는 순간 이불과 시트에서 고약한 냄새가 났다. 나는 카운터로 다시 전화해 새 이불과 담요를 가져오라고 했다. "새 이불도 새 담요도 없고 시트커버만 있는데요"라고 한다. 말도 안 되는 답변이었지만 참았다. 그거라도 가져오라고 했다.

침대에서 내려와 바닥에 시트커버 한 장을 깔고 한 장은 덮은 채로 잠을 청했으나 방 안의 고약한 냄새 때문에 오랫동안 잠이 잘 오지 않았다.

4월 15일 (26일 차)
18km

노란 리본을 가슴에 달고

어쩔 수 없이 러브호텔에서 자게 되었다. 딱딱한 바닥에서 잠을 설치고 새벽 일찍 숙소를 나왔다. 7만 원이나 지불하고 이런 데서 자다니, 뒤도 돌아보기 싫었다. 가다가 김밥집에서 김밥 한 줄 먹고 광명 쪽으로 걷기 시작했다.

어제 추모관에서 받은 세월호 추모 노란 리본을 왼쪽 가슴에 달았다. 희생자 가족들이 왜 절규하는지도 이해했다. 이른 아침인데도 도로에 차량이 붐빈다. 트럭은 시꺼먼 매연을 뿜어대면서 쏜살같이 달린다. 그나마 차도와 인도가 구

공장 앞에 긴 세월호 희생자 추모글

별되어 다행이다.

세월호 1주기를 애도하는 플래카드가 이곳에는 눈에 많이 띈다.

죽음은 인간에게 가장 두렵고 슬픈 일이다. 갑작스런 죽음으로 인한 이별은 평생의 한이 된다.

6년 전 나는 동생을 잃었다. 뇌혈관 기형이라는 진단을 받고 병원 수술실에서 혈관 색전 시술을 하다 혈관이 터져 사망했다. 의료사고였다. 동생과 초등학교는 물론 하숙하면서 중학교, 고등학교를 같이 다녔고, 둘 다 결혼 후 직장생활도 청주에서 하게 되었다. 두 살 밑의 동생은 친구요 동지였다. 동생은 불행했다. 이혼하고 오랫동안 혼자 살았다. 그래서 더욱 가까이 지내게 되었다.

동생의 나이 쉰한 살에 일어난 일이다. 동생이 세상을 떠난 이후 나는 지금도 우울하다. 아니, 가슴이 아리다. 더 가슴이 아픈 이유는 내가 그 병원을 소개했기 때문이다. 지금도 하루에도 수십 번 동생 생각이 떠오른다. 좋은 일이 있을 땐 더욱 그립다. 보고 싶다. 동생의 죽음이 이러할진대 하물며 자식을 먼저 보낸 부모의 마음이 어떻겠는가. 300명 모두 다 살 기회가 있었는데 그렇게 허망하게 죽임을 당했으니 그들 부모의 마음은 하루하루가 비통함으로 가슴이 미어질 것이다.

삼보일배하며 오체투지하시는 스님.
한 젊은이가 뒤를 따라가며 돕고 있었다.

반대쪽에서 오체투지 삼보일배하면서 오는 스님과 그 뒤를 따라 걸어오는 젊은이를 만났다. 나는 잠시 멈추고 "오체투지하면서 어디를 가십니까?"라고 물었다. 뒤를 따라오는 젊은이가 친절하게 설명해 준다. 남해에서 출발하여 부산, 대구, 대전을 거쳐 무려 2년에 걸쳐 여기까지 왔다고 한다. 임진각까지 가는 데 1년이 더 걸릴 것이라고 한다. 이 스님에 비하면 나는 아무것도 아니라는 생각이 들었다.

한 고등학교 운동장에서 학생들이 체육활동을 하고 있다. 최근에 정부는 학생들의 체력 향상을 위해 체육을 강화하는 교육이 필요하다고 했다. 가족이 미국에 있을 때, 고등학교를 다니는 아들이 학교에서 축구를 했다. 방과 후 예체능 활동이 활발한 미국에서는 대부분의 학생들이 한 종류의 운동을 선택하여 열심히 훈련받는다. 그뿐만 아니라 여름 방학에도 소집하여 연습을 하는데, 보통 낮 3-4시에 소집한다. 노스캐롤라이나의 여름 낮 온도는 무려 섭씨 40도에 가깝다. 더구나 그 지역은 습도가 높아 축구장에 그냥 서 있기도 힘들 정도다. 훈련할 때 학생들이 뛰어 두 골대 사이를 한 번만 왔다 갔다 해도 체력이 바닥나 대부분 다 쓰러진다. 우리나라 부모 같으면 사람 잡는다고 항의할 판이다. 여학생도 차별이 없다.

우리는 흔히 체력이 국력이라는 말을 하면서도 그 시간에 공부를 시키지, 운동을 시켜 체력을 단련시키는 부모는 거의 없다. 극한에서의 훈련은 학생들에게 자신감을 갖게 하고 그것은 곧 체력으로 연결된다. 내가 미국 교육에서 가장 부러워했던 것이 이런 점이다. 학생들에게 체육 시간에만 형식적으로 운동을 시키지 말고 방과 후 체육을 강화할 필요가 있다.

어느덧 길은 도시 안으로 들어왔고, 광명시는 잘 계획된 도시라는 것을 한눈에 볼 수 있었다. 안양천을 건너 금천구로 들어갔다. 냉면집에서 점심을 먹고 나와 사우나로 향했다. 몸이 지쳤을 때 사우나를 하면 좀 나아지기 때문이다. 체력도 바닥이 났다. 어깨와 허리가 여전히 쑤시고 아프다.

숙소를 찾는 데 오랜 시간이 걸리지 않았다. 배낭을 방 안에 놓고 저녁을 먹으러 밖으로 나왔다. 길 건너편에 숯불구이 식당이 보인다. 지난번 임피면에서 등심구이를 대접받았던 맛있는 쇠고기가 생각났다. 마지막 체력을 위해 등심을 주문했다. 순례의 마지막을 자축하는 의미도 부여했다. 오늘 밤 잘 쉬고 내일 최종 목적지 양화진으로 가면 한 달간의 모든 일정이 끝난다.

오늘 머무는 곳은 양화진 가는 길의 마지막 숙소다. 비즈니스호텔에 머물렀는데, 비록 규모는 작지만 아담하고 깨끗하며 모든 설비가 편리했다. 나는 침대에 누워서 천장을 바라보며 잠시 회한에 잠겼다. 27일 동안 있었던 위기를 잘 극복하고 침대에 눕게 되니 만감이 교차한다. 무엇보다, 걷기 3일째부터 무릎에 문제가 생겼지만 지금까지 잘 걸어왔다. 어깨와 허리가 아팠지만 인내하며 잘 견뎌낼 수 있었다. 허리와 어깨의 통증으로 하루에도 여러 번 배낭을 내려놓고 쉬었다 다시 걸었다.

무엇보다 순례 중에 고마운 분들을 많이 만났다. 길을 묻고 또 물었지만 친절하게 안내했던 경찰관, 지팡이를 돌려 주겠다고 뛰어나오신 해장국집 아주머니, 따뜻한 점심을 제공해 주신 교회, 아침을 차려 주신 민박집 주인, 속도를 낮춰 내 앞을 지나간 트럭 운전기사들, 선교사들에 관한 자료를 주신 양림교회 사무장님, 따뜻한 차를 건네주신 호랑가시나무 게스트하우스 운영자님, 저녁 막걸리 상을 차려 주고 이튿날 함께 관광지까지 운전해 주신 펜션 주인 부부, 내 카미노를 격려해 주려고 군산까지 내려와 쇠고기 등심을 사주었던 세 분의 동료 교수님, 긴 터널을 위험하게 걷지 않도록 손수 차를 운전해 오신 천사 같은 분도 만났다.

또한 걸으면서 나 나름대로 이웃과 나누려고 최선을 다했다. 교회 앞을 지날 때 나뭇가지에 리본을 걸며 교회 부흥을 위해 기도했다. 음식점에서 고기 2인분을 시켜 직원과 나누어 먹기도 하고, 견습 운전기사에게 점심을 사주기도 하였고, 아펜젤러 기념관 목사님 내외분께 점심도 대접했고, 오랫동안 감기로 고생하는 식당 종업원에게 감기약을 건네 주기도 하면서 넉넉한 마음으로 함께 기쁨을 나누기도 했다. 단원고등학교와 희생자 합동분향소를 찾아서 세월호 사건을 잊지 않기를 다짐했다. 사람의 행복은 먼 데 있지 않으며, 어려움 가운데서도 행하는 작은 일 하나가 큰 행복을 가져다줌을 몸소 체험했다.

"너희 안에서 착한 일을 시작하신 이가 그리스도 예수의 날까지 이루실 줄을 우리는 확신하노라"(빌 1:6).

"곧 나를 위하여 모든 것을 이루시는 하나님께로다"(시 57:2).

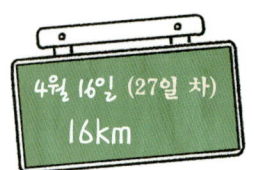

4월 16일 (27일 차)
16km

아! 양화진-축복의 꽃길을 걸으며

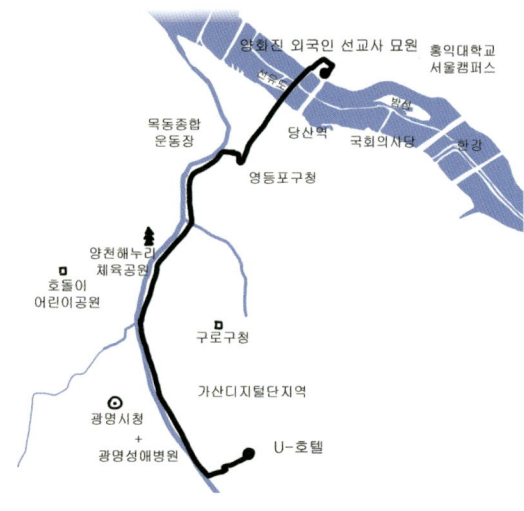

양화진으로 가는 마지막 날, 하나님은 내 발걸음을 꽃길로 축복하셨다.

　숙소를 나와 안양천 산책로로 들어섰다. 어젯밤에 비바람이 불어 벚꽃 잎이 길 위에 떨어져 꽃잎이 수북한 꽃길로 변했다. 순간 나는 예루살렘으로 입성할 때 사람들이 예수님 가시는 길에 펼쳐 놓은 종려나무 가지들을 떠올렸다. 내 순례 마지막 날에 누군가가 꽃길로 축복하고 있는 것처럼 느꼈다. 지금 그 꽃잎을 밟으며 양화진으로 입성하고 있다.

🗝 "다른 이들은 나뭇가지를 베어 길에 펴고"(마 21:8).

아침 공기가 상쾌하다. 숨을 크게 들이쉬면서 걷는다. 안양천 둑길을 걸으며 남아 있는 리본 여러 개를 나뭇가지에 달았다. 내 뒤로 산책 나온 사람들이 궁금해서 쳐다보기도 하지만 스페인어로 쓰여 있기 때문에 스페인어를 모르는 분들은 그 뜻을 쉽게 알 수 없을 것이다. 하지만 청록색으로 산뜻하게 만들어져 있어 관심을 끌기엔 충분하다.

나뭇가지에 남은 리본을 달았다.

드디어 한강이 나타났다. 다리가 보인다. 양화대교다. 양화진 선교사 묘역이 큰 나무 숲에 가려져 있어 잘 보이지는 않지만 어디쯤인지 짐작이 간다.

양화대교

양화대교 입구에 이르자 세찬 바람이 불어온다. 대교의 길이가 약 1.1km인데 이렇게 긴 다리를 걸어서 건너는 일은 흔한 일이 아니다. 강 하류 쪽으로 구름이 잔뜩 끼었고 강바람이 세차게 분다. 오후에 비가 예보되었으니 선교사 묘원에 도착할 시간이면 비가 올 것 같다. 다리를 건너 우측으로 돌아 묘지 입구로 들어가는 길에 리본을 또 매달았다. 나처럼 걸어서 들어가는 사람도 많을 것이다. 입구의 도로가에 교회가 보인다.

양화진

한강을 따라서, 양화진(楊花津)은 지리적으로 노량진, 동작진, 한강진, 송파진과 함께 서울의 5진(津)이라 불리던 주요 나루터 중 하나다. 인천과 전국 각지를 연결하는 해상통로의 전진기지로써 서울의 관문 역할을 했다. 그렇기에 이 나루터는 외국인 선교사들이 복음을 들고 한국에 들어오는 길목이었고, 또 서울에 머물다가 전국을 향해 선교여행이나 선교지로 떠나는 길목의 나루터다. 왕버드나무가 울창한 나루터라 하여 양화진(楊花津)이라고 붙여졌는데, 경치도 좋아 조선시대에 고관들이 이곳에서 풍류를 즐겼다고 전해온다. 나루터 위에는 바위로 된 봉우리가 있었고 소나무도 울창하여 외국 사신들도 여흥을 즐겼다고 한다.

조선 말 양화진이 주목을 받게 되는 데는 천주교 박해와 관계가 있다. 조선에서 천주교에 대한 모진 박해가 가해지자 이것을 이유로 고종 3년(1866), 병인년 9월에 프랑스의 군함이 한강을 거슬러 양화진에 들어와 군사 활동을 했다. 외국의 군함이 왕실 코앞에까지 들어왔지만 그것을 물리치지 못한 것을 치욕과 한으로 여긴 대원군은 전국에 무장 군인을 배치시켜 10월에 다시 강화도에 온 프랑스 함대를 물리쳤다. 이로 인해 곳곳에 척화비를 세우고, 천주교인에 대한 박해는 더욱 심해졌다.

이와 더불어 대원군은 "서양 오랑캐가 머물던 자리를 한강물로 씻어내기는 물이 아깝다" 하며, "오랑캐를 끌어들인 천주교도의 피로 깨끗이 씻으랴"는 명에 의하여, 이곳에서 1만여 명의 천주교도의 목을 베어 한강물을 붉게 물들였다고 전해진다.

이곳은 또한 마치 누에가 머리를 치켜든 것 같다고 하여 잠두봉(蠶頭峯)이라 불렸다. 그러나 이렇게 아름다운 봉우리에 사람의 목을 자른다는 뜻을 지닌 '절두산'이란 끔찍한 이름이 붙게 되었다. 1956년 천주교에서는 이곳에 1,400평을 확보해 성지로 만들었다. 또한, 1966년에 병인순교100주년기념사업회가 중심이 되어 순교기념관을 건립했다. 현재 양화진외국인선교사묘원 윗쪽 한강변에 자리 잡고 있다.

양화진 최초로 안장된 헤론의 묘

양화진외국인묘원이 있는 곳은 원래 외국인 선교사들의 별장이었던 곳이다. 충북선교의 대부라 불리는 밀러(Frederick Scheidler Miller, 1866-1937, 민노아) 목사가 언더우드 선교사, 에비슨 선교사 등과 함께 공동으로 미화 75달러에 별장용지를 구입하여 지금의 묘역 주변에 각각 방갈로를 짓고 여름철에는 이곳에서 지냈다.

그러던 차에 1890년 7월, 미국 북장로교 선교부 선교사이며 고종의 시의 겸 광혜원 2대 원장으로 있던 존 헤론(John William Heron, 1856-1890)이 급환으로 죽게 되었다. 헤론은 성서를 조선어로 번역하는 일과 당시 유행했던 전염병을 예방하는 일로 바쁜 일정을 보내던 중, 한양에서 다소 멀리 떨어진 한 시골의 장티푸스 환자를 치료하다가 장티푸스에 감염되어 안타깝게도 34세의 나이에 숨을 거두었다. 그러자 그의 묘지를 마련하기 위한 장소 문제가 대두되었다. 도성 안에 시신을 매상하는 일은

우리 기독교인들은 여기에 묻힌 수많은 선교사들에게 커다란 빚을 졌다.

엄격히 금지되어 있었고, 그렇다고 무더운 여름철에 제물포항 해안 언덕에 마련된 외국인묘지까지 시신을 운구하는 것도 쉬운 일이 아니었다. 그래서 시신을 묻을 마땅한 장소로 물색된 것이 양화진 근방의 빈 터였다. 조선정부의 허락을 받아 헤론이 맨 처음으로 양화진에 묻히게 되면서부터 외국인 묘지가 조성되었다.

이후 15개국 417명의 외국인들이 안장되었으며(일반 외국인 묘지), 따로 7개국의 145명의 선교사와 그 가족도 묻히게 되었다. 1984년까지 쓰레기와 잡초가 무성했던 이곳을 기독교 100주년기념사업협의회가 중심이 되어 기념관과 기념사업을 추진하였고, 2006년에 '양화진외국인선교사묘원'으로 정식 명칭이 부여되었다. 또한 양화진에는 성공회 선교사의 묘역이 따로 조성되어 있다.

2005년부터는 100주년기념교회(담임목사 이재철)가 묘원 관리, 안내, 기념관 설립 및 운영 등을 책임지고 있다. 나는 방문객을 위한 양화진 소개 동영상을 시청한 후 건너편 기념관으로 향했다. 기념관은 선교와 관련된 여러 자료들을 모아 전시하는 장소로 초기 한국 기독교 역사를 한눈에 볼 수 있다. 방문 팀인 한 대학생들과 함께 관람했다. 그리고 밖으로 나와 선교사들이 묻혀 있는 묘지로 향했다. 기념관 앞에 있는 묘원은 구획(A구역부터 I구역)을 나누었고 묘지와 비석, 그리고 각각 선교사들의 간략한 소개 글을 덧붙였다. 나는 뜨거운 가슴으로 이들을 맞이했다.

[다음은 (양화진 선교사, 양화진 선교사의 삶, 신호철) 등에서 발췌한 내용임. 추가 인용문헌 참조]

정면에서 우측은 A구역이다. 여기에는 벙커(A-22)와 무어(A-24) 선교사 묘비가 있다.

벙커(Dalziel. A. Bunker, 한국이름: 방거, 1853-1932) 선교사는 1853년 미국에서 출생해서 1883년 오벌린(Oberlin) 대학을 졸업하고 유니언 신학교에서 신학을 전공했다. 벙커는 육영공원이라는 조선 최초의 근대교육기관의 초빙교사로 1886년에 조선에 왔다. 이때 세 명의 교사(벙커, 헐버트, 길모아)들이 함께 초빙되었다. 얼마 후 육영공원이 폐교되어 이들은 배재학당으로 자리를 옮겼다.

벙커는 1887년 함께 입국했던 여의사인 엘러즈(Annie J. Ellers, 1860-1938)와 결혼했다. 엘러즈는 알렌이 여성만을 위한 의사가 있어야 한다고 건의해서 광혜원에 근무했다. 또한 그녀는 알렌에 의해 명성황후의 시의로 활동했다. 그녀는 황후에 대한 진찰기록을 일일이 남기기도 했다.

벙커는 조선 말 격동의 역사 속에서 살아온 대표적인 선교사다. 그는 조선에서 동학혁명(1894), 청일전쟁(1894-1895), 명성황후 시해(1895), 아관파천

(1895) 등 수많은 사건들을 목격하며 지냈다. 이때 자주독립과 학생운동을 했던 애국인사들이 줄줄이 교도소에 수감되었는데, 그는 정부의 허가를 얻어 교도소를 무상출입하면서 이상재, 남궁억, 이승만, 신흥우 등 독립운동가들의 석방운동을 펴는 한편 수감자를 매주 만나 위로하고 상담과 예배를 드렸다. 그뿐만 아니라 죄수들의 처우 개선과 야만적 고문제도 폐지 등 인권보호를 상부에 건의했다. 그리고 성경을 비롯한 기독교 관련 서적과 과학, 철학, 역사 서적을 교도소에 넣어 주기도 했다. 이로 인하여 이상재 등 민족 지도자들이 기독교로 개종하는 계기가 되었고, 또한 옥중전도와 연계하여 교도소 안에 학교가 개설되기도 했다.

벙커는 배재학당의 3대 교장으로 40년간 교육과 선교에 헌신하다가 1926년 73세의 고령으로 선교사 직에서 은퇴하고 부인과 함께 귀국했다. 1930년 잠시 한국을 방문한 일이 있으며, 1932년 캘리포니아에서 휴식을 취하던 중 별세했다. 그는 숨을 거두면서 "나의 유골이나마 한국 땅에 묻어 달라"고 유언을 남겼다. 그의 부인은 남편의 유골을 가슴에 안고 한국으로 돌아왔고, 1933년 4월 정동감리교회에서 고별 예배를 드리고 양화진에 안장했다.

황해도에 거주했던 부인도 1938년 세상을 떠나자 합장하게 되었으며, 그들의 묘비에 "날이 새고 흑암이 물러갈 때까지"라는 의미 있는 메시지가 보는 나로 하여금 가슴을 뭉클하게 한다. 그들은 죽어서도 조선의 복음화와 독립을 염원했던 것 같다.

무어(Samuel Forman Moore, 한국이름: 모삼열 또는 모삼률, 1860-1906) 선교

사는 백정 해방운동과 양반과 천민의 신분제도를 철폐하는 데 큰 공헌을 한 선교사다. 1860년 미국 일리노이(Illinois) 주 그랜드 릿지(Grand Ridge)에서 목사의 아들로 출생했다. 그는 맥코믹(McCormick) 신학교를 졸업하고 1892년 32세에 아내 로즈 엘리(Rose Ely Moore)와 함께 미국 북장로교 선교사로 조선에 왔다. 서울에 도착한 그는 먼저 조선말을 익히려고 집에서 떨어진 조그만 곳에서 살았다. 그리하여 6개월 만에 한국어로 기도할 수 있게 되었다.

그는 주로 한양에서 복음을 전하고 많은 사람들에게 세례를 베풀었다. 1893년 승동교회를 비롯하여 동막교회, 대현교회 등 여러 교회를 세웠다. 특히 백정 박성춘과의 만남을 계기로, 백정을 대상으로 많은 선교활동을 펼쳤으며, 양반과 천민이 함께 예배드리는 일에 힘썼다. 무어는 백정의 해방을 위해 다각도로 활동했다. 1894년 갑오경장(1892년부터 2년간 추진되었던 개혁운동을 말함) 때에 백정은 양반과 구별 없이 함께 예배를 드렸으며, 정부에 상소하여 백정 해방운동을 전개하여 마침내 500년간 천대받던 이들이 양반만이 쓰던 갓과 망건도 쓰게 되는 등 백성으로서의 자격을 얻게 되었다. 이와 같은 업적으로 사람들은 그를 가리켜 '백정 해방 운동의 지도자'라고 하였고, 헌틀리(Martha Huntley) 여사는 "세계를 뒤집어 놓은 사건"이라는 제목으로 링컨의 노예해방과 견주는 사건으로 비교했다. 1898년 'The Korean Repository'에 '한국의 백정(The Butchers in Korea)'라는 글을 기고하여 백정의 생활상을 자세히 표현했다.

그는 평양에서 신학생을 가르치기도 했으며 수많은 사람을 전도했는데, 어느 한 해는 100여 명에게 세례를 베풀기도 했다고 한다. 1906년에는 〈그리스도 신문〉 사장에 취임하기도 했다. 정열적으로 복음운동과 사회운동을 전개하다가 본인도 장티푸스에 감염되어 1906년 12월에 46세의 나이로 세상을 떠났다.

14년간의 사역을 마친 그는 낮은 자들의 친구로 살다가 양화진에 잠들어 있다. 그의 묘비에는 "조선인을 사랑하였고 그들을 예수께로 인도하기를 원했다"라고 기록되어 있다. 그리고 영문으로 "Devoted servant of Jesus Christ. Beautiful in character and spirit, unselfish in his love for the Korean people"(예수 그리스도의 충성된 종, 아름다운 인격과 정신의 소유자, 한국인에 대한 헌신적인 사랑을 몸소 실천하였다)라고 기록되어 있는데, 이 비문은 6·25 한국전쟁 때 총탄으로 파손되어 판독에 어려움이 있다.

부인 로즈 엘리 선교사는 남편이 별세한 뒤 얼마 동안 한국에 머물다가 1907년 11월 18일 선교사 직을 사임하고 귀국했다. 무어 부부는 3남 1녀의 자녀를 두었다.

A구역 좌측의 B구역에는 헐버트(B-7)와 기포드(B-36)의 묘가 있다.

헐버트(Homer B. Hulbert, 1863-1949) 선교사는 버몬트(Vermont) 주에서 태어나 다트머스(Dartmouth) 대학을 졸업하고 유니언 신학교에서 공부하던 중 조선정부의 초청으로 1996년에 왔다. 육영공원의 외국어 교사가 되었으며, 1894년 육영공원이 폐교되자 미국 감리교 소속 선교사가 되었다. 1903년 한국YMCA를 창립하고 초대 회장이 된다.

그는 YMCA 운동을 통해 청년들에게 근대적인 사회개혁 의식을 불러일으켰다. YMCA가 창립된 지 2년 후 을사늑약(1905)이 체결되어 조선은 외교

권과 재정권을 일본에 빼앗긴다. 이때 고종은 국권회복을 위한 밀서를 헐버트에게 부탁하여 미국 대통령에게 보냈다. 그러나 미국 정부가 한국과의 외교를 일본을 통해서만 할 수 있다고 공표하여 실패한다. 이후 헐버트는 이준, 이상설, 이위종과 함께 네덜란드 헤이그 만국평화회의의 밀사로 파견되어, 스위스와 프랑스의 언론인들과 접촉하여 언론을 통한 선전활동을 전개

헐버트 묘비석

했다. 이로 인해 헐버트는 일제에 의해 추방당했지만 해방 후 1949년 이승만 대통령이 그를 초청했다. 그는 이미 84세의 고령이었으며 위험했지만 해방된 한국을 보고 싶어 찾아왔다가 1948년 8월에 서울에서 사망했다. 그는 그의 장례는 외국인 사회장으로 치러졌고 양화진에 안장되었으며, 1950년 3월 1일에 '대한민국독립유공자 건국훈장 제5호'로 추서되었다. "한국인보다 한국을 더 사랑했고 자신의 조국보다 한국을 위해 헌신했고……"란 추모비와 "나는 웨스트민스터 성당보다 한국 땅에 묻히길 원하노라"(I would rather be buried in Korea than in Westminster Abbey)라는 묘비 글이 가슴을 찡하게 했다. 헐버트의 아들(Sheldon Hulbert)도 태어난 지 1년 만에 사망하여 양화진에 묻혀 있다. 헐버트는 아리랑을 악보화했는데, 이는 아들의 죽음을 슬퍼했기 때문이었다고 한다.

기포드(Daniel Lyman Gifford, **한국이름**: 기보, 1861-1900) 선교사는 마펫 선

교사와 신학교 동창이며, 1889년 미국 북장로교 선교사로 내한하여 새문안교회 교역자와 경신학교 교장으로 목회와 교육 분야에서 폭넓게 활동했다. 1890년 헤이든(Marry Hayden Gifford, 1857-1900)과 결혼했다. 1892년 육영공원에서 교사로 활동했고, 1898년 《Every Day Life in Korea》라는 책을 뉴욕에서 발간해서 우리나라 풍습을 세계에 알려 선교사들의 활동에 도움을 주었다. 1900년 경기지방의 선교여행 중에 이질에 걸려 별세했다. 가난한 이 땅에서 복음의 씨앗을 뿌리다가 39세의 나이에 생을 마치고 양화진에 묻혔다.

한편 그의 부인은 미국 파크(Park) 대학을 졸업하고 1888년에 미국 북장로교 선교사로 내한하여 정신여자학당에서 교육봉사를 했다. 또한 찬송가집을 출판했는데 이것은 공인 찬송가로 채택되었다. 몸이 약했던 그녀도 남편이 죽은 지 한달만에 순직하여 남편과 함께 양화진에 묻히게 되었다. 한편 60세가 넘은 기포드의 어머니는 아들과 며느리가 죽은 후에 조선에 들어와 가난하고 병든 자들을 위해 구제하며 성경을 가르치다가 1902년 귀국했다.

1895년에 서울 마포구에 서교동교회가 처음 세워졌는데, 기포드 부인의 열정이 큰 힘이 되었음을 인정하고 2002년에 기포드 부부를 기리는 비를 양화진에 세우고 "풍요로운 고국을 버리고 내한하여 11년간 활동했다. 부부의 숭고한 선교정신을 기리고 감사한다"는 글을 비문에 남겼다.

A와 B 묘역 뒤에 위치한 C묘역에는 아펜젤러 가족(C-12)과 홀의 가족(C-19), 소다 가이치(C-20), 헤론(C-21)이 안장되어 있다.

먼저 **헨리 닷지 아펜젤러**(Henry Dodge Appenzeller, 1889-1953)와 **앨리스 레베카 아펜젤러**(Alice Rebecca Appenzeller, 1885-1950) 남매이다.

아펜젤러 부인의 묘비

배재학당을 창설한 정동감리교회 초대 목사이며 목포로 내려가던 중 배가 침몰하여 사망한 헨리 게르하르트 아펜젤러(Henry Gerhart Appenzeller, 1868-1902)의 아들인 헨리 닷지 아펜젤러는 서울에서 태어나 1911년 프린스턴 대학을 졸업했다. 선친의 뜻을 계승하기 위해 1915년에 부친이 다녔던 드류(Drew) 신학교를 졸업하고 1917년 부인(Ruth Noble Appenzeller, 1892-1986)과 함께 조선에 왔다. 부인은 노블로 선교사(William Arthur Noble, 1866-1945)의 딸이다.

그는 1920년 배재학교 교장으로 취임하여 20년간 봉직했다. 그러면서 미국감리회조선연회의 서기직을 다섯 번이나 수행했다. 일제에 의해 추방된 그는 한국을 잊지 못해 한국과 제일 가까운 곳에 위치한 하와이 호놀룰루 제일교회에서 담임목회를 했고, 앨리스는 (Scorritt) 신학교 교수로 재직했다.

헨리 게르하르트 아펜젤러의 딸 앨리스 레베카 아펜젤러는 한국에서 태어난 최초의 외국인으로 아펜젤러의 장녀이다. 그녀는 미국 최고 여자명문 대학인 매사추세츠(Massachusetts) 주 웨슬리언 대학(Wesleyan University)을 졸업했다. 그녀는 한국에서 자랐고 두 번째 안식년에 부친과 미국으로 들어가게 된다.

그녀는 미국에서 장래를 보장받았음에도 한국선교를 위해 기꺼이 몸을 바쳤다. 1915년 이화학당 교사로 시작해서 1922년부터 1939년까지 이화여자전문학교의 교장으로까지 봉사했으며, 지금의 서울 신촌 캠퍼스의 토대를 마련했다. 앨리스는 여성의 교육과 복지를 위해 노력했고, 여권 신장에 관심을 가졌다. 특히 조혼 폐지를 위해 여성들의 교육을 장려했고, "하나님이 여성에게 주신 위치는 남성의 동료이자 배우자로서 나란히 있는 자리"라는 신념 아래 이화학당을 전문학교로 만들었다.

헨리 게르하르트 아펜젤러의 아들과 딸인 헨리 닷지 아펜젤러와 앨리스 아펜젤러는 갑자기 찾아온 한국의 해방 소식에 감격했다. 한국이 독립되기를 바라면서 한국과 가장 가까운 곳인 하와이에서 제일 크고 역사가 깊은 교회의 담임목사로 일했던 헨리와 교수로 재직 중이었던 앨리스는 한국의 해방 소식을 하나님의 부르심과 소명으로 받아들였다고 한다.

5년 후 앨리스 아펜젤러는 1950년 2월 20일 대학 채플에서 설교 도중 뇌출혈로 쓰러져 순직했다. 그녀의 검은 색 묘비에는 "섬김을 받으려 함이 아니라 도리어 섬기려 함이라"라고 새겨져 있다.

한편 헨리 닷지 아펜젤러는 1948년에 다시 내한하여 미군청정 경제고문관으로 활동하였고, 6·25 한국전쟁 중에는 기독교세계봉사회 한국 책임자로서 기독교 재건과 복구사업을 위해 지원했다. 배재학교 재단이사로서 배재학교의 복구를 위해 헌신 봉사하던 중, 백혈구 부족으로 1953년 가을 미국 뉴욕으로 요양을 떠났으나 회복되지 못하고 64세에 별세했다. 그는 죽음을 맞이하면서 "내가 죽으면 미국이 아닌 한국 땅에 묻어 달라"는 말을 남겼다. 그의 묘비에는 "Underneath are the everlasting arms"(그의 영원하신 팔이 네 아래에 있도다. 신 33:27)라고 새겨져 있다.

남편과 사별한 헨리 부인은 다시 내한하여 1962년까지 감리교 선교사로 봉사하다가 1986년에 미국에서 별세했으며, 유해는 한국으로 돌아왔다. 헨리 부부와 앨리스의 유해가 양화진에 안장되었다.

윌리엄 홀(William James Hall, 한국이름: 홀, 1860-1894) 선교사는 평양 최초의 의료선교사로 활동하였으나 우리에게는 잘 알려진 선교사가 아니다. 캐나다 온타리오(Ontario) 출신으로 퀸스(Queens) 의대에 입학하여 의학을 공부하고, 이어 뉴욕 벨리브(Velibe) 의과대학을 졸업했다. 그는 해외선교에 대해 별 관심이 없었으나 1887년 7월 무디가 인도하는 수련회에 참석했다가 선교사가 되기로 결심한다. 1891년에 미국 북감리교 선교회로부터 선교사로 임명받고 1892년 조선에 왔다. 펜실베이니아(Pennsylvania) 의과대학을 졸업한 로제타 셔우드 홀(Rosetta Sherwood Hall, 한국이름: 허을, 1865-1951)과 약혼한 상태에서 그녀가 먼저 미국 감리교 소속 선교사로 1890년 25세에 조선에 왔다. 이후 1892년 6월 27일 벙커 선교사의 주례로 결혼식이 거행되었는데, 이것이 한국 최초의 서양식 결혼이었다고 한다.

윌리엄 제임스 홀의 묘비석

초기에 부인은 서울에서, 남편은 평양에서 각각 선교했다.

윌리엄 홀은 선교지를 둘러보기 위해 서울을 떠난 지 40일 만에 이주에 도착했으며, 다시 평양으로 왔다. 윌리엄 홀은 한복을 입고 한국 음식을 먹으며 한국인들과 고락을 같이하면서 의사와 목사로서 평양지방의 개척 선교와 의료선교에 헌신했다. 1894년 그는 병원, 학교, 교회 사역을 시작했다.

평양에서 청일전쟁(1894-1895)을 겪게 되자 평양에 혼자 머물렀던 윌리엄 홀은 수많은 병사들을 돌보다가 열병으로 쓰러지게 된다. 과로에다 발진티푸스에 걸린 것이다. 대동강에서 목선을 타고 제물포로 왔고 다시 서울에 도착하여 부인이 남편을 맞아 에비슨과 정성껏 치료했지만, 조선에 온 지 불과 3년도 안 된 1894년 11월에 35세에 세상을 떠났다. 선교를 시작한 지 3년이고, 결혼한 지는 2년 만이었다. 그의 유해는 양화진에 안장되었다.

그의 죽음에 대하여 마펫 선교사는 "홀은 주님의 명령에 따라 살다가 죽었다. 주님의 명령하에 한국에 기꺼이 왔고, 다시 명령하에 세상을 떠나 하늘나라에 갔다. 그는 위대한 신앙. 위대한 사랑, 위대한 자비의 사람이다"라고 했다. 그는 선한 사마리아인으로 살다가 세상을 떠난 것이다.

남편이 죽은 후 로제타 셔우드 홀 선교사는 아들 셔우드 홀과 임신 7개월의 딸을 데리고 잠시 미국에 돌아갔다가 1897년 다시 한국을 찾아왔다. 그녀는 평양에 '홀 기념병원'이라 할 수 있는 '기홀(記忽)병원'을 세웠다. 이 병원은 북장로교회가 운영하던 평양 제중원과 합해져 1920년에 평양 연합 기독병원이 되었다.

1917년 로제타 셔우드 홀은 서울로 이주하여 동대문부인병원(현 이대부속병원) 의사 겸 약제사로 활동하였으며, 김점동(박에스더)이라는 조선 여성을 유학시켜 의학을 공부하게 함으로써 한국 최초의 여의사를 배출해냈다. 그리고 서울에 여성 의료인 양성을 위해 경성여자 의학 전문학교를 설립하였는데 그 병원이 지금의 고려대학교 의과대학 전신이 되었고, 인천의 간호대학과 기독병원도 그에 의해 세워졌다.

그녀가 추진한 간호원 양성과 여자 의학반 창설은 한국 여성 의료 교육의 기초를 놓는 데 초석이 되었다. 로제타 홀은 평양에서 광혜여원을 설립하고 미국에서 배운 맹인점자사용법으로 맹인교육도 실시했으니 그녀는 한국에 뉴욕식 점자 교육을 최초로 전래한 사람이라 할 수 있다. 로제타 홀은 1935년 조선 선교사를 사임하고 1951년 85세에 뉴저지에서 별세했다. 그녀의 유해는 화장되었고 유언에 따라 남편이 묻혀 있는 양화진 묘지 옆에 뿌려졌다.

한편 서울에서 태어난 윌리엄 홀의 아들 셔우드 홀(Sherwood Hall, 1893-1991)도 의학을 공부하고 우리나라에서 16년 동안 의료선교를 했다. 해주에 설립한 결핵요양병원은 우리나라 최초의 결핵요양원이 되었다. 그는 1932년부터 '크리스마스 실'을 발행하여 한국인의 폐결핵 치료에 큰 업적을 남겼다. 셔우드 홀도 인도에서 의료선교를 하다 1963년도에 은퇴한 후 캐나다에서 여생을 보내다 1991년에 세상을 떠났는데, 그의 유언에 따라 1992년 아버지가 묻힌 양화진에 안장되었다. 이곳에 3대에 걸쳐 6명의 홀의 가족이 안장되어 있다.

소다 가이치(曾田嘉伊智, 1867-1962)는 일본인으로 유일하게 양화진에 묻힌 선교사다. 그는 우리나라 고아들의 자부(慈父)다. 일본에서 교사생활을 하던 그는 25세(1893) 때 노르웨이 선원으로서 홍콩에 체류한 적이 있었고, 대만에서 독일인이 경영하는 공장 통역관으로 활동했다. 1899년(당시 31세)

술에 취해 노상에 쓰러져 있을 때 아무도 그를 돌보는 사람이 없었는데, 조선 사람이 그를 여관으로 데리고 가 치료도 해주고 밥도 사주어 죽음을 면하게 되었다. 그는 생명의 은인의 나라 조선으로 들어가 은혜를 갚으리라 결심하고 1905년 6월에 조선에 오게 되었다.

그는 YMCA 전신인 황성기독교청년회 회관의 일본어 선생으로 활동하던 중 교도소에서 풀려난 이상재 선생으로부터 감화를 받고 1906년에 기독교인이 되었다. 마침 그는 독실한 기독교 신자인 우에노 다끼와 1908년 결혼했다. 우에노 다끼(上野, 1878-1950) 여사는 독실한 기독교 집안에서 태어났으며 숙명여학교와 이화여학교의 영어 교사였다.

일제 강점기에 그들이 겪은 역경과 시련은 엄청난 고통이었다. 버려진 아기를 업고 유모를 찾다가 일본 사람이라 하여 구박당하기도 하고, 그들이 운영하는 고아원에서 자란 청년들이 항일운동을 했기 때문에 일본헌병대에 잡혀 취조를 당하기도 했다. 사람들로부터 명예를 위해 거짓 인정을 베푸는 위선자라는 비방을 받기도 하는 등, 이루 헤아릴 수 없는 고생 속에서도 그들 내외는 묵묵히 한국의 고아들을 위해 전심전력으로 헌신했다. 한국인과 일본인에게서 존경과 비아냥거림을 동시에 받기도 하고, 때로는 일본인으로부터 스파이로 몰리기도 하였지만 그들 부부는 1921년부터 1945년까지 한국의 고아들을 위해 헌신했다.

소다는 1943년 77세로 보육원을 부인에게 맡기고 교회 전도사로서 활동하다가 해방 후 일본으로 돌아가 전국을 순회하며 전도하는 일에 힘썼다. 우에노 여사는 해방 후에도 귀국하지 않고 한국에 남아 고아들을 돌보다가 1950년 1월 14일에 세브란스병원에서 72세에 세상을 떠났다. 당시 사람들은 우에노 여사를 '하늘 할머니'라고 불렀다고 하니, 그녀가 어떠한 사랑으로 아이들을 대했는지를 알 수 있다. 그녀의 유해는 양화진외국인묘원에 안장되었다.

소다 옹은 일본 아사히 신문과 한국교회의 도움을 받아 1961년 5월 15일에 다시 한국을 방문했다. 그는 14년 만에 다시 서울 고아원 옛집으로 돌아온 것이다. 고아들을 무릎 위에 앉히고 행복한 삶을 시작하던 중, 1962년 3월 28일 그도 하나님 나라로 돌아갔다. 대한민국 정부는 그해 4월 28일에 그에게 문화훈장을 수여했다. 소다는 일본인으로서 최초로 문화훈장을 받은 인물이 되었다.

그가 죽을 당시는 한일국교가 정상화되기 되지 않은 때였지만 한국 땅(양화진)에 묻힐 수 있게 되고, 특별대우를 받은 이유는 그가 그의 부인과 함께 1921년부터 1945년까지 24년 동안 무려 1,000명 이상의 한국 고아들을 위해 헌신했고, 한국 사람으로부터 깊은 존경을 받았기 때문이었다.

그의 묘비에는 "고아의 자부"라는 비문이 새겨져 있다.

헤론(John William Heron, 한국이름: 헤론, 1856-1890)은 최초로 양화진에 묻힌 선교사다. 그는 영국 더비샤이어(Derbyshire)에서 태어나 14세 때 목사인 부친을 따라 미국으로 이주했다. 부친은 테네시 주 녹스빌(Knoxville)에서 목회활동을 하면서 자녀들을 양육했다. 헤론은 테네시 주 메리빌(Maryville) 테네시 의과대학에서 최우수 성적으로(수석) 졸업했으며, 뉴욕 대학교 의과대학 병원에서 훈련받았다. 테네시 의과대학에서 교수가 되어 줄 것을 요청받았지만 거절했다. 이미 그는 조선의 의료선교사가 될 것을 꿈꾸어 왔기 때문이다.

헤론은 존스보로(Jonesboro) 의과대학 교수의 딸인 해티 깁슨(Hattie Gibson)과 결혼하고 1884년 미국 북장로교 해외선교부에서 처음으로 조선에 파송하는 선교사가 되었다. 이 신혼부부는 곧바로 조선을 향해 떠난다. 조선의 정치적 상황이 불안하여 일본에서 한국어를 배우고 다음 해인 1885년에 조선에 입국했다.

헤론보다 먼저 온 의사 알렌은 민영익을 치료해 줌으로써 일약 왕실의 신임을 얻게 되어 광혜원을 설립하게 되었는데, 그가 미국공사로 임명되어 광혜원 일을 보기가 벅찼기에 헤론이 광혜원 2대 원장이 된다. 일부 선교사들이 열악한 환경을 극복하지 못하고 고국으로 떠났으나, 그는 당시 유행병으로 죽어 가는 수많은 사람들을 치료하기 위해 전국을 누비며 환자들을 돌보았다. 그러다가 그도 장티푸스에 걸려 1890년 34세의 나이에 안타깝게 숨을 거두게 된다. 처음에는 조선 정부가 양화진을 묘지로 허락을 하지 않았으나 미국공사와 논의 끝에 허락을 받아 양화진에 묻히게 되었으니, 헤론은 양화진외국인선교사묘원에 안치된 최초의 선교사가 되었다.

동료 선교사 기포드(Daniel L. Gifford)는 "헤론은 청교도적인 성격과 사회적 책임감이 강하고 매사에 엄격하고 정확했다. 마지막 숨을 거두기 전 가깝게 지내던 이들을 불러 그들에게 구원이 임할 것을 기도할 때의 광경이 지금도 눈에 선하다. 그는 자신의 몸을 아끼지 않았다. 조선인들은 헤론의 사랑과 열정을 잘 알고 있었기에 그를 존경했다"라고 그의 신앙과 성실성을 높이 평가했다.

그의 묘비에는 "하나님의 아들이 나를 사랑하시고 나를 위하여 자신을 주셨다"(The son of God loved me and gave himself for me)라고 기록되어 있다.

* **알렌과 민영익** The encounter between the first missionary doctor, Horace Newton. Allen (1858-1932), and Prince Min Young-Ik was another heroic episode. Allen, a missionary to China, came to Korea with mixed motives. When radical members from a reformist political group stabbed Prince Min in a failed coup attempt in 1884 (known as the Gapsin Coup), Allen was asked to care for the wounded prince. This auspicious opportunity demonstrated the power of Western medicine. The prince, whose arteries had been severed and was near death, recovered from his severe wounds. As a reward, the first Western clinic was established upon Allen's request and an influx of missionaries began to arrive in the country. Allen not only worked as a physician, but also as a diplomat (as a U.S. legation secretary).

첫 번째 의사 선교사인 호레이스 N. 알렌(1858-1932)과 민영익의 만남은 또 다른 영웅적인 일화이다. 중국 선교사였던 알렌은 여러 가지 동기로 한국에 오게 되었다. 1884년에 실패한 정변(갑신정변) 중에 급진적인 개화파들에 의해 민영익이 칼에 찔렸을 때, 알렌은 부상당한 민영익을 치료해 줄 것을 부탁받았다. 이 같은 좋은 기회에 알렌은 서양의학의 힘을 보여주었다. 민영익은 동맥 절단으로 죽을 수 있는 상황에서 회복되었다. 그 보상으로 첫 번째 서양식 병원이 알렌의 요청에 의해 설립되었고, 많은 선교사들이 이 나라에 오기 시작했다. 알렌은 의사로 일했을 뿐만 아니라 외교관(미국 공사관)으로도 활동했다.

C묘역 바로 뒤 D묘역에는 게일 가족(D-8)의 묘가 있다.

게일(James Scarth Gale, 1863-1937) 선교사는 캐나다에서 태어났으며, 토론토 대학을 졸업하고 1888년 YMCA 소속 평신도 선교사로 한국에 왔으며 1891년 미국북장로교 신교부로 소속을 옮겼다 게일(James Scarth Gale, 1863-193) 선교사는 선교사 가운데 헤론과 가장 가까운 친구였나. 당시 게일은 총각이었으며 1890년 헤론이 죽자 헤론의 미망인 해티와 1892년 결혼했다. 게일은 30세였고 부인은 두 명의 자녀를 두고 있었다. 게일은 헤론의 자식들을 자기 호적에 넣되 '헤론'이라는 성은 그대로 두었다. 해티는 1907년 두 딸과 함께 조선을 떠났다가 돌아왔지만 이듬해 결핵으로 세상을 떠난다. 그녀는 헤론의 뒷자리 묘역에 안장되었다.

게일은 해티가 죽자 1910년 영국 실업가의 딸 루이스(Ada Louise Sale)와 재혼했다. 성경번역 과정에서 당시 언더우드 등이 하나님을 '천주'로 하였는데 그는 마펫과 함께 '하나님'으로 번역하기를 주장해서 관철했다. 게일은 둘째 부인과의 사이에 2남 1녀의 자녀를 두었으며, 1937년 영국에서 부인과 딸이 지켜보는 가운데 74세로 생을 마쳤다. 그의 아들인 비비안 게일은 출생 후 얼마 되지 않아 사망했으며 양화진에 묻혀 있다. 그는 조선 전역을 여행하며 조선인의 생활 습관을 정리하여 "코리아 스켓치(Korean Sketches)"를 영문으로 펴냈다.

한강과 가까운 위치의 F 구역에는 베어드(F-18), 쇼(F-21), 언더우드 가족(F-26) 및 에비슨(F-46)의 묘가 위치하고 있다.

윌리엄 베어드(William Martyne Baird, 한국이름: 배위량, 1862-1931) 선교사는 미국 북장로교 선교부 선교사로 내한하여 대구지역 최초의 선교사가 되었으며, 평양에서는 장로교 최초로 숭실학당을 설립했다. 그는 1862년에 인디애나(Indiana) 주 찰스턴(Charleston)에서 출생하였고, 하노버(Hannover) 대학과 맥코믹 신학교를 졸업한 후, 하노버 대학에서 철학박사와 신학박사 학위를 받았다. 1890년에 애니 아담스 베어드(Annie Laurie Adams Baird, 한국이름: 안애리, 1864-1916)와 결혼했으며, 부인도 하노버 대학을 졸업했다.

이들 부부는 동급생 4명과 함께 1891년에 조선에 왔다. 부산에서 첫 딸 낸시 로스(Nancy Rose)를 출산했지만 2년 후 사망했다(부산 복병산 외국인 묘지에 묻힘). 부산에서 대구로, 다시 서울로 이동하면서 이들 부부는 교육사업을 위해 힘썼다. 1895년 대구제일교회와 계성학당(계명대학)을 설립했고, 1896년에는 서울로 옮겨와 경신학당에서 교육을 담당했다.

특히 부인은 교육자로서의 천품을 타고난 여성이었다. 찬송가 편집과 번역에도 지대한 공헌을 했는데, 찬송가 375장(나는 갈 길 모르니)과 387장(멀리 멀리 갔더니)은 그녀가 작사한 찬송이고, 44장(지난 이레 동안에)은 그녀가 번역하여 〈찬셩시, 1898〉에 실려 오늘에 이른다.

안식년을 마치고 다시 돌아온 베어드는 1897년 10월 10일 평양에서 숭실학당을 창설하고 교장에 취임하였는데, 이 학교는 장로교가 세운 최초의 정규 중학교이며, 이 학교가 1906년 9월에 감리교 재단과 연합하여 숭실대학으로 발전했다.

특히 그는 육체노동을 경시하던 조선사회의 풍조를 개혁하고 근로와 자조정신을 교육 목표로 삼았으며 자립, 자치, 자족에 기초한 선교정책을 입안했다. 105인 사건 관련 혐의로 1916년에 숭실대학장을 사임한 뒤에는 주일학교

배위량 선교사 부부의 기념비. 부산과 대구에서 선교활동을 했고 평안 숭실대학을 설립했다.

공과 교재 발간 등 문서선교에 치중했다.

부인 애니 아담스 베어드는 부산, 대구지방에서 남편의 선교활동을 도왔고, 평양에서는 숭실학당, 외국인학교, 여자성경학교, 숭의여학교 교사와 교장으로 봉직하면서 육영사업에 헌신했다. 5남매를 기르며 현모양처로서 교육과 전도사업에 힘써 오던 중 건강 악화로 1914년 귀국하여 미네소타(Minnesota) 주 노스필드(Northfield)에 거주하다가 암이 재발하자 평양으로 돌아와 가료 중에 1916년 별세하였다. 그녀의 기념비가 양화진에 있다.

베어드는 1918년 시카고에서 로즈 피터롤프(Rose May Fetterolf, 한국이름: 배로사)와 재혼했다. 그는 성서번역을 위해 프린스턴 대학에서 히브리어를 공부했으며 다시 한국에 돌아와 기독교서회 편찬위원, 성서공회 성서출판위원으로 활동하고, 구약성경 번역 사업에 몰두했다. 1931년 숭실학교 창설의 날 행사를 끝내고 얼마 후 장티푸스에 걸려 세상을 떠났다. 그의 무덤은 평양 숭실대학 내에 있지만 그의 비석은 해방 후 양화진외국인묘원으로 옮겨와 세워졌다.

그의 두 아들 또한 양화진에 묻혀 있다. 아들 **베어드 2세**(William M. Baird II, 한국이름: 배의림, 1897-1987) 선교사는 첫 부인의 맏아들로 서울에서 출생하였으며, 1923년 미국 북장로교 소속 선교사로 황해도 재령에서 선교활동을 했다. 건강문제로 1940년 귀국했고, 1987년 별세하여 양화진에 안장되었다.

리처드 해밀턴 베어드(Richard H. Baird, 한국이름: 배의치, 1898-1995) 선교사는 첫 부인의 둘째 아들로 평양에서 태어났다. 1923년에 미국 북장로교 선교사로 부인과 함께 한국에 와서 강계지방에서 선교활동을 했다. 일제의 강요로 1941년에 미국으로 건너가 선교회 일을 하다가 1957년 다시 한국으로 돌아와 미국 북장로회 한국선교부 총무로 봉직했다. 1960년 총무직을 마펫에게 인계하고 귀국하여 미국 오클랜드에 살면서 한국 유학생들의 생활과 신앙을 지도했다. 1995년 별세하여 양화진 가족묘지에 안장되었다.

윌리엄 쇼(William Earl Shaw, 한국이름: 서위렴, 1890-1967) 선교사는 시카고에서 출생하여 오하이오(Ohio) 주 웨슬리언(Wesleyan) 대학을 졸업하고, 한국에 선교사로 오기 위해 보스턴 신학교를 가 다시 신학을 공부했다. 1921년 미국 감리교 소속 선교사로 한국에 와서 초기에 평양에서 광성학교 교사로 봉직했고, 만주와 해주지방에서 교육과 전도 사업에 몰두했다. 그는 1938년 무어(J. Z. Moore) 선교사와 함께 평양 요한학교를 설립하여 인재를 배출하였으며, 평양소년단(보이스카우트) 단장으로도 활약했다.

1941년 일제에 의해 강제 추방당했다가 1947년 다시 한국에 와서 복음을 전하며 대전감리교신학대학 신약학 교수로 교역자 양성에 헌신했고, 예배당과 신학생들을 위한 복지관을 설립하여 관장으로 봉사했다. 1950년 한국전쟁이 발발하자 60세의 나이로 군목으로 종군하면서 피난 교역자의 구호에 힘쓰고, 한국군 군종 창설에 크게 기여했다. 1961년 은퇴 후 캘리포니아에서 별세해 유언에 따라 그의 부인이 유해를 안고 한국을 찾아와 양화진에 안장했다. 부인도 1971년 별세해 남편의 묘 옆에 안장되었다.

더욱 존경스러운 것은 그의 외아들 **윌리엄 해밀턴 쇼**(William Hamilton Shaw, 1922-1950) 대위이다. 그는 평양에서 출생하였으며 평양외국인학교를 졸업하고, 아버지 모교인 오하이오 웨슬리언 대학을 졸업했다. 그는 미 해군 장교로서 제2차 세계대선에 참전했다가 제대했다. 1948년 대한민국 정부가 탄생하자, 쇼 대위는 아내 조니타와 아들 로빈슨 쇼를 데리고 입국하여 미 해군성 소속으로 근무했는데, 당시 진해 해군사관학교 설립에 크게 도움을 주었다.

그는 다시 가족들과 미국으로 들어가 한국선교를 위해 하버드 대학 철학 박사 과정에서 극동 아시아와 한국 연구에 몰두했다. 박사과정 이수 중 한국전쟁이 일어나자 해밀턴 쇼는 고민했다. 가족에 대한 부담과 학위에 대한 미련과 부모가 계신 한국, 자기가 태어난 나라, 한국에서 가르쳤던 해군사관 생도들 때문에 번민하던 중 "사람이 친구를 위하여 자기 목숨을 버리면 이보다 더 큰 사랑이 없나니"(요 15:13)라는 성경말씀을 생각하며 주저함 없이 다시 해군에 입대하여 한국전쟁에 참여하기로 결심했다고 한다.

윌리암 해밀톤 쇼의 묘비석. 그는 대학에서 박사학위 과정 중 한국전이 발발했다는 소식을 듣고 해병대에 자원입대하여 서울 녹번리 전투에서 전사했다.

그는 워싱턴에서 다시 해군에 자원입대했다. 한국어와 한국지리, 한국 해안경비 상황에 정통한 관계로 미국 극동군사령관 맥아더 장군의 최측근 보좌관으로서 해군 정보장교로 임명되어 인천상륙작전 수행에 중대한 역할을 하여 상륙작전을 성공시켰다. 그는 또 자원해서 미 해병대 5연대에 배속되어 서울탈환작전에 직접 참가하여 진두지휘 중 1950년 9월 22일 녹번리 전투에서 29세의 꽃다운 나이에 전사했다. 서울 탈환을 일주일 앞두고 일어난 안타까운 일이었다. 그는 가족들과 함께 양화진에 잠들고 있다.

언더우드(Horace Grant. Underwood, 한국이름: 원두우, 1859-1916) 선교사는

영국 런던에서 6남매 중 넷째로 태어났으며, 5세 때 어머니를 여의고 13세 때 아버지를 따라 미국으로 이주했다. 집안은 가난했으나 아버지를 따라 어린 시절부터 교회를 다녔다. 19세에 미국 뉴욕 대학을 졸업했으며 천문학, 물리 및 화학 등 자연과학 성적이 우수했다. 훗날 한국에서 물리와 화학을 가르치는 데 도움이 되었다. 다시 뉴브런즈윅(New Brunswick) 신학교를 졸업하여 1884년 목사안수를 받았다.

목사가 된 후 인도 선교사가 되길 희망하고 인도어를 배웠으나, 일본 동경에 있는 앨버트 올트먼(Albert Oltmans)으로부터 복음을 듣지 못하는 한국에 관한 이야기를 듣고 한국 선교사가 되는 것이 하나님의 뜻이라는 것을 깨닫게 된다.

언더우드의 가족묘

그는 1884년 미국 북장로교 선교부 소속 한국선교사로 임명을 받고 홀로 샌프란시스코를 떠나 일본에 도착했다. 일본에서 이수정을 만나 잠깐 동안 한국어를 배웠다. 1885년 4월 5일 부활절 아침에 아펜젤러 부부와 함께 인천에 도착했다. 그는 열심히 우리말을 익혔고 1년 후에는 전도를 할 수 있을 만큼 한국어가 능숙해졌다.

그는 1886년에 고아원을 개원했으며, 그것을 경신학교로 발전시켰다. 그 때 4살의 김규식을 입양했다(당시 김규식의 부친은 정치적 이유로 귀양을 갔으며 모친도 사망했다. 나중에 김규식은 독립운동가로, 해방 후에는 입법위원장으로, 좌우 합작을 위해 김구와 남북협상에 참여했다. 언더우드가 세운 새문안교회 장로였다.) 경신학교를 세우고 초대 교장을 역임했던 언더우드는 언세대학 설립이 기틀을 마련했다.

선교사로서 그의 업적은 혁혁하다. 1887년에 정동교회(나중에 새문안교회)를 설립했고, 문서 활동, 청년 활동 등 여러 면에서 큰 공을 세웠다. 특히 성서를 순 우리말로 번역했으며, 150편의 찬송가도 번역했고, 한국어 문법책과 한영사전을 편찬했다.

1889년 언더우드는 8세 연상인 **릴리어스 호튼**(Lillias Stirling Horton, 1851-1921)과 결혼했다. 그녀는 미국 시카고 의과대학을 졸업하고 에리 톰슨 병원에서 수련의로 근무하던 중 미국 북장로교의 요청으로 1888년 조선에 왔다. 주로 여성 환자를 치료했으며 나중에 명성황후의 시의가 되었다. 이들의 결혼을 위해 명성황후가 장소도 주선해 주었다고 한다. 그들은 신혼여행으로 말과 가마를 타고 평양을 거쳐 압록강 등을 둘러보고 왔다고 한다.

언더우드는 무엇보다 우리 민족의 은인이다. 명성황후가 살해된 후 고종을 보필했고, 일제가 조선의 국권을 찬탈할 때 맹렬히 반대했다. 미국에 잠시 돌아가서 조선의 절박한 상황을 알림으로써 많은 젊은이들이 한국선교사로 오게 되었으며, 한국에 보낼 선교비도 마련했다. 특히 타자기 회사를 운영하던 존 언더우드의 도움을 받아 선교기금을 마련했다.

일제의 탄압 속에서도 압록강까지 두루 다니며 31년간 복음과 교육에 전념했다. 이러한 강행군으로 언더우드는 피로가 겹쳤다. 그는 오랫동안 관절염과 류머티스 질환을 앓았으며, 습하고 더운 조선에서 풍토병에 시달렸다. 건강 회복을 위해 미국에 갔으나 병세가 악화되어 다시 한국 땅을 밟지 못하고 1916년 10월 세상을 떠났다.

그의 유해는 부친과 형제가 묻힌 뉴저지(New Jersey)의 작은 그로브교회

(Grove Church)에 안장되었다. 그로부터 5년 후 1921년에 부인 호튼이 소천하여 양화진에 안장했다. 그후 1999년 언더우드의 유해가 한국으로 돌아와 그의 부인 곁에 안장되었다. 초대 언더우드 선교사의 유해가 양화진에 옮겨짐으로 그와 더불어 3대에 걸쳐 7명의 가족이 묻힌 가족묘가 형성되었다. 다음은 그가 막 제물포에 도착했을 때 메모한 내용이다.

보이지 않는 조선의 마음

주여, 지금은 아무것도 보이지 않습니다.
메마르고 가난한 땅
나무 한 그루 시원하게 자라지 못하는 이 땅에
저희들을 옮겨와 앉히셨습니다.
그 넓은 태평양을 어떻게 건너왔는지
사실은 기적입니다.
(중략)
그러나 주님 순종하겠습니다.
겸손하게 순종할 때 주께서 일을 시작하시고
그 하시는 일을 우리의 영적 눈으로 볼 수 있는 날이 있을 줄 믿나이다.
"믿음은 바라는 것들의 실상이요 보지 못하는 것들의 증거니"라고 하신 말씀에 따라
조선의 믿음의 앞날을 볼 수 있게 될 것을 믿습니다.
지금은 우리가 황무지 위에 맨손으로 서 있는 것과 같으나

저들이 우리 영혼과 하나인 것을 깨닫고 하늘나라의 한 백성, 한 자녀임을 알고,

눈물로 기뻐할 날이 있음을 믿나이다.

지금은 예배드릴 예배당도 없고 학교도 없고,

그저 경계와 의심과 멸시와 천대함이 가득한 곳이지만,

머지않아 이곳이 은총의 땅이 되리라 믿습니다.

주여, 오직 제 믿음을 붙잡아 주소서.

그의 일대기는 부인이 쓴 《Underwood of Korea》에 자세히 기록되어 있다. "남편으로부터 들은 것을 그녀의 예리한 통찰력과 여성다운 섬세함으로 이 책을 기록했다"고 이 책을 번역한 이만열 교수가 언급했다.

아들 **원한경**(Horace Horton Underwood, 1890-1951) 선교사는 서울에서 출생했다. 1912년 뉴욕 대학을 졸업하고 1925년 미북장로교 소속 선교사로 내한하여 경신학교 교사로 부임했다. 미국에서 철학박사 학위를 받고 1934년 연희전문학교 교장 등을 역임하다가 1942년 일제에 의해 강제 추방당했다. 1944년 미국에서 목사안수를 받았으며 해방이 되자 미국 육군성 한국어 통역관으로 한국에 다시 왔다.

교육학을 전공한 부인 **에델**(Ethel van Wagner, 1888-1949)도 매우 활동적이었다. 그녀는 서울 외국인학교를 시작하고, 에델 소녀고아원을 설립하는 등 교육과 버려진 아이를 돌봄에 헌신적이었다. 1949년 그녀의 자택에서 청년 공산당원에게 피살당했다. 원한경은 아내를 양화진에 안장하고 미국으로 돌아갔다.

한국전쟁이 발발하자 그는 그해 10월에 다시 한국으로 와 부산에 머물다

가 1951년 지인들을 모아 놓고 친목회를 가지고 이튿날 세 아들과 함께 부산 일대를 관광하고 다음 날 지병인 심장병이 악화되어 숨진다. 그리고 양화진에 안장되었다.

손자 **원일한**(Horace Grant Underwood III) 선교사는 언더우드 가의 장손으로 1917년 한국에서 태어나서 해밀턴 대학을 졸업하고 뉴욕 대학원에서 교육학을 전공했으며, 1939년 목사안수를 받고 미국 북장로교 선교사로 한국에 와 선교활동을 하다가 조안 데이비슨(Joan Vida Davidson Underwood)과 결혼했다.

부친과 함께 일제에 의해 추방당했던 그는 1946년에 한국으로 다시 돌아왔다. 한국전쟁이 발발하자 통역관으로 복무했다. 연세대학교 등에서 교육사업에 헌신했으며, 2004년 타계하여 양화진에 그의 첫 부인(Joan Vida Davidson Underwood)과 합장했다. 1999년 미국 고향에 묻혀 있는 초대 언더우드 선교사(원두우)의 유해가 양화진으로 옮겨짐으로 그와 더불어 3대에 걸친 7명의 가족묘가 되었다.

언더우드 4세인 **피터 언더우드**(Peter A. Underwood)의 부인인 게일 클라크(Gale Clarke)는 교사로 헌신했으며, 1976년 뉴욕에서 별세하여 양화진 언더우드 가족묘지에 안장되었다.

언더우드 가의 4대인 **원한광**(Horace Horton Underwood Jr. 1943-)은 1976년부터 연세대학교 영문과 교수로 봉직했다. 1980년 광주민주화 항쟁을 해외에 알려 전두환 정권으로부터 한때 강제 추방당하기도 했다.

또한 그는 한미교육위원단 단장으로 활동하면서 한미교육 교류 증진과 연세내의 국제화에 큰 기여를 했다. 1970년대 구호였던 "둘민 낳아 잘 기르자"를 "둘만 낳아 넷 기르자"로 바꿔 한국에서 두 딸을 입양했다.

이렇게 언더우드 일가는 120년간의 한국 사랑을 마치고 2004년 1월에 한국을 떠났다. 언더우드 일가의 한국 사랑과 헌신은 대한민국 역사에 길이 빛나고 있다.

올리버 에비슨(Oliver R. Avison, 한국이름: 어비신, 1860-1956) 선교사는 캐나다 출신의 미국 북장로교 선교부 의료선교사이며, 한국 의료 개척사에 빠뜨릴 수 없는 선교사다. 그는 1860년 6월 30일 영국 요크셔에서 출생하여 여섯 살 때 캐나다 윈스턴에 이주하여 살았으며, 1890년 토론토(Toronto) 대학교 의과대학을 졸업하고, 모교에서 내과 및 약리학을 강의하다가 언더우드의 영향을 받아 한국선교를 지원했다.

1893년 여름, 부인 제니 에비슨(Jennie Barnes Avison)과 함께 한국에 도착하여 제중원 의사로 봉직한 이후 약 40년간, 구한말과 일제강점기를 거쳐 한국에서 의료선교사, 교육자로 활동하며 많은 공을 세웠다.

당시 콜레라가 크게 유행했던 1895년에 에비슨은 조선정부 방역 책임자로 임명받고, 선교사와 개신교 신자들을 모아 방역 팀을 만들어 체계적인 방역활동을 했다.

1900년, 에비슨은 안식년을 미국에서 보내면서 한국 의료선교를 위한 모금활동을 하던 중 후원자인 클리블랜드의 실업가이자 자선사업가인 세브란스(Louis H. Severance)로부터 병원건립기금으로 1만 불을 기부 받았다. 그는 그 후원금을 재원으로 1904년에 한국 최초의 현대식 병원을 준공했다. 그리고 제중원을 '세브란스'로 개칭하고 병원장에 취임했다.

1913년부터 그는 세브란스의전 교장으로 봉직하다가 1916년부터 1934년까지 연희전문학교 교장까지 겸직하면서 우리나라 의학교육과 사학발전에 크게 기여했다. 그는 세브란스의학전문학교와 연희전문학교, 두 학교, 즉 '연세' 통합을 여러 차례 시도했으나 당시 뜻을 이루지 못했다.

에비슨은 허스트 선교사가 부임하면서 더욱 의학교육에 정진하여 1908년에 7명의 첫 졸업생을 배출했는데, 이들 7명은 정부로부터 의술 개업 인허장(면허)을 획득하였고, 이것이 우리나라 의사면허의 효시가 되었다.

에비슨은 한국인 후임자인 오긍선에게 교장직을 물려주고 1935년에 은퇴하고 그해 12월에 한국을 떠나 미국 플로리다 주 세인트 피터스버그에서 여생을 보내다가 96세를 일기로 1956년에 세상을 떠났다. 에비슨은 한국 의학교육의 개척자였고, 그러한 공로를 인정받아 1952년에 건국공로훈장을 받았다.

그의 아들 **더글러스 에비슨**(Douglas Bray Avison, 1893-1952) 선교사는 아버지에 이어 세브란스의학전문대학 교수로, 병원장으로 한평생 의학발전과 선교에 헌신했다. 더글러스 에비슨은 올리버 에비슨 선교사의 넷째 아들로, 1893년 부산에서 출생했다. 캐나다 토론토(Toronto) 의대를 졸업하고 거기서 보건학 박사학위를 받았다. 1920년 미국 북장로교 소속 의료선교사로 한국에 와 처음 선천지방에서 활동했으나 서울선교부로 전임되어 세브란스의학전문학교에서 소아과 교수 및 위생학(현 예방의학) 교수를 시작으로 의사 양성에 전념

더글러스 에비슨 묘비석.

했고, 아버지에 이어 1947년까지 병원장을 역임했다. 1952년에 캐나다 밴쿠버에서 세상을 떠나 임시 안장되었다가 생존 시 한국에 묻히기를 소원하였기에 1954년 유해를 화장하여 세브란스병원에서 장례하고 양화진에 안장했다. 세브란스 제자들에 의해 건립된 비에 다음과 같은 비문이 있다.

> 더글러스 B. 에비슨 선생은 우리나라에서 나시고 일하시고 여기에 묻히셨다. 20년 동안 우리 학교에서 몸 바쳐 일하심으로 사람과 하나님을 섬기셨다. 알고 행할 수 있도록 후학을 가르치시고 사랑과 정성으로 환자를 대했다. 높은 덕, 넓은 은혜를 마음에 새기면서 그 유언에 따라 유해를 모신 이 자리에 이 비를 세워 선생을 추모한다.
> — 1953년 8월 4일 세브란스의과대학 동창회 세움

부인 케드린 로슨(Kathleen Isabel Rawson, 1898-1985)도 남편과 함께 선교사로 왔다가 캐나다에서 별세하여 남편과 함께 양화진에 합장되었다.

G묘역은 어린아이들의 묘역이다. 수많은 아이들이 전염병과 풍토병으로 죽었다.

메리 스크랜턴 (Mary F. B. Scranton, 1832-1909)은 윌리엄 스크랜턴(William B. Scranton, 1856-1922)의 모친이다. 40세가 되던 해에 남편과 사별하고 1885년 5월 52세의 나이로 미국 북감리교 해외선교회 소속으로 외아들 의사인 윌리엄과 며느리, 손녀와 함께 3대가 조선에 왔다. 1887년 명성황후로부터 "이화학당"이라는 교명을 하사받고 여학생들을 가르쳤으며 나중에 교장이 되었다. 이화학당을 통해 유관순, 박에스더 등 훌륭한 여성들을 배출

했다. 조선 여성의 평등을 위해 여성교육에 매진했다. 또한 그녀는 서울에만 머물지 않고 경기도를 돌며 복음을 전했다. 그녀는 77세에 소천하여 양화진에 묻혀 있다. 남대문에서 양화진까지 8Km에 이르는 길에 수천의 시민이 그녀의 장례를 따랐다고 한다. 그의 묘비는 아들에 의해 세워졌으며 십자가 중앙에 IHS(헬라어로 예수의 약자)라고 씌어져 있다.

한편 아들 윌리엄 스크랜턴 (William Benton Scranton, 1856-1922)은 1878년 예일대학교를 졸업하고 뉴욕 의과대학에 진학했고, 1882년 졸업했다. 그는 처음에는 제중원에서 일하다가 따로 소외계층을 위한 병원을 짓고 진료를 시작했다. 그는 "민중 목회자"로 가난하고 소외된 민중을 위해 열정을 쏟았다. 1887년 언더우드, 아펜젤러, 헤론과 함께 성서번역위원회를 발족했다. 1905년 친일파 감독인 해리스가 감리교 감독이 되면서 의견충돌을 일으켜 선교사직을 사임했다. 성공회로 옮겨 평양과 서울 등에서 의사로 활동했다. 1917년 일본으로 건너가서 일본으로 이주한 조선인 광산 노동자들을 돌보다가 1922년 고베에서 쓸쓸히 숨을 거두었다. 그의 묘지는 고베의 외국인묘지에 안장되어 있다. 어머니 Schofield에 이어 지극히 조선을 사랑한 선교사임에도 우리에게는 "잊혀진 선교사"가 되어 안타깝다.

양화진에는 선교사 자녀들의 무덤이 따로 조성되어 있다.

H묘역은 일반 미국인, 또는 미군의 묘역이다.

I묘역에는 터너(I-7)의 묘지가 있다.

아더 터너(Arther B. Turner, 한국이름: 단아덕, 1862-1910)는 성공회 선교사로 영국 솔즈베리(Salisbury)에서 출생했다. 1885년 옥스퍼드 키블(Keble) 대학을 졸업하고, 1888년 사제로 서품되었다. 8년 후, 조선에 온 터너 신부는 서울대성당에서 조선 최초의 성공회 신부인 코프(Charles John Corfe) 주교를 보좌했고, 전도뿐만 아니라 축구를 가르쳤으며 한국 스포츠의 선구자이기도 했다. 당시 외국 고위들로 구성된 YMCA의 창립이사 및 회장으로 활동했다.

그는 1905년에 제2대 주교로 서품되어 1910년 그가 순직할 때까지 YMCA 초대 이사로서 역사상 획기적인 업적을 남겼다. 터너 주교가 개척한 강화도에는 성공회 교회가 많다. 곳곳에 신명 또는 진명이라는 명칭으로 학교를 세웠으며, 남녀가 동등하게 교육을 받아야 한다고 주장했다. 뿐만 아니라 주로 인천과 강화도에 집중되어 있던 성공회의 선교영역을 수원과 충북 진천까지 확대했다. 그의 도움과 노력으로 충북 진천에도 1905년에 성공회가 들어서게 되었으며 진명학교(1908), 진천애인병원(1909)이 설립되어 농민을 대상으로 한 교육과 의료 활동이 일찍부터 전개되었다.

그는 1910년에 과로로 순직했는데, 강화 온수리교회에 그의 공덕비가 세워졌고, 그의 유해는 성공회 선교사로는 처음으로 양화진외국인묘원에 묻혔다. 양화진에는 성공회 소속 선교사들 묘역이 별도로 조성되어 있다.

터너의 죽음에 대해 게일 선교사는 "지난 14년간 그는 우리와 함께 지내면서 모든 사람에게 언제나 똑같이 아주 친절한 주인이며, 기쁨을 주는 손님이었고, 확고한 친구였다. 한국과 한국인, 그리고 모든 친구들을 위해 살았다"고 추도했다.

　마지막으로 청주지역에서 선교하던 선교사의 어린 자녀와 선교사도 양화진에 잠들어 있다. 여기에 잠들어 있는 아이는 밀러 선교사의 두 아들이고, 선교사는 로간 부인이다.

　밀러(Frederick Scheibler Miller, 한국이름: 민노아, 1866-1935) 선교사는 '충북기독교 선교의 아버지'라 불리우며 미국 북장로교 소속 선교사다. 그는 미국 펜실베이니아에서 출생하여 1889년 피츠버그 대학과 1892년 유니언 신학교를 졸업했다. 그는 1892년 11월 그의 부인(Anna Reinecke)과 함께 한국에 왔다. 1893년 서울에서 경신학교 책임자가 되어 기독교 교육에 힘썼다. 1895년에 연동교회의 기초를 마련했으며, 44년간 주로 청주에서 선교활동을 했다. 1902년부터 감리교, 장로교 합동 찬송가위원회로 활동했으며, 찬송가 588장(공중 나는 새를 보라)를 작곡했고 이외에도 96장(예수님은 누구신가), 204장(주의 말씀 듣고서), 451장(예수 영광 버리사), 427장(맘 가난한 사람 복이 있나니) 등이 찬송가에 실려 있다. 1911년에는 조선예수교장로회 충청경기노회 노회장으로 활동했다.

　1894년 양화진 주변에 공동 방갈로를 마련하고 언더우드와 에비슨과 함께 여름에 이곳에 머물렀다. 첫 부인이 별세한 후 1904년에 도티(Susan A. Doty)와 재혼했으며, 1931년에 도티와 사별한 후 딘(Dean M. Lillian)과 재혼했다. 그는 청주제일교회를 비롯하여 여러 교회를 세우며 충북지역 복음화에 헌신했다. 신대교회, 묵방리교회, 화죽리교회, 송파교회 등을 개척했거나 시무했다. 1936년에 한국을 잠시 떠나 필리핀과 중국을 방문했고, 다시 청주로 돌아와 1937년에 별세했다. 그는 금천동 뒷산에 묻혔는데 1984년 한국기독교 100주년 사업으로 청주 일신학원으로 이장되었다. 묘비에는 "주 예수는 길이요 진리요 생명이라"고 기록되어 있다.

양화진에는 첫 부인인 안나 레이네크 밀러(Anna Reinecke Miller, ?-1903)가 안장되어 있고, 그녀가 낳은 첫아들 프레드 밀러는 출생한 지 6개월 만에 사망했고, 둘째 아들 프랭크 밀러는 출생한 지 하루 만에 세상을 떠났으니 참으로 가슴 아픈 일이다. 두 아들이 어머니 곁에 잠들고 있다. 예수님은 누구신가(96장)의 찬송시는 이때 쓰여졌다고 한다.

메리 로건(Mary Lee Logan, 로간 부인, 1856-1919) 선교사는 미국 켄터키 주에서 출생했다. 켄터키 센트럴 대학의 학장으로 재직한 바 있는 남편 J. V. 로간의 부인이 되었다. 1908년에 남편이 세상을 떠나자, 1907년에 51세의 나이에 미국을 떠나 자비량선교사로 전남지방으로 와서 유진 벨과 함께 목포 광주 등지에서 활동했다. 그러다가 미국 북장로교 선교부로부터 요청을 받아 1909년 청주로 왔다. 민노아 선교사의 부인인 도티 여사와 함께 충북 청주지역 여성교육에 초석을 놓은 인물이다. 한국말도 잘 구사하고 필체가 좋기로도 유명했다. 그녀는 자기 집에서 50-60여 명의 여성에게 1주에 15시간을 가르쳤으며 여성교육에 전력했다. 1919년 63세의 일기로 세상을 떠나게 되었으며, 양화진 외국인 묘지에 안장되었다.

그녀가 살던 집은 현재 충청북도 유형문화재 제133-5호(청주시 상당구 탑동 185-1번지)로 관리되고 있다. 1921년 6월 그녀를 추모하여 청주제일교회에서는 화강석에 '로간 부인 기념비'를 세웠으며, 기념비에는 "아메리가 나신 부인

됴션(조선)에 건너오셔 봉승(윗사람의 뜻을 이어받음)한 샹제(하나님)의 명령 진충갈력(모든 힘을 다하여 충성함)하였네. 우리 민족 구원하려 교육구제 힘 다해 십이 년 여일종사(한결같이) 됴션 별세 천당으로"라고 새겨져 있다.

그녀가 힘쓴 여성교육은 여성의 지위를 향상시키는 매우 의미 있는 일로 받아들여지고 있다.

묘지를 둘러보던 중에 비가 내린다. 우의를 다시 입고 걸어 나왔다. 양화진을 떠나 고속버스를 타고 내려올 때는 장대비가 내렸다. 에베레스산(해발, 8848km)을 최초로 정복한 에드먼드 힐러리(Edmund Percival Hillary, 1919-2008)경은 그의 자서전에서 "모험을 하지 않으면 아무것도 얻을 수 없다(Nothing venture, nothing win). 그리고 모험은 "나처럼 평범한 모든 평범한 이에게 가능하다"고 했다.

스무이레가 마치 차창 밖으로 빠르게 스쳐 흐르는 빗물처럼 금방 지나갔다. 피곤하기는 했지만 잠은 오지 않는다. 뿌옇게 안개가 드리운 차창을 바라보며 젊은 시절 품었던 민족복음화의 열정을 다시 그려 본다.

민족복음화의 꿈

김준곤

어머니처럼 하나밖에 없는 내 조국
어디를 찔러도 내 몸같이 아픈 조국
이 민족 마음마다 가정마다 교회마다
사회의 구석구석 금수강산 자연환경에서도
하나님의 나라가 임하게 하시고
뜻이 하늘에서처럼
이 땅에 이루어지게 하옵소서

이 땅에 태어나는 어린이마다
어머니의 신앙의 탯줄 기도의 탯줄
말씀의 탯줄에서 자라게 하시고
집집마다 이 집의 주인은
예수님이라고 고백하는 민족
기업주들은 이 회사의 주인은 예수님이고
나는 관리인이라고 고백하는 민족

두메마을 우물가의 여인들의 입에서도
공장의 직공들 바다의 선원들 입에서도

찬송이 터져 나오게 하시고

각급 학교 교실에서

성경이 필수과목처럼 배워지고

국회나 각의가 모일 때에도

주의 뜻이 먼저 물어지게 하시고

국제 시장에서 한국제 물건은

한국인의 신앙심과 양심이

으레 보증수표처럼 믿어지는 민족

여호와로 자기 하나님으로 삼고 예수 그리스도를 주로 삼으며

신구약 성경을

신앙과 행위의 표준으로 삼는 민족

그리하여 수십만의 젊은이들이

예수의 꿈을 꾸고 인류구원의 환상을 보며

한 손에는 복음을 다른 한손에는 사랑을 들고

지구촌 구석구석 누비는

거룩한 민족이 되게 하옵소서!

후기

"모든 그리스도인은 예수 그리스도의 복음을 받아들이도록 해준 신실한 믿음의 목회자들을 기억해야 할 의무가 있다"(It is the duty of all Christians to call to remembrance the faithful ministers of God by whom they received the good news about Jesus Christ - John Knox and the Reformation).

2014년 어느 겨울 오후 휴대전화에 기록해 둔 메모를 뒤적이다가 문득 여수 애양원에서 서울 양화진 순례길을 걸을 것이라고 적어 둔 내용을 발견했다. 메모에는 다음 해 연구년(안식년)을 맞이하게 되는데 2월이나 4월에 시작하기로 계획되어 있었다. 그래서 이듬해 2015년 1월 서울에서 열리는 전국나사렛형제들 원단금식수련회에서 이 계획을 실행하겠다고 마음에 다짐하며 기도했다.

어느 순간 갑자기 생각나는 일을 하고 싶을 때가 있다. 결코 갑작스러운 일이 아니라는 것을 깨닫는 순간 오랫동안 마음에 품어 왔던 바람이라는 것도 또한 알게 된다. 실행에 옮기지 못한 것은 그냥 삶에 쫓겨 무심코 지내온 것뿐이리라.

26살의 미국 여성인 쉐릴 스트레이드(Cheryl Strayed)는 어느 날 아웃도어(outdoor) 매장을 지나가다가 'Pacific Crest Trail(PCT)'을 걷고 싶은 강한 충동을 가지게 된다. 자신의 망가진 삶을 팽개치고 3개월 동안 그 길을 걷고 《Wild》라는 책을 냈다(최근에 영화로도 나왔다). 그 책은 잠자는 내 혼을 깨워 줄 만큼 충격적이었다.

그녀는 멕시코 국경의 더운 사막 길과 로키 산맥의 바위산 길, 진흙길, 원시림 속 길을 걸었다. 열 개의 발톱들이 거의 빠져 버리는 혹독한 고통이 있었다. 그런 중에도 고독함과 위험을 무릎쓰고 남쪽 멕시코 국경지역에서부터 북쪽 캐나다 국경지역까지 수천 킬로미터를 3개월 동안 걸었다. 아마 그녀는 이 길을 혼자 완주한 최초의 여성으로 기록될 것이다. 그녀는 책에서 "일생에 한 번은 모든 것을 걸고 떠나야 할 길이 있다"고 했다.

우리 대학의 Y 명예교수는 그의 부인과 함께 퇴임 직전에 800여km의 산티아고 순례길을 40일 동안 걸은 후에 《성 야고보의 길》이라는 기행문을 남겼다. 그는 걷기 시작한 후 얼마 되지 않아 발목이 부러지는 사고를 당했지만 끝내 완주했다.

두 책은 내게 순례의 동기를 부여했다. 《Wild》의 작가는 스스로 삶에 대전환을 이루었고, 가톨릭 신자라면 누구나 한 번쯤은 꿈꾸는 일을 《성 야고보의 길》의 작가는 해낸 것이다.

27일 동안 양화진 순례길을 걸으며 나와 비슷한 두 사람을 만났다. 한 사람은 대학을 졸업하고 마땅한 취업 자리를 얻을 수 없어 그의 집이 있는 강원도 원주를 출발하여 임진각, 해남, 부산, 그리고 고성에서 다시 집으로 돌아가는 두 달 동안의 대장정을 계획하고 실행에 옮기고 있는 젊은이를 공주에서 만났다. 또 한 분은 삼보일배하며 오체투지를 하는 스님인데, 남해 송림사에서 출발하여 부산, 대구, 대전을 거쳐 지나가는 분을 화성에서 만났다. 스님은 완주하는 데 3년이 걸린다며 앞으로도 1년이 더 남았다고 했다. 그들에 비하면 나의 이 순례길은 별 일도 아니다.

많은 사람들이 길을 걷는다. 길을 걷는 것을 인생에 비유하기도 한다. 인생이라는 것이 길을 가는 것과 같기 때문이다.

역사적으로 알려진 유명한 길들이 있다. 로마 시대 때 로마로부터 이탈리아 반도 남쪽으로 난 아피아 고속도로(Via Appia)는 기원전 300년에 전쟁과 정복을 위해 건설된 길이다. 수많은 군인과 상인들이 이 길을 지나갔고, 이 길 말고도 로마로 통하는 길들은 수없이 많이 있다.

걷는 길로 오래되고 유명한 길은 티베트의 차마고도일 것이다. 이곳은 실크로드보다 200년 앞선 무역로다. 해발 4,000미터 이상의 고봉을 넘는 험난한 길이다. 실크로드는 중국 중원에서 시작하여 중앙아시아를 거쳐 이란 고원을 지나 지중해와 유럽을 잇는 가장 긴 길이다.

전쟁이나 무역을 위한 길 말고 종교적인 이유로 걷는 길이 있다. 아주 짧은 길이지만 가장 고통스러운 길인 '고난의 길'(Via Dolorosa, 또는 Via Crucis)은 예수가 인류 구원을 위해 십자가를 지고 가신 길이다. 순례를 목적으로 하는 '산티아고 순례길'은 해마다 수십만 명이 찾는다.

사람마다 각기 다른 목적과 의미로 길을 걷는다. 최근 우리나라도 올레길을 걷는 사람들, 등산과 트래킹이 활성화되면서 산을 걷는 사람들이 점차 늘고 있다.

　나는 산티아고 순례길처럼 우리나라에도 그런 걷는 길이 있으면 좋겠다는 생각을 했다. 여수 애양원에서 서울 양화진 가는 길은 초기 선교사들의 감동적이고 아름다운 이야기를 많이 간직하고 있다. 나는 이 길을 걸으면서 선교사들의 행적을 조명하며 매일 새로운 날들을 맞이하는 기쁨을 맛보았다. 국내 여행을 거의 하지 않은 나로서는 여행의 의미도 있었다. 가족의 동의도 필요했지만, 스스로의 결단이 중요했다. 무엇보다 예상치 못한 상황을 잘 극복하고 끝까지 해낼 수 있는 용기가 필수였다. 장기간 걸을 수 있는 기회가 거의 없었던 내게 27일 동안 걷는다는 것은 쉬운 일이 아니었다. 그렇다고 불가능하지도 않았다. 핑계가 있다면 게으름 그 자체일 것이다.

　이 길은 나에게 엠마오로 가는 제자들에게 나타난 부활의 예수님을 기억하게 했다. 3일째부터 무릎이 심한 내출혈로 크게 부어올라 포기하려고 했을 때 걸을 수 없었던 무릎을 고쳐 주셨고, 긴 터널이 앞에 있는 줄 모르고 무작정 걷고 있는 내게 전날 머물렀던 펜션 주인이 승용차를 타고 갑자기 나타나 터널을 무사히 건널 수 있도록 천사를 보내준 일이며, 양화진 가는 마지막 밤에 비바람을 불러 벚꽃 잎을 다 떨어뜨려 양화진으로 가는 안양천 둑길에 꽃길을 열어주시는 등 하나님이 늘 함께 해주셨다. 그 하나님이 남은 생애에도 내 길의 인도자가 되실 것을 믿는다.

　혼자라면 마음은 한없이 여려지며 단순해진다. 작은 일에도 감동한다. 사소한 친절에도 눈물이 핑 돈다. 때로는 아무 생각도 없이 기계처럼 걷기만 한다. 가끔 사람들에게 길을 물을 때 사람들은 재차 나에게 어디까지 가느냐고 물어 본다. "서울 양화진까지요." 이 대답을 들은 이들이 화들짝 놀라기도 한다.

2천 년 전 사도 바울은 복음을 증거하기 위해 목숨을 건 여행을 했다. 그 기록이 사도행전(The Actions of Disciples)이며, 28장으로 구성되었다. 성도들은 바울이 남긴 이 감동적인 복음 증거 기록을 통해 선교가 얼마나 희생적이고 고난의 삶이었는지 다시 한 번 깨닫게 된다. 사도 바울은 이교도들과 심지어는 동족으로부터의 홀대와 위협을 무릅쓰고 복음을 전했다.

130년 전 선교사로 조선에 온다는 것은 목숨을 내놓는 일이었다. 많은 선교사들과 그 가족들의 안타까운 죽음 소식을 듣고도 끊임없이 조선으로 왔다. 아니, 대를 이어 왔다. 요즘 같으면 위험지역, 여행 제한지역이라며 애써 꺼려했을 땅이 조선땅이었다. 하지만 그들은 기꺼이 희생하며, 횃불이 되어 찾아왔다. 복음은 이렇게 해서 나에게까지 전해졌다.

이 땅에 온 선교사들의 행적을 다시 조명하고 기억하는 것은 얼마나 귀한 일인가? 28일 동안의 순례로 나는 그들의 행적을 다시 한 번 기록으로 남기게 되었다. 그들의 선교사역은 조선의 사도행전이 될 것이고, 우리 가운데 영원히 기억될 것이다.

🔑 "하나님의 말씀을 너희에게 일러 주고 너희를 인도하던 자들을 생각하며 그들의 행실의 결말을 주의하여 보고 그들의 믿음을 본받으라"(히 13:7).

쇠락하고 있는 한국 기독교가 다시 부흥할 수 있기를 희망한다. 그 희망의 끈이 양화진 가는 길에 있다고 믿고 싶다. 이 나라, 이 민족을 향한 선교사들의 눈물과 한숨과 사랑의 흔적을 찾아 보는 것은 신앙인들에게 새로운 도전이 될 수 있다. 선교사들이 걸어서 복음을 전한 그 땅을 다 시 걸어 보라고 권하고 싶다. 제주도 올레길처럼 풍광이 아름답지는 않더라도 선교사들이 남긴 이야기는 영원히 잊을 수 없는 깊은 감동을 줄 것이다.

걷는 데는 한 달쯤 걸렸는데 글로 정리하는 데는 몇 달이 걸렸다. 글을 쓴다는 것이 쉬운 일이 아니라는 것을 알았지만 지금은 더욱 실감한다. 게다가 걸으면서 얻었던 허리 통증으로 지금도 글쓰기가 불편할 정도다. 나는 한편으로 이 글을 쓰면서 거울 앞에 드러난 내 모습을 보고 많이 부끄러웠다. "글이 글을 쓴 사람의 인격 그 자체를 모두 반영하는 것은 아니다"라고 강변하고 싶다.

장차 통일이 되면 개성을 거쳐 황해도를 지나 평양과 선천과 의주까지도 갈 수 있을 것이다. 내 아내의 부모와 내 선친께서 처음 복음을 접했던 곳이 선천과 회령이다. 순례를 하며 남녘에서 본 북한 지명의 상가 간판들이 외롭고 쓸쓸해 보였다. 여기에 소개하지 못한 북한지역의 선교사들도 우리가 기억해야 할 것이다.

"길을 걷는 것과 인생의 길은 다르지 않다."

나는 '돈키호테의 꿈'을 꾸고 싶어 했다. 소설에서 돈키호테는 "이룰 수 없는 꿈을 꾸고, 싸워 승리할 수 없는 적과 싸웠으며, 이룰 수 없는 사랑을 하고, 잡을 수 없는 저 별을 잡으려 했다"라고 고백하면서 "미쳐서 살고 정신 들어 죽었다"라는 비문을 남겼다.

2016년 10월 1일

潭陽

서평

　감동이 밀려왔다. 그리고 이런 생각이 들었다. '인간이란 무엇인가. 그리고 신의 섭리는 무엇인가?' 그것은 다음 대목을 읽은 다음이었다.
　"쉐핑 선교사가 세상을 떠나면서 남긴 건 담요 반 장, 동전 7전, 강냉이 가루 2홉뿐이었다 한다. 한 장 남았던 담요도 이미 반으로 찢어 다리 밑 거지들과 나눠 사용하였고, 그녀의 시신도 유언에 의학연구용으로 기증되었다니 그녀는 한국인을 위해 모든 것을 다 주고 이 세상을 떠난 셈이다."
　이 대목을 읽고 감동을 받지 않는 사람은 없을 것이다. 그것은 쉐핑이라는 한 선교사가 특별한 인연도 없는 한국에 왔다가 하나님의 말씀대로 살면서 남긴 숭고한 흔적이기 때문이다.
　또 다른 일화는 포사이드 선교사의 헌신적인 삶이다. 한센병[나병] 환자들이 그의 기념비를 광주에서 여수까지 가마에 태워 메고 갔다고 하는 그가 바로 포사이드 선교사다.
　"광주에 도착한 의사 포사이드는 그의 조랑말에서 한센병 환자 여인을 두 손으로 감싸 안고 벽돌을 굽던 가마굴에 내려놓았다. 벽돌 가마터 주변에 모인 많은 사람들의 시선이 일제히 두 사람에게 향했다. 그들은 상처로 뒤범벅이 되어 역겨운 냄새가 진동하는 한센병 환자의 팔을 붙잡아 부축하는 포사이드의 '움츠리지 않는 손'을 보았다."

조선의 나병 환자들은 숭고한 포사이드 선교사의 행적을 존경하여 그의 기념비를 가마에 싣고 눈물을 흘리면서 걸었던 것이다. 이외에도 수많은 선교사들이 자신의 부와 명예를 포기하고 조선에 온 다음 자녀들을 잃으면서도 목숨을 바쳐 복음을 전파하고 한국인을 위하여 희생했다.

《양화진 순례길》은 숭고한 인간의 거룩한 행적을 찾아 헤매는 한 기독교인의 자기고백(自己告白)이다. 안식(연구)년을 맞은 필자는 조국의 산하에 맺힌 이방인들의 거룩한 행적을 찾아 27일 동안 걸었다. 여수 애양원에서 시작하여 서울 양화진에 이르는 순례길은 저자의 말처럼 대단한 것이 아닐 수 있다. 누구나 할 수 있지만 누구나 하지는 못하는 이 순례를 통하여 저자는 '하나님의 소명을 받은 자'임을 간증하고 있다.

순례자는 길 위에서 자기를 찾는 사람이다. '나는 누구인가?'를 자기에게 물어본 다음, 하나님의 호명(Interpellation)에 답하면서 '나는 하나님을 섬기는 존재'라는 자기정체성이 결정된다. 그런데 그 길은 스스로 선택한 길이어야 한다.

키르케고르(Søren A. Kierkegaard, 1813~1855)는 벼랑 끝에 선 사람은 뛰어내릴 자유가 있다고 보았다. 따라서 자기가 자기인 것은, 자기가 자기를 결정할 수 있는 권한과 능력이 있는 존재이기 때문이다. 그런 점에서 키르케고르는 '나는 아무런 의심도 없이 하나님을 믿고 예수 그리스도의 부활을 믿는다'라고 하는 것은 의미가 없다고 단언한다. 왜냐하면 의심과 갈등이 없이, 자기 선택을 거치지 않은 믿음은 가치가 없는 맹목적 믿음이기 때문이다.

따라서 창조자이자 절대자인 신에 대한 믿음이라고 하더라도, 한 인간의 고뇌를 거쳐서 자유롭게 선택되었을 때 의미가 있다고 본다. 키르케고르의 말처럼 자유를 통한 자기선택이야말로 진정한 기독교인의 사명일 것이다.

자유로운 존재인 필자는 오랜 기도와 자기선택을 통해서 하나님과 그리스도의 종이 되었다. 그리고 깊은 내면의 영성(spirituality)이 명령하는 바에 따라서 순례의 길을 떠난 것이다. 그러므로 그를 순례길로 인도한 것은 하나님의 은혜와 은총이고 그의 믿음을 굳건하게 만든 것은 영적인 성품이다. 과연 저자는 순례의 깨달음 속에서 하나님의 부름에 답하였고, 한국인을 위해서 희생한 한국개신교 초기 선교사들의 행적을 보았다.

또한 그는 생태환경을 파괴하는 인간의 반성을 촉구하였고, 마침내 자기 자신의 영성을 높이는 순례자가 되었던 것이다. 크리스천인 저자는 자기결정과 자기선택을 통하여 세계와 대결하는 자아(自我)에서 신의 품에 안긴 자로 거듭 태어난 것이다.

순례 도중 무릎의 통증이 심각해질 때에도, 허리의 고통으로 걷기가 쉽지 않을 때에도 하나님은 응답하셨다. 또한 하나님께서는 순례자의 경건한 자세를 유지하는 그에게 안양천 둑길을 꽃길로 만들어 주셨으며 주일예배를 거르지 않는 그의 귀에 성경 말씀을 속삭여 주셨다.

이런 《양화진 순례길》은 인간의 존재론적 고뇌의 기록이다. 그 고뇌는 욕망과 현실에 찌든 현존재(Dasein)가 복음을 찾고 영원한 생명을 구하는 기도의 소리였다. 이처럼 필자는 "무엇 때문에 그들은 부유하고 번영된 나라 미국에서 가난하고 병으로 죽을 수도 있으며 서양인이라고 배척하는 조선에 와서 목숨을 바쳤을까?"를 찾아 걷고 또 걸었다.

그들이 조선 땅에서 죽어간 것은 기독교를 전파하는 선교 사역이었다고 간단하게 정리할 수도 있다. 그러나 이들의 희생에는 인류에 대한 믿음과 인간에 대한 사랑이라는 보편적 가치가 깃들어 있다. 그리고 그 행적을 찾아 순례길을 정리한 저자의 글은 종교, 민족, 지역, 직업, 빈부귀천 등을 넘어서 인류(Human being)에 대한 사랑이 깃들어 있다.

더욱 소중한 것은 저자의 객관적 기록을 통하여 하나님의 자녀이자 그리스도의 성도임을 다짐했다는 것이다. 그 글의 힘은 솔직함과 진정성에서 나온다. 만약 서술자가 아름답게 꾸미고 현학적으로 기술했다면 오히려 감동은 반감되었을 것이다. 하나님의 길이나 글의 길이나 순례의 길은 하나다. 이 소중한 한 권의 책이 고난에 처한 한국인에게 하나의 등불과 같이 빛날 것이다.

2016년 9월 9일

김승환(충북대 교수)

- 광주양림교회, 《양림교회 90년사》, 한국기독교장로회 광주양림교회, 1995.
- 광주제일교회, 《광주제일교회 100년사(1904-2004)》, 광주제일교회 광주교회사연구소, 2006.
- 김광수, 《한국 기독교 백년사》, 기독교문사, 1974.
- 김수진, 《호남선교 100년과 그 사역자들》, 고려글방, 1992.
- 김수진, 《예수 오실 때까지, 조선에 묻힌 선교사들》, 진흥, 2006
- 목포노회, 《목포지방 기독교 100년사》, 대한예수교장로회 목포노회, 1997.
- 서북노회, 《호남기독교 100년사(전북편)》, 쿰란출판사, 1998.
- 김승태, 박혜진, 《내한 선교사 총람(1884-1984)》, 한국기독교역사연구소, 1994.
- 김승태, 《한말 일제강점기 선교사 연구》, 한국기독교역사연구소, 2006.
- 김양선, 《한국 기독교사 연구》, 기독교문사, 1971.
- 김인수, 《한국 기독교회사》, 한국장로교출판사, 1994.
- 김춘배, 《한국기독교수난사화》, 성문학사, 1969.
- 김형수, 《삶은 언제 예술이 되는가》, 아시아출판사, 2014.
- 도종환, 《해인으로 가는 길》, 문학동네, 2006.
- 류대영, 《개화기 조선과 미국 선교사》, 한국기독교역사연구소, 2004.
- 민경배, 《한국 기독교회사》, 연세대학교출판부, 1993.
- 박은배, 《기독교 유적 답사기》 1·2, 국민일보, 2000.
- 박용규, 《한국기독교회사 I》, 생명의 말씀사, 2004.
- 박정희, 《닥터 로제타 홀》, 다산초당, 2015.
- 백낙준, 《한국 개신교사》, 연세대출판부, 1973.

- 법정,《무소유》, 범우사, 2004.
- 소재열,《호남선교의 이야기》, 말씀사역, 2004.
- 셔우드 홀,《닥터 홀의 조선회상》, 좋은씨앗.
- 손동일,《나의 아버지 손양원 목사》, 아가페, 1999.
- 손동희,《손양원 목사 옥중 목회》, 보이스사, 2000.
- 손철주, 이주은,《다 그림이다》, 다봄, 2011.
- 신호철,《양화진 선교사》, 대한예수교장로회 서울 서노회, 2003.
- 신호철,《양화진 선교사의 삶》, 양화진선교회, 2003.
- 심훈,《상록수》, 신원문화사, 2003.
- 양국주,《바보야, 성공이 아니라 섬김이야》, Serving the People, 2012.
- 양국주, 제임스 리 공저,《선교학개론》, Serving the People, 2012.
- 양동식,《1907-2007년 순천중앙교회 시로 읽는 선교 100년》, 동학사, 2007.
- 양림교회,《양림교회 100년사》 1·2, 양림교회 역사편찬위원회, 2003.
- 양참삼,《조선을 섬긴 행복》, Serving the People, 2012.
- 양화진문화원,《이보다 더 큰 사람이 없다니》, 홍성사, 2015.
- 영명100년사 편찬위원회,《영명100년사》, 공주영명중고등학교, 2007.
- 오기완,《EGCG counteracts caffeine-induced hyperactivity》, Behav. Pharmacol, 2010.
- 오승재,《지지 않는 태양 인돈》, 도서출판 바울, 2012.
- 오승재, 김조년, 채진홍,《인돈 평전》, 지식산업사, 2003.
- 유영갑,《산티아고 순례길》, 도서출판 금강, 2014.
- 윤동주,《윤동주 시집》, 범우, 2011.
- 윤춘병,《한국감리교회 외국인선교사》, 1989.
- 이팡일,《손양원 목사의 생애와 사상》, 손양원목사순교기념사업회, 1999.
- 이만열,《한국 기독교 수용사 연구》, 두레시대, 1998.

- 이만열,《아펜젤러-한국에 온 첫 선교사》, 연세대학교출판부, 1985.
- 이성삼,《한국감리교회사 I, II》, 기독교대한감리회 본부 교육국, 1980.
- 이성필,《信行旅行》, 세줄, 2008.
- 이어령,《생명이 자본이다》, 마로니에북스, 2014.
- 이영묵,《한국 기독교사》, 컨콜디아사, 1978.
- 이용남,《복음에 미치다》, 두란노, 2007.
- 이재철,《매듭짓기》, 홍성사, 2008.
- 임병해,《한국기독교문화유적》, 예루살렘, 1997.
- 전순동,《충북기독교100년사》, 충북기독교100주년기념사업회, 2002.
- 전주서문교회,《전주서문교회 100년사》, 전주서문교회 100년사 편찬위원회, 1999.
- 전택부,《양화진선교사 열전》, 홍성사, 2005.
- 정연희,《양화진》, 홍성사, 1992.
- 조석필,《길의 기쁨, 산티아고》, 도서출판 산악문학, 2014.
- 차종순,《양림교회 100년사》, 성문당, 2003.
- 최선수,《부르심 받아 땅끝까지》, 홍성사, 2011.
- 한국감리교회사학회 편,《한국감리교회를 만든 사람들》, 기독교대한감리회 본부 교육국, 1987.
- 한국기독교역사연구소,《믿음의 흔적을 찾아-한국의 기독교 유적》, 한국기독교역사연구소, 2011.
- 한국기독교역사연구소,《내한선교사 총람, 1884~1984》, 한국기독교역사연구소, 1994.
- 한국기독교역사학회 편,《한국 기독교의 역사》 I, II, III(개정판), 기독교문사, 2011.
- 한남대학교,《미국 남장로회 내한 선교사 편람》, 한남대학교출판부, 2008.
- 한수산,《한수산의 순교자의 길을 따라》, 생활성서, 2011.
- 한하운,《한하운시전집》, 인간사, 1956.

- 미구엘 세르반테스, 《돈키호테》, 시공사, 2004.
- 마서 헌트리, 차종순 옮김, 《한국 개신교 초기의 선교와 교회 성장》, 목양사, 1985.
- 쉐릴 스트레이드, 우진하 옮김, 《와일드》, 나무의 철학, 2012.
- 윌리엄 그리피스, 이만열 옮김, 《아펜젤러》, IVP, 2015.
- 윌 보웬, 김민아 옮김, 《불평 없이 살아보기》, 세종서적, 2009.
- 애너벨 메이저 니스벳, 한인수 옮김, 《호남 선교 초기 역사(1892-1919)》, 도서출판 경건, 1998.
- 캐서린 안, 김성웅 옮김, 《조선의 어둠을 밝힌 여성들》, 포이에마, 2012.
- 마틴 슐레스케, 《가문비나무의 노래》, 니케북스, 2015
- 파울로 코엘료, 《마법의 순간》, 자음과모음, 2014
- A. W. 토저, 이용복 옮김, 《철저한 십자가》, 규장, 2011.
- 조지 톰슨 브라운, 천사무엘, 김균태, 오승재 옮김, 《Mission to Korea》, 동연, 2010.
- 존 A. 호스테틀러, 김아림 옮김, 《아미쉬 사회》, 2013.

- Frederick S. Miller, 《The Gospel in Korea》, Fleming H. Revell, 1939.
- H. H. Underwood, 《A serious Automobile Accident》, 1919.
- Kyoung Bae Min, 《A History of Christian Churches in Korea》, Yonsei University Press, 2005.
- The Nation Archives of the PC(USA), 《The Presbyterian Survey》, Joseph Hopper, "At Kwangju" 12(1946), W. A. Linton, "After Six Years" 12(1946), D. J. Cumming, "Korea, Now" 11(1946), Miss Florence Root, "In Korea" 9(1949), Presbyterian Historical Society.

ㄱ

게일 클라크(Gale Clark) 297
게일(James Scarth Gale) 179, 190, 287
구레인(John Curtis Crane) 102, 117, 170
기포드(Danniel Lyman Gifford, 기보) 276, 286
김옥균 85
김제동 259
김점동 282
김준곤 46, 307
김형수 132, 246

ㄴ

넬리 랭킨(Cordelia Beckwith Rankin, 엄언나) 174
노블로(William Authur Noble) 278
녹스(Robert Knox, 로라복) 115, 116
뉴랜드(LeRoy Tate Newland, 남대리) 98
니스벳(John Samuel Nisbet, 유서백) 98, 115

ㄷ

더글러스 에비슨(Douglas Bray Avison) 299
더들리(Mary Albert Dudley) 118
덤(Theima Barbara Thumm) 112
데이비드 랭킨(David C. Rankin) 163, 169
도슨(Mary Lusy Dodson, 도마리아) 121

도티(Sasan A. Doty) 303
드류(A. D. Drew) 179
드와이트 린튼(Thomas Dwight Linton, 인도아) 68
딘(Dean M. Lillian) 303

ㄹ

레비(James Kellum Levie, 여계남) 128
레이놀즈(William David Reynolds, 이눌서) 40, 50, 53, 178
레이번 전킨(Mary Leyburn Junkin, 전마리아) 54, 168
로라 메이 피츠(Laura May Pitts) 173
로베르타(Roberta Cecilie Coit) 124
로즈 엘리(Rose Ely Moore) 275
로스 피터롤프(Rose May Fetterolf) 290
로이스(Lois Elizabeth Flowers Linton, 인애라) 40
로저(Roger Allen) 215
로제타 셔우드 홀(Rosetta Sherwood Hall) 281
로티(Charlotte Lottie Witherspoon Bell) 113
루스 밀러(Ruth Henrietta Miller) 128
루이스(Ada Louise Sale) 288
리니 데이비스(Linnie Fulkerson Davis Harrison) 164
리빙스턴(David Livingstone) 45
리처드 해밀턴 베어드(Richard Hamilton Baird, 배의치) 290
릴리어스 호튼(Lillias Stirling Horton) 294

ㅁ

마가렛(Margaret Whitaker Bull Bell, 벨 부인) 114, 170
마리(Ane Marie Amundsen Topple, 안미령) 39
마틴 스와인하트(Martin Luther Swinehart, 서로득) 105
마펫(Samuel Austin Moffet) 55
매쿠첸(Luther Oliver McCutchen, 마로덕) 162
매티 테이트(Martha Samuel Tate, 최마태) 54, 177
맥길(William B. McGill, 맥우원) 225
맥컬리(Henry Douglas McCalie, 맹현리) 98, 124
메노 시몬스(Menno Simons) 191
메리 로건(Mary Lee Logan, 로간 부인) 304
메리 실(Mary L. Batchelor Seel, 설매리) 40
메리 스크랜튼(Mary F. B. Scranton) 225, 300
무어(Samulel Forman Moore, 모삼열) 274
민영익 287
밀러(Frederick Scheibler Miller, 민노아) 271, 303

ㅂ

법정 86
벙커(Dalziel A. Bunker, 방거) 273
보웬(Will Bowen) 62
보이열(Elmer Timothy Boyer) 38, 58
불(William Ford Bull, 부위렴) 114
브랜드(Louis Christian Brand, 부란도) 112, 118
빌 린튼(Bill Linton) 70
빌리 그레이엄(William Franklin Graham) 40

ㅅ

사부인(Alice Hammond Sharp, 사에리시) 203
샤프(Robert Auther Sharp) 203
샬롯(Charlotte Witherspoon Bell Linton) 68, 116
서머빌(John Nottingham Somerville, 서의필) 40
서재필(Phillip Jaisohn) 85, 189
석은혜 38
세브란스(Louis H. Severance) 298
세실리에(Cecilie MaCgraw Woods Coit) 123
셔우드 홀(Sherwood Hall) 281, 283
소다 가이치 278, 283
손양원 33~45
쉴스 크레인(Paul Shields Crane, 구바울) 117, 169
슐레스케(Martin Schleske) 61
스와인하트(R. Swinehart) 51
스워러(W. C. Swearer, 서원보) 203, 225
스코필드(Frank William Schofield, 석호필) 247
스크랜튼(William B. Scranton) 188
스턴스(M. L. Stearns) 123
스티브(Stephan Winn Linton, 인세반) 70
심훈 252
씰(David John Seel, 설대위) 40

ㅇ

아더 터너(Arther B. Turner, 단아덕) 302
아멘트(Charles C. Amendt) 215, 221
아펜젤러(Henry Gerhart Appenzeller) 86, 186, 279, 293, 301

안경선	41, 46
안나 레이네크 밀러(Anna Reinecke Miller)	304
알렌(Horace Newton Allen)	55, 165, 273
앙드레 고르	206
애니 아담스 베어드(Annie Laurie Adams Baird, 안애리)	289
애니 프레스톤(Annie Shannon Wiley Preston)	124
양산보	138
양재평	13, 41, 45
언더우드(Horace Grant Underwood, 원두우)	53, 292
에너벨 니스벳(Anabel Lee Major Nisbet, 유부인, 류애나)	126
에델(Ethel van Wagner)	296
엘라 그라함(Ella Ibernia Graham, 엄언라)	112, 122
엘리스 아펜젤러(Alice Rebecca Apenzeller)	191
엘리자베스 쉐핑(Elizabeth Johanna Shepping, 서서평)	112, 119
엘리자베스 워커(Elizabeth Rachel Walker)	127
오웬(Clement Carrington Owen, 오기원, 오 목사)	36, 51, 57, 95, 112, 122
올리버 에비슨(Oliver R. Evison)	100, 298
우리암(Frank Earl Cranston Williams)	203, 215, 219
우에노 다끼	284
원한광(Horase Horton Underwood Jr.)	297
원일한(Horace Grant Underwood III)	180, 297
원한경(Horace Horton Underwood)	296
윌리엄 랭카스터 크레인(William Lancaster Crane)	169
윌리엄 마틴 베어드(William Martyn Baird, 배위량)	288
윌리엄 비더울프(William Edward Biederwolf)	37, 46
윌리엄 쇼(William Earl Shaw, 서위렴)	291
윌리엄 전킨(William McCleery Junkin, 전위렴)	53, 163, 166
윌리엄 클라크(William Monroe Clark, 강운림)	171
윌리엄 해밀튼 쇼(William Hamilton Shaw)	291
윌리엄 홀(William James Hall)	281
윌리엄 린튼(William Alderman Linton, 인돈)	67
윌리엄 에이치 클라크(William H. Clark)	171
윌슨(Robert Manton Wilson, 우월순)	104, 109, 131
유진 벨(Eugene Bell, 배유지)	36, 68, 112
윤치호	53, 169, 189
이승만	86, 189, 274
이어령	79
이재철	272
이채연	165
잉골드(Mattie Barbara Ingold Tate)	163, 172

ㅈ

자네트(Janet Crane, 구자례)	116, 170
정해원	161, 166, 183
제니 수피아(Jennie Speer)	123
제니 에비슨(Jennie Barnes Avison)	298
제시(Jessie Smith Levie)	128
제임스 듀크(James B. Duke)	52
조셉 호퍼(Joseph Barron Hopper, 조요섭)	58
조안 데이비슨(Joan Vida Davidson Underwood)	297
조지 와츠(George Washington Watts)	52
조지 윌리암스(George Zur Williams)	219
존 린튼(John Alderman Linton)	70
존 볼링 레이놀드(John Bolling Raynolds, 이보린)	180

존 윌슨(John Knox Wilson, 우요한) 40
존 프레스톤(John Fairman Preston Jr.) 126
존슨(Cameron Johnson) 53
쥴리아(Julia Dysart) 115

ㅊ

청연 한유자 232
최용신 252
최흥종 101

ㅋ

캐더린 크레인(Katherine Whitehend Rowland Crane) 116
케드릭 로슨(Kathereen Isabel Rawson) 300
코윈 테일러(Corwin Taylor) 221
코이트(Robert Thronwell Coit, 고라복) 51, 57, 123

ㅌ

타에리사(Eliza Day Emerson Talmage) 121
탈마지(John Van Neste Talmage) 98
터툴리안(Tertulian) 190
테이트(Lewis Boyd Tate, 최의덕) 53, 173, 176
토마스 머튼(Thomas Merton) 211
토마스 언더우드(John Thomas Underwood) 54, 203
토마스(Thomas Hall Woods Coit) 57, 124
토저(A. W. Tozer) 209
토플(Topple Stanley Craig, 도성래) 38
티몬스(Henry Loyala Timmons, 김로라) 125, 175

ㅍ

파울링(E. C. Pouling) 202
팻시 볼링(Patsy Bolling Reynolds) 54, 181
펜윅(Malcolm C. Fenwick) 202
포사이드(Wiley Hamilton Forsythe, 보위렴, 보 의사) 36, 38, 99
폴 크레인((Paul Sackett Crane, 구보라) 40, 116, 70
프란체스코 교황 259
프랭크 고울딩 켈러(Frank Goulding Keller) 175
프레스턴(John Fairman Preston, 변요한) 51, 57, 124
플로렌스(Florence Hedleston Crane) 117, 170
피터 언더우드(Peter A. Underwood) 297

ㅎ

하운셀(Josephine Hounshell) 162
해리슨(William Butler Harrison, 하위렴) 163, 165
해티 깁슨(Hattie Gibson) 286
헐버트(Hormer B. Hulbert) 276
헤론(John William Heron) 271, 285
헤이든(Marry Hayden Gifford) 278
헨리 엘 티몬스(Henry Loyala Timmons, 김로라) 125
화이팅(Georgiana Whiting Owen, 오 부인) 96
휴 린튼(Hugh MacIntyre Linton, 인휴) 40, 68
힐러리(Edmund Percival Hillery) 305

兩花津 순례길 Camino de Yanjuazin

1판 1쇄 인쇄 _ 2016년 12월 5일
1판 1쇄 발행 _ 2016년 12월 10일

지은이 _ 담양
펴낸이 _ 이형규
펴낸곳 _ 쿰란출판사

주소 _ 서울특별시 종로구 이화장길6
편집부 _ 745-1007, 745-1301~2, 747-1212, 743-1300
영업부 _ 747-1004, FAX 745-8490
본사평생전화번호 _ 0502-756-1004
홈페이지 _ http://www.qumran.co.kr
E-mail _ qrbooks@gmail.com/qrbooks@daum.net
한글인터넷주소 _ 쿰란, 쿰란출판사
등록 _ 제1-670호(1988.2.27)
책임교열 _ 최진희·박은아

ⓒ 담양 2016   ISBN 978-89-6562-948-1 03230

책값은 뒤표지에 있습니다.
이 출판물은 저작권법에 의해 보호를 받는 저작물이므로 무단 복제할 수 없습니다.
파본(破本)은 구입처에서 교환해 드립니다.